정웅욱의 놀이대백과
중학생 전래놀이
초등학생 전래놀이
실버 인지놀이

도서출판 일일사

정용옥의 놀이대백과
중학생 전래놀이 | 초등학생 전래놀이 | 실버 인지놀이

초판 인쇄 2020년 4월 3일
초판 발행 2020년 4월 10일
저자 정 용 옥
출판 도서출판 일일사

등록 제5-27호, 1991. 2. 22.
주소 대구시 달서구 문화회관 11안길 22-5
전화 (053) 253-1860 / 252-8844
팩스 (053) 253-1861 / 252-8845
ISBN 978-89-6031-313-2 (13690)

정가 35,000원

· 잘못된 책은 바꾸어 드립니다.
· 독창적인 내용의 무단전제나 복제를 금합니다.

정용옥의 놀이대백과

중학생 전래놀이
초등학생 전래놀이
실버 인지놀이

저자 정용옥

도서출판 일일사

머리말

놀게 놔두자! 노는 아이가 제대로 쑥쑥 큰다.
 아이들이 태어나서 유아원에 들어가고 초등학교와 중학교를 거친다. 고등학교에서 대학까지 갈 동안 부모들은 늘 걱정하며 자녀를 키운다. 걱정을 하지 않으면 어떻게 될까? 가만히 두어도 시간이 자녀들을 안고 간다. 시간은 기다려 주지 않는다. 주어진 시간 안에 적절한 교육, 적절한 놀이는 적절한 때, 적절하게 해야만 한다.

놀게 놔두자! 노는 아이가 제대로 잘 큰다.
 이 책은 심혈을 기울여 유아와 초등놀이, 중학생 전래놀이, 그리고 실버놀이까지 적절한 놀이를 발췌하여 놀이 백과로 편집한 것이다. 아이들이 맘껏 뛰놀며 성장하는 것, 그 이상 좋은 것은 없다. 그것이 곧 나라 발전이다. 앞서가는 선진국의 교육을 살펴봐도 놀이 교육이고, 아이들 중심교육이다. 요즘 아이들은 학원을 몇 군데나 돌아야 하고, 학원 차가 태워 갔다가 태워 온다. 이렇게 흙을 밟을 틈을 주지 않는 일은 제발 없었으면 좋겠다.

그나마 아이 교육이 놀이 중심으로 바뀌어 참 다행스럽다.
 그렇지만 우리에게 또 하나의 과제가 있다. 그것은 "어떻게 놀아야 하나? 어떤 놀이를 누구와 해야 하나?" 하는 것이다. 옛날처럼 마당도 놀이터, 들도 놀이터, 산도 놀이터가 되면 얼마나 좋을까? 앞집과 뒷집, 건넛마을 아이들까지 같이 놀면 얼마나 좋을까? 그렇지는 않더라도 적어도 놀이는 잘 선택해야 한다. 자칫 놀이가 싸움이 되어서도 안 되겠지만, 슬겁게 놀면서 인성을 함양할 수 있는 놀이가 되어야 한다. 그래야 효과적으로 놀고, 제대로 잘 성장할 수 있음이다.

아이들이 교실에 있는 시간이 줄어들고 체험과 놀이시간이 점점 많아짐에 좋은 놀이의 보급이 시급하다. 스마트 폰만 꼭 쥐고 있는 아이들을 놀게 하려면, 놀이가 좋아야 하고, 놀이 지도가 좋아야 함은 물론이다. 좋은 놀이, 좋은 지도는 마음만 먹는다고 해결되는 것은 아니다. 놀이를 알고, 이해하고, 또 새롭게 발전시켜야 하는 일이다. 이 책을 편찬한 이유도 좋은 놀이 책이 좋은 아이를 만든다고 생각했기 때문이다.

　잘 노는 아이가 성격도 좋다.
　그동안 여러 놀이를 학문적으로 끊임없이 연구하고 직접 현장에서 지도해온 놀이였기에 '놀이 대백과'라는 이름을 붙였다. 이 책에 수록된 놀이가 오로지 아이들을 잘 크도록 이끄는 선생님의 사랑과 부모님의 관심 속에 아이 중심, 놀이 중심, 교육에 많은 보탬이 되길 바라며, 현시대의 최대관심사 중의 하나는 노년을 심심하지 않고 건강하게 지내는 데 작은 도움이라도 되기를 바란다. 재미있고 건강이 넘치는 실버 인지놀이도 함께 수록하였다. 필자는 이 놀이 대백과가 아이들과 학부모님과 강사님들께 늘 웃음을 선사하는, 놀이 걱정을 걷어가는, 필수지침서로 활용되기를 희망한다.

2020년 4월

성우/ 전래놀이연구협회 대표 정용옥

● 목 차

머리말 ··· 4

목 차 ··· 6

제1부 중학생 전래놀이 ·· 19
    [놀이 01] 꽃 싸움 ··· 21
    [놀이 02] 엿치기 ·· 21
    [놀이 03] 전래 활 ··· 22
    [놀이 04] 전래 썰매 ·· 22
    [놀이 05] 전래 축구 ·· 23
    [놀이 06] 전래 공 ··· 24
    [놀이 07] 세종대왕 격구놀이 ·· 24
    [놀이 08] 세종대왕 골프 ·· 25
    [놀이 09] 승경도 ·· 26
    [놀이 10] 신라시대 주령구 놀이 ·· 27
    [놀이 11] 고누 해설 ·· 29
    [놀이 12] 줄고누 ·· 29
    [놀이 13] 호박고누 ··· 30
    [놀이 14] 자동차고누 ·· 30
    [놀이 15] 혼자 고누 ·· 31
    [놀이 16] 우물고누 ··· 32
    [놀이 17] 참 고누 ··· 32
    [놀이 18] 쌍 육 ·· 33
    [놀이 19] 장기(將棋) ·· 34
    [놀이 20] 차전놀이 ··· 34
    [놀이 21] 석전 놀이 ·· 36
    [놀이 22] 머우 놀이 ·· 36
    [놀이 23] 항아리 놀이 ··· 37
    [놀이 24] 돌 날리기 ·· 38
    [놀이 25] 홀짝 놀이 ·· 38
    [놀이 26] 쇠똥구리 놀이 ·· 39
    [놀이 27] 십자 놀이 ·· 40
    [놀이 28] 이랑 타기 ·· 40

[놀이 29] 요강 놀이 ·· 42
[놀이 30] 가마 놀이 ·· 42
[놀이 31] 삼각성 쌓기 ·· 43
[놀이 32] 쌍쌍 달팽이 ··· 43
[놀이 33] 교실 달팽이 ··· 44
[놀이 34] 제기 달팽이 ··· 45
[놀이 35] 돼지 달팽이 ··· 46
[놀이 36] 인간 삼목 ·· 47
[놀이 37] 굴렁쇠 삼목 ··· 47
[놀이 38] 훌라후프 삼목 ·· 48
[놀이 39] 파도 놀이 ·· 49
[놀이 40] 삼삼 놀이 ·· 50
[놀이 41] 아이엠 그라운드 ·· 51
[놀이 42] 오징어 놀이 ··· 53
[놀이 43] 생쥐와 고양이 ·· 53
[놀이 44] 개뼈다귀 놀이 ·· 54
[놀이 45] 깡통 쓰러뜨리기 ·· 55
[놀이 46] 구슬치기 ··· 56
[놀이 47] 표창 던지기 ··· 57
[놀이 48] 장대타기 ··· 57
[놀이 49] 네둠병 놀이 ··· 58
[놀이 50] 대감놀이 ··· 59
[놀이 51] 옛날 공기 ·· 60
[놀이 52] 돌치기 ·· 61
[놀이 53] 못 치기 ··· 61
[놀이 54] 팔씨름 ·· 62
[놀이 55] 손바닥 씨름 놀이 ··· 63
[놀이 56] 줄 씨름 ··· 64
[놀이 57] 눈씨름 ·· 64
[놀이 58] 염소 씨름 ·· 65
[놀이 59] 돼지 씨름 ·· 65
[놀이 60] 시계 놀이 ·· 66
[놀이 61] 대장 뽑기 ·· 67
[놀이 62] 새끼줄 스트레칭 ·· 67
[놀이 63] 우리는 하나 ··· 68
[놀이 64] 줄넘기 릴레이 ·· 69
[놀이 65] 줄다리기 ··· 70

[놀이 66] 열십자 줄다리기 ·· 71
[놀이 67] 문어 줄다리기 ·· 71
[놀이 68] 긴 줄넘기 ·· 72
[놀이 69] S자 놀이 ·· 72
[놀이 70] 널뛰기 ·· 73
[놀이 71] 말뚝 박기 ·· 75
[놀이 72] 짚신 양궁 놀이 ·· 76
[놀이 73] 태평소 ·· 77
[놀이 74] 팔랑개비 6m ·· 78
[놀이 75] 땅따먹기 ·· 78
[놀이 76] 닭다리 싸움 ·· 79
[놀이 77] 신입생 놀이 ·· 80
[놀이 78] 깡통 차기 ·· 81
[놀이 79] 마법사 놀이 ·· 82
[놀이 80] 중학생 놀이 수업 공놀이 ························ 83
[놀이 81] 다양한 제기놀이 ·· 84
[놀이 82] 힘자랑 ·· 85
[놀이 83] 뱀 알 발차기 ·· 86
[놀이 84] 진 놀이 ·· 86
[놀이 85] 인간 윷놀이 ·· 87
[놀이 86] 놀부 놀이, 흥부 놀이 ······························ 89
[놀이 87] 놀부 놀이 변형 놀이 ································ 90
[놀이 88] 반원 사방치기 ·· 91
[놀이 89] 전래놀이 ·· 91
[놀이 90] 탱탱볼 놀이 ·· 97
[놀이 91] 술래야, 술래야 ·· 98
[놀이 92] 왕 짱구 ·· 99
[놀이 93] 킨볼 놀이 ·· 100
[놀이 94] 굴렁쇠 ·· 100
[놀이 95] 나무심기 놀이 ·· 102
[놀이 96] 우유팩의 변신 ·· 103
[놀이 97] 팔랑개비 딱지 ·· 103
[놀이 98] 딱지 한 장 놀이 ······································ 104
[놀이 99] 종이총 놀이 ·· 105
[놀이 100] 삼각 딱지 ·· 105
[놀이 101] 까막잡기 ·· 107
[놀이 102] 손님 모셔오기 ·· 108

[놀이 103] 혼자 왔습니다 ································· 109
[놀이 104] 림보 놀이 ····································· 110
[놀이 105] 안경 놀이 ····································· 110
[놀이 106] 장대 인형 말 타기 ······················ 111
[놀이 107] 지네 달리기 ································· 112
[놀이 108] 깡통 볼링 놀이 ··························· 112
[놀이 109] 벌칙 볼링 놀이 ··························· 113
[놀이 110] 알까기 ··· 114
[놀이 111] 호랑이 장애물 넘기 ··················· 115
[놀이 112] 해오름 놀이 ································· 115
[놀이 113] 가면 놀이 ··································· 117
[놀이 114] 삼태기 놀이 ································· 118
[놀이 115] 사또놀이 ····································· 118
[놀이 116] 새총 놀이 ··································· 119
[놀이 117] 자루 뛰기 ··································· 120
[놀이 118] 물동이 놀이 ································· 121
[놀이 119] 모자 돌리기 ································· 121
[놀이 120] 풍선 요요 ··································· 122
[놀이 121] 외양간 짓기 ································· 122
[놀이 122] 신발 놀이 ··································· 123
[놀이 123] 그물 술래잡기 ··························· 124
[놀이 124] 함께 달리기 ································· 124
[놀이 125] 자치기 ··· 125
[놀이 126] 산가지 집짓기 ··························· 126
[놀이 127] 산가지 주사위 ··························· 127
[놀이 128] 훌라후프 ····································· 127
[놀이 129] 솔방울 숨기기 ··························· 128
[놀이 130] ㄹ자 놀이 ··································· 129
[놀이 131] 공치기 놀이 ································· 130
[놀이 132] 부채 놀이 ··································· 131
[놀이 133] 비석치기 ····································· 132
[놀이 134] 해바라기 놀이 ··························· 133
[놀이 135] 깜낭 놀이 ··································· 133
[놀이 136] 다빈치 다리 ································· 134
[놀이 137] 버들피리 ····································· 135
[놀이 138] 연날리기 ····································· 136
[놀이 139] 발 묶고 달리기 ··························· 136

[놀이 140] 도토리 팽이 ·· 137
[놀이 141] 카드놀이 ·· 138
[놀이 142] 카드 차례 맞추기 ···································· 139
[놀이 143] 신발 뺏기 ·· 139
[놀이 144] 대나무 호드기 ·· 140
[놀이 145] 못 잡기 ·· 140
[놀이 146] 돈치기 ·· 141
[놀이 147] 뱁새와 황새 ·· 141
[놀이 148] 막대 이어 잡기 ······································ 142
[놀이 149] 동물 놀이 ·· 143
[놀이 150] 풍선치기 6가지 ······································ 143
[놀이 151] 주사위 바둑왕 ·· 144
[놀이 152] 사자놀이 ·· 144
[놀이 153] 뽕망치 돌리기 ·· 145
[놀이 154] 속담 맞추기 ·· 145
[놀이 155] 문장 전달 (등 글씨) ·································· 146
[놀이 156] 문장 전달 (손짓, 발짓) ································ 147
[놀이 157] 내 이름 삼행시 ······································ 147
[놀이 158] 뒤로 걷기 ·· 148
[놀이 159] 업어주기 ·· 149
[놀이 160] 시키는 대로 ·· 149
[놀이 161] 종이 릴레이 ·· 150
[놀이 162] 늑대 놀이 ·· 150
[놀이 163] 장애물 넘기 ·· 151
[놀이 164] 다리 수줄이기 ·· 152
[놀이 165] 길게 늘이기 ·· 153
[놀이 166] 씨름 해설 ·· 153
[놀이 167] 등 넘기 ·· 154
[놀이 168] 인간 말 타기 ·· 155
[놀이 169] 과일 놀이 ·· 155
[놀이 170] 일곱 말 놀이 ·· 156
[놀이 171] 고무줄 뜀틀 ·· 157
[놀이 172] 장애물 발 알까기 ···································· 157
[놀이 173] 공예 수업 ·· 158
[놀이 174] 근접 투호 ·· 160
[놀이 175] 나의 살던 고향 ······································ 161
[놀이 176] 떡방아 단체놀이 ······································ 162

[놀이 177] 구미호 꼬리 ··· 162
[놀이 178] 나는 행복합니다 ··· 163
[놀이 179] 사물놀이 ·· 164
[놀이 180] 강강술래 ·· 165

제2부 실버 인지놀이 ··· 167

[놀이 181] 반지놀이 ·· 169
[놀이 182] 고마운 발 ·· 169
[놀이 183] 복 돼지 축원 ·· 170
[놀이 184] 치매예방 인지놀이 ··· 171
[놀이 185] 여행 심리치료 ·· 172
[놀이 186] 이사하기 ·· 174
[놀이 187] 거꾸로 바로 인지놀이 ··· 175
[놀이 188] 짝홀 인지놀이 ·· 176
[놀이 189] 뇌 활성 속담 놀이 ··· 177
[놀이 190] 도깨비 놀이 ·· 178
[놀이 191] 열두 띠 놀이 ·· 179
[놀이 192] 가을 트리 ·· 181
[놀이 193] 겨울 트리 ·· 181
[놀이 194] 그림 맞추기 ·· 182
[놀이 195] 실버 고누 ·· 182
[놀이 196] 에헴 나야 나 ·· 183
[놀이 197] 실버 달팽이 놀이 ··· 184
[놀이 198] 실버 굴렁쇠 ·· 185
[놀이 199] 사랑해, 감사해, 미안해 ··· 186
[놀이 200] 판치기 ·· 187
[놀이 201] 짚신과 삼태기 ·· 188
[놀이 202] 카드놀이 ·· 189
[놀이 203] 실버 주령구 ·· 190
[놀이 204] 수학 인지놀이 ·· 191
[놀이 205] 추장 모자 만들기 ··· 192
[놀이 206] 쥘락 펼락 ·· 193
[놀이 207] 손가락 인지놀이 (동그랑땡 뒤집기) ······················ 194
[놀이 208] 재기 인지놀이 ·· 195
[놀이 209] 공기 인지놀이 ·· 195
[놀이 210] 실버 주사위 노래자랑 ··· 197
[놀이 211] 이거리 저거리 ·· 197

[놀이 212] 콕 콕 놀이 · 199
[놀이 213] 땅 차지하기 · 200
[놀이 214] 실버 종이 줄다리기 · 201
[놀이 215] 꽃놀이 도안 색칠하기(화투) · 201
[놀이 216] 밤 윷 · 202
[놀이 217] 방패연 놀이 · 203
[놀이 218] 콩 주머니 놀이 · 204
[놀이 219] 인지 동전 놀이 · 205
[놀이 220] 귀요미 소원부채 · 206
[놀이 221] 교황 모자 · 207
[놀이 222] 화단 꾸미기 · 208
[놀이 223] 맴 맴 맴 · 208
[놀이 224] 손 도깨비 · 209
[놀이 225] 실버 볼링 · 210
[놀이 226] 똥 만들기 · 210
[놀이 227] 죽대 놀이 · 211
[놀이 228] 실 풍선 치기 · 212
[놀이 229] 풍선 심리치료 놀이 · 212
[놀이 230] 쥐잡기 놀이 · 213
[놀이 231] 놀아보세, 놀아보세 · 214
[놀이 232] 놀부와 흥부 노래 · 215
[놀이 233] 접시 치기 · 215
[놀이 234] 별 차지하기 · 216
[놀이 235] 실버 죽방울 놀이 · 217
[놀이 236] 물러가라 · 218
[놀이 237] 솔방울 건강 투호 · 218
[놀이 238] 매화 꽃나무 · 219
[놀이 239] 실버 솔방울 릴레이 · 220
[놀이 240] 내 띠 만들기 · 221
[놀이 241] 곰돌이 · 221
[놀이 242] 똬리 풍선 · 222
[놀이 243] 가족 · 222
[놀이 244] 손수건 물들이기 · 224
[놀이 245] 액자 놓고 감상하기 · 224
[놀이 246] 냉이 악기 · 224
[놀이 247] 인형극 놀이 · 225
[놀이 248] 동화 놀이 · 226

[놀이 249] 개구리 이야기 ··· 227
[놀이 250] 장명루 ·· 228
[놀이 251] 뽕 대참 놀이 ·· 229
[놀이 252] 영국 전래놀이 ·· 230
[놀이 253] 미국 전래놀이 ·· 231
[놀이 254] 솔방울 넘겨주기 ·· 232
[놀이 255] 푸른 하늘 은하수 (손 유희) ·························· 232
[놀이 256] 가마솥에 누룽지 (손 유희) ···························· 233
[놀이 257] 갑순이와 갑돌이 ·· 234
[놀이 258] 촐래 촐래 ·· 235
[놀이 259] 천재 고양이 (손 유희) ···································· 236
[놀이 260] 실버 운동놀이 (뱃노래) ·································· 237
[놀이 261] 실버 생각놀이 (잘잘잘) ·································· 238
[놀이 262] 건강 박수 ·· 239
[놀이 263] 나무와 송충이 (행동 놀이) ···························· 240
[놀이 264] 사랑해 (율동 놀이) ··· 240
[놀이 265] 뇌활성 악기놀이 ·· 241

제3부 유아와 초등 전래놀이 ·· 243
[놀이 266] 꽃반지 놀이 ·· 245
[놀이 267] 풀피리 ·· 245
[놀이 268] 묵찌빠 놀이 ·· 246
[놀이 269] 따리 놀이 ·· 247
[놀이 270] 짚신 멀리 던지기 ·· 248
[놀이 271] 양궁 딱지놀이 ·· 248
[놀이 272] 들것 놀이 ·· 249
[놀이 273] 징검다리 ·· 250
[놀이 274] 안대 놀이 ·· 251
[놀이 275] 엄마 장화 ·· 251
[놀이 276] 가제 놀이 ·· 252
[놀이 277] 터널 놀이 ·· 253
[놀이 278] 빙고 ·· 254
[놀이 279] 훌라후프 줄넘기 ·· 255
[놀이 280] 풍선이랑 집게랑 ·· 255
[놀이 281] 주걱과 비치 볼 ·· 256
[놀이 282] 방석 놀이 ·· 257
[놀이 283] 숫 골인 ·· 258

[놀이 284] 요구르트 볼링 ·· 258
[놀이 285] 여자아이들 술래 찾기 ··· 259
[놀이 286] 남자아이들 술래 찾기 ··· 259
[놀이 287] 계단 오르기 ··· 260
[놀이 288] 얼음 까막잡기 ·· 261
[놀이 289] 유아 돌치기 ··· 262
[놀이 290] 숟가락 공기 ··· 263
[놀이 291] 숟가락 물놀이 ·· 263
[놀이 292] 공 건지기 ·· 264
[놀이 293] 빼빼로 놀이 ··· 264
[놀이 294] 우리 함께 ·· 265
[놀이 295] 지구는 만원 ··· 266
[놀이 296] 빨강 파랑 놀이 ··· 267
[놀이 297] 두 탕 던지기 ··· 268
[놀이 298] 비행기 날리기 ·· 269
[놀이 299] 숟가락 대포 놀이 ··· 270
[놀이 300] 공 대포 놀이 ··· 270
[놀이 301] 콩 놀이 ··· 271
[놀이 302] 땅 차지하기 ··· 271
[놀이 303] 초등 콩 주머니 놀이 ·· 272
[놀이 304] 막대 넘어트리기 ·· 273
[놀이 305] 쌍쌍 놀이 ·· 273
[놀이 306] 공 안고 뛰기 ··· 274
[놀이 307] 시냇물 놀이 ··· 275
[놀이 308] 낙엽으로 그림 그리기 ·· 276
[놀이 309] 고무줄놀이 ··· 276
[놀이 310] 합동 제기차기 ··· 277
[놀이 311] 망 줍기 ··· 278
[놀이 312] 고백신 ··· 279
[놀이 313] 뒷도는 6 ··· 280
[놀이 314] 팽이치기 ·· 280
[놀이 315] 훌라후프 기차놀이 ··· 281
[놀이 316] 봉 말타기 ·· 282
[놀이 317] 풍선 달리기 ··· 282
[놀이 318] 솔방울 이동 놀이 ··· 283
[놀이 319] 우리 집에 왜 왔니? ··· 284
[놀이 320] 인간 줄 당기기 ·· 285

[놀이 321] 낱말 쓰기 빙고 ·············· 285
[놀이 322] 뿅 망치 ·············· 286
[놀이 323] 윷놀이 ·············· 286
[놀이 324] 산가지 ·············· 287
[놀이 325] 통 굴리기 ·············· 288
[놀이 326] 성 쌓기 ·············· 288
[놀이 327] 자리 차지하기 ·············· 289
[놀이 328] 짝짓기 ·············· 289
[놀이 329] 꽃놀이 ·············· 290
[놀이 330] 유아 그림 깜냥놀이 ·············· 290
[놀이 331] 퍼즐 ·············· 291
[놀이 332] 칠교놀이 ·············· 291
[놀이 333] 용호 쌍육 ·············· 292
[놀이 334] 보물찾기 ·············· 293
[놀이 335] 전화 놀이 ·············· 293
[놀이 336] 생활 그림 그리기 ·············· 294
[놀이 337] 스무고개 ·············· 295
[놀이 338] 뽑기 놀이 ·············· 295
[놀이 339] 소리맞추기 ·············· 296
[놀이 340] 만져보기 ·············· 296
[놀이 341] 탱탱볼 넣기 ·············· 296
[놀이 342] 그림자 인형 놀이 ·············· 297
[놀이 343] 색종이 왕관 ·············· 298
[놀이 344] 색종이 목걸이 ·············· 298
[놀이 345] 색종이 꽃 ·············· 299
[놀이 346] 두꺼비 놀이 ·············· 299
[놀이 347] 대나무 판 놀이 ·············· 300
[놀이 348] 물고기 잡기 ·············· 300
[놀이 349] 아카시아 놀이 ·············· 301
[놀이 350] 열 발 뛰기 ·············· 302
[놀이 351] 무궁화 꽃놀이 ·············· 302
[놀이 352] 그물 술래잡기 ·············· 303
[놀이 353] 꼬리 달기 ·············· 304
[놀이 354] 발치기, 손치기 ·············· 304
[놀이 355] 앉은뱅이놀이 ·············· 305
[놀이 356] 여우놀이 ·············· 306
[놀이 357] 손 안 대고 모자 쓰기 ·············· 307

[놀이 358] 수건돌리기 ··· 307
[놀이 359] 배턴 이어달리기 ··· 308
[놀이 360] 신형 땅따먹기 ·· 308
[놀이 361] 달팽이 놀이 ··· 309
[놀이 362] 달팽이 변형 놀이 ··· 310
[놀이 363] 동대문 놀이 ··· 310
[놀이 364] 너구리와 닭 ··· 311
[놀이 365] 유아 공기놀이 ·· 312
[놀이 366] 그림자놀이 ·· 313
[놀이 367] 낱말 전달하기 ·· 314
[놀이 368] 끝말잇기 놀이 ·· 315
[놀이 369] 그네 ··· 315
[놀이 370] 얼음 땡 ·· 316
[놀이 371] 물어오기 ·· 317
[놀이 372] 쌀보리 ··· 317
[놀이 373] 빨리 말하기 ··· 318
[놀이 374] 깊은 산속 옹달샘 ·· 318
[놀이 375] 꼬리 따기 ·· 319
[놀이 376] 남생아 놀아라 ·· 320
[놀이 377] 방아깨비 놀이 ·· 321
[놀이 378] 풀 낚시 ·· 321
[놀이 379] 자연 놀이 ·· 322
[놀이 380] 컵 쌓기 ·· 323
[놀이 381] 망우리 놀이 ··· 323
[놀이 382] 망우리 현대놀이 ··· 324
[놀이 383] 깡통 뒤집기 ··· 324
[놀이 384] 달력 놀이 ·· 325
[놀이 385] 탱탱볼 부채 ··· 326
[놀이 386] 어미와 새끼 ··· 327
[놀이 387] 공굴리기 ·· 327
[놀이 388] 비행기 접기 ··· 327
[놀이 389] 실뜨기 ··· 328
[놀이 390] 쌩쌩이 ··· 329
[놀이 391] 운동회 전래놀이 ··· 329
[놀이 392] 바가지 터트리기 ··· 330
[놀이 393] 밀가루 놀이 ··· 331
[놀이 394] 8자 놀이 ·· 331

[놀이 395] 신문지 놀이 5가지 ·· 332
[놀이 396] 패션쇼 ·· 332
[놀이 397] 1단계 이랑 타기 ·· 333
[놀이 398] 체력단련 줄 놀이 13가지 ·· 334
[놀이 399] 나무젓가락 투호 ·· 335
[놀이 400] 초등 비석놀이 ·· 336
[놀이 401] 손에 손잡고 ·· 337
[놀이 402] 유아 공놀이 ·· 337
[놀이 403] 어느 손가락 ·· 338
[놀이 404] 예술딱지 3단계 놀이 ·· 339
[놀이 405] 뱀 알낳기 ·· 339
[놀이 406] 주사위 대항전 ·· 340
[놀이 407] 단팥빵 놀이 ·· 341
[놀이 408] 전래 아동 골프 ·· 341
[놀이 409] 빨대 호드기 ·· 342
[놀이 410] 동서남북 ·· 343
[놀이 411] 동화와 아이클레이 ·· 344
[놀이 412] 시장 놀이 ·· 345
[놀이 413] 모래 놀이 ·· 345
[놀이 414] 고리 던지기 ·· 346
[놀이 415] 공용 낚시 ·· 347
[놀이 416] 깨금발 놀이 ·· 347
[놀이 417] 반달제기 놀이 ·· 348
[놀이 418] 구슬 놀이 ·· 349
[놀이 419] 물총 놀이 ·· 349
[놀이 420] 대나무 총알 놀이 ·· 350
[놀이 421] 대나무 물총 놀이 ·· 350
[놀이 422] 이야기 보따리 ·· 351
[놀이 423] 등 감추기 ·· 351
[놀이 424] 포수 (역할극) ·· 352
[놀이 425] 용왕 (역할극) ·· 353
[놀이 426] 동무, 동무 어깨동무 (행동 유희) ·· 354
[놀이 427] 전래 기차놀이 ·· 354
[놀이 428] 엽전 놀이 ·· 355
[놀이 429] 소라 사방치기 ·· 356
[놀이 430] 옛날 아이들 사물놀이 ·· 357
[놀이 431] 길쌈놀이 (행동 놀이) ·· 358

[놀이 432] 춤 대장 (수업 마무리 행동 놀이) ·················· 359
[놀이 433] 지글보글 (손 유희) ·················· 360
[놀이 434] 전기놀이 (행동 유희) ·················· 361
[놀이 435] 짝짜꿍 (손 유희) ·················· 361
[놀이 436] 달팽이 (손 유희) ·················· 362
[놀이 437] 퐁당퐁당 (손 유희) ·················· 363
[놀이 438] 도깨비 (손 유희) ·················· 363
[놀이 439] 여우 뿅망치 (손 유희) ·················· 364
[놀이 440] 코코코 놀이 ·················· 365
[놀이 441] 실꾸리 놀이 (손 유희) ·················· 366
[놀이 442] 피자 콜라 (손 유희) ·················· 366
[놀이 443] 문지기 (활동 놀이) ·················· 367
[놀이 444] 심부름 놀이 (행동 유희) ·················· 368
[놀이 445] 작고 작은 밭 (손 유희) ·················· 369
[놀이 446] 꿩꿩 장 서방 (행동 유희) ·················· 370
[놀이 447] 방아야, 방아야 (손 유희) ·················· 371
[놀이 448] 호박 따기 (손 유희) ·················· 372
[놀이 449] 라인댄스 ·················· 373
[놀이 450] 송편 만들기 놀이 ·················· 374
[놀이 451] 태극기 팔랑개비 ·················· 374
[놀이 452] 문어 만들기 ·················· 375
[놀이 453] 솔방울 꽃바구니 만들기 ·················· 375
[놀이 454] 병뚜껑 팽이 ·················· 376
[놀이 455] 손톱물들이기 ·················· 377
[놀이 456] 축제 때 좋은 놀이 (고싸움) ·················· 378
[놀이 457] 뜯어내기 놀이 ·················· 379
[놀이 458] 밀어내기 놀이 ·················· 380
[놀이 459] 가마 모자 뺏기 ·················· 380
[놀이 460] 깡통 달고 달리기 ·················· 381
[놀이 461] 놋다리밟기 ·················· 382
[놀이 462] 봉 장애물 달리기 ·················· 383
[놀이 463] 통나무 운반 놀이 ·················· 384
[놀이 464] 풍선 벌칙 놀이 ·················· 385
[놀이 465] 만나는 인사 ·················· 385
[놀이 466] 헤어지는 인사 ·················· 386
[놀이 467] 마무리 놀이 ·················· 386
[놀이 468] 종료 게임 ·················· 387

제1부
중학생 전래놀이

[놀이 01] 꽃 싸움

○ 개요

봄이 되면 아이들이 꼭 하는 것이 있었으니 꽃 싸움이다. 학교에서 돌아오는 오솔길이나 낮은 산에 진달래가 소복이 피면, 따서 먹기도 하고, 꽃 수술로 꽃 싸움 놀이를 한다. 순수 옛날 자연놀이다.

 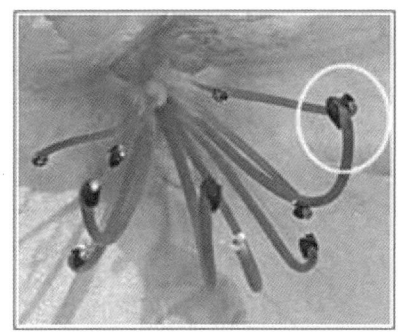

○ 놀이 방법

1. 봄이 되어야 하는 놀이로 두 사람이 짝을 이루어서 한다.
2. 꽃 중앙의 제일 큰 수술로 상대방과 열십자로 건다.
3. 당기면 이쪽이든 저쪽이든 한쪽의 수술은 끊어지게 된다.
4. 점수를 매기면서 따온 꽃이 다 없어질 때까지 한다.
5. 진달래가 질 무렵, 철쭉이 피는데 철쭉이 꽃 싸움하기에 더 좋다. 철쭉은 꽤 오래 당기고, 늦추고를 할 수 있다.

[놀이 02] 엿치기

○ 개요

옛날, 옛날, 한 옛날에 엿장수가 커다란 가위를 철컹 철컹 치면서 작은 손수레에 하얀 엿가락을 가

지런히 담고 골목을 누비면 아이들이 놀다 말고 집으로 달려가 헌 고무신, 빈 병, 등을 가지고 나와서 엿장수를 둘러싼다. 엿장수는 물건만큼 툭툭 잘도 잘라준다. 어린아이들은 그냥 엿으로 바꾸어 가지만 좀 큰 아이들은 엿치기를 한다.

◯ 놀이 방법

1. 엿을 뚝 부러트려 엿 속의 구멍이 크면 이긴다.
2. 부러트린 직후 바로 공간을 세게 불면 구멍이 살짝 더 커지기도 한다.
3. 구멍이 크게 나온 사람에게 불던 엿을 주고 새것으로 다시 한다.
4. 그 후 청년들 놀이로 변했다.
5. 엿을 훅하고 불어서 구멍이 작은 사람이 엿값을 내는 놀이다.

[놀이 03] 전래 활

◯ 놀이 방법

1. 예전 어른들은 아이들 장난감은 손수 만들어 주셨다.
2. 썰매, 팽이, 연, 등 그 중 활도 포함된다.
3. 참나무 가지를 불에 그슬려서 반달 모양으로 구부려 만든다.
4. 화살은 대나무를 깎아서 사용했다.
5. 누가 더 멀리 가나 내기하며 종일 화살을 좇아 뛰어다닌다.
6. 전래놀이 활쏘기 수업으로는 한궁으로 하면 유익한 수업이 된다.

[놀이 04] 전래 썰매

◯ 개요

추운 겨울 아이들을 밖으로 끌어내는 중요 무기는 썰매이다. 얼마나 재미있는지 손발이 꽁꽁 얼어도 집에 갈 생각을 안 한다. 철사 대신 바퀴를 달아 중학교 전래놀이 썰매 수업을 할 수 있다.

○ 만드는 방법

1. 널따란 송판 아래 받침을 두 개 박고 받침대 아래 굵은 철사를 대면 철삿줄이 얼음에 미끄러져 앞으로 간다.
2. 40cm 정도 길이의 나무에 못을 불에 달구어 거꾸로 박으면 못 끝이 송곳처럼 얼음판에 찍으며 타면 썰매가 앞으로 잘 나간다.
3. 냇물은 좁고, 못 물은 조심스러우니 어른들은 논에 물을 대고 얼려 주셨다. 옛 어른들의 잔잔한 배려가 참으로 정겹다.
4. 학교 수업에서는 철사 대신 바퀴를 달고 두 사람이 한 조가 되어 밀어주도록 하면 좋다.
5. 썰매는 중학교 아이들이 너무 좋아하는 성공적인 놀이 수업이다.
6. 초등수업에서 오히려 아이들이 과격하게 타기도 한다.

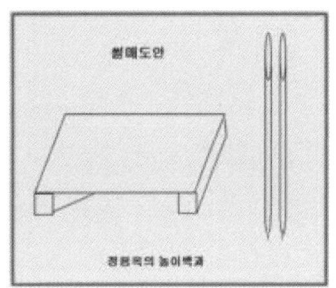

[놀이 05] 전래 축구

○ 개요

빈 깡통은 예전 남자아이들의 최고의 축구공이다. 깡통을 공 삼아 발차기를 했는데 깡통이 없던 옛날에도 아이들은 공을 차며 놀았다.

○ 놀이 방법

1. 몇 명이든 무조건 두 팀으로 나누어 놀이한다.
2. 골대가 따로 없고 이쪽, 저쪽 표시만 해 놓고 한다.
3. 골키퍼 없이 모두 차는 선수이다.
4. 전래놀이 시간에 가끔은 축구를 하는 것도 환호하는 일이다.
5. 축구공으로 하면 안 되고 전래놀이 공을 사용하도록 권장한다.

[놀이 06] 전래 공

○ 만드는 방법

1. 전래 축구공은 짚으로 새끼를 꼬아서 만든다.
2. 새끼줄을 뭉친 다음 안으로 돌려 빼며 계속 뭉치면서 말아 나간다.
3. 지름 15cm 정도 뭉쳐졌으면 잘 메면 새끼줄 공이 된다.
4. 요즘 만들 때는 공이 풀어지는 것을 막기 위해서 접착제를 사용하기도 한다.
5. 농촌 축제 때 새끼 공예품이 많이 전시한다.
6. 새끼로 만든 작은 멍석, 새끼줄 공, 삼태기, 짚신도 살 수 있다.

[놀이 07] 세종대왕 격구 놀이

○ 개요

정조 때 편찬된 "무예도보통지"에 말을 타고 작은 홈에 넣는 것이라 기록되어있고 1425년 세종대왕은 무과시험 과목으로 채택했다. 경국대전의 격구 설명에는 "막대의 모양은 숟가락과 같고 막대의 머리는 손바닥 크기이며 나무로 만든 공의 크기는 달걀 크기이다"라고 되어있는데 요즘의 골프와 아주 유사하다.

○ 놀이 방법

1. 큰 콩 주머니를 공으로 쓰고 두 팀의 공을 색이 다른 것으로 한다.
2. 긴 대에 세로로 작은 대를 박아 밀대로 쓴다.
3. 2m 간격으로 지름이 30cm 정도 되는 원을 네 개 그린다.

4. 원에 들어가면 한 번 더 치고 못 들어가면 상대편으로 넘어간다.

5. 학교 수업으로는 솔방울 주머니와 큰 주걱으로 대용 할 수 있다.

[놀이 08] 세종대왕 골프

○ 놀이 방법

1. 출발선을 그리고 8m 정도 거리에 지름 4m의 큰 원을 그린다.
2. 큰 원의 중간에 지름 15cm의 작은 원을 그린다.
3. 출발선에서 큰 원으로 볼을 친 후 작은 원에 넣는다.
4. 작은 원에 들어가면 10점이다.
5. 넣지 못하면 상대팀에게 순서가 넘어간다.
6. 순서가 돌아오면 내 팀은 먼저 내 대원이 치던 자리에서 한다.
7. 팀을 나누어 돌아가며 계속 치던 자리에서 이어서 한다.
8. 100점이 먼저 나면 이긴다.

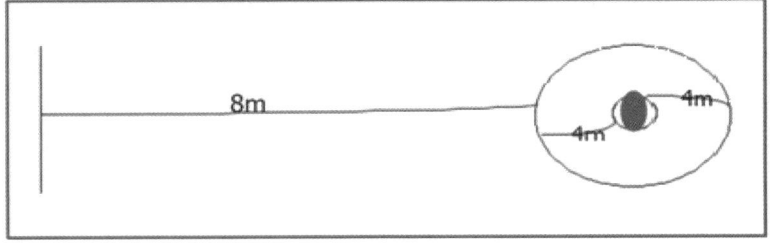

[놀이 09] 승경도

○ 개요

조선 시대 교육용 놀이로 벼슬자리가 많고 외우기가 어려우니 놀이를 통하여 자연스럽게 관직을 알고 관직에 오르는 꿈을 키워주기 위해 하륜(1377~1416)이 만든 놀이다. 서산대사는 승경도를 성불도 놀이로 다시 제작하여 불교에서 사용했고 이순신 장군도 이 놀이를 매우 즐겨 했다고 난중일기에 전해진다. 교육용 놀이는 당나라에서 처음 만들어졌고 승경도와 비슷하게 필리핀에서도 목샤파트 놀이가 지금까지 전해지는 교육용 놀이다.

○ 놀이 이해

1. 놀이판을 그리기는 까다로우니 사서 하도록 한다.
2. 한 말판에 4명이 놀고 유학부터 봉조하까지이다.
3. 문과는 영의정 자리를 거쳐 사 궤장에 먼저 이르면 된다.
4. 무과는 도원수에 이른 다음 사퇴하는 편이 이긴다.
5. 윷의 끗수가 계속 1이 나오면 승진을 못 하고 감등되어 파직에 이르며 최악의 경우 사약을 받게 되는 예도 있다.

[놀이 1o] 신라시대 주령구 놀이

○ 개요

1975년 경주 안압지 개발 때 하나가 출토되었다. 주령구는 참나무로 만들었고 정사각형이 6개, 육각형이 8개로 넓이는 6.265㎠인 14면체이다. 그러나 유물 보존 처리 도중 아깝게도 화재로 인해 불에 타서 없어졌고 지금의 주령구는 모조품이다. 14면체 주령구를 A4용지로도 만든다. 14면체여서 한쪽을 붙이면 한쪽이 떨어지고 또 한쪽을 붙이면 다른 쪽이 떨어지는 무척 난해한 작업인데 학교 수업에서 한 학생이 아주 곱게 완성했다. 아래 사진이다.

 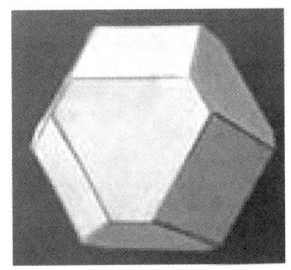

○ 놀이 방법

1. 신라 시대 선비들의 놀이로 술에 관한 벌칙이 많다.
2. 술을 마시면서 주령구 놀이를 자주 한 듯하다.
3. 주로 술로 엮인 벌칙이 대부분이고 시를 창작해서 읊는 벌칙도 있다.
4. 수업으로는 조를 짜서 조별로 벌칙을 다시 작성한다.
5. 주령구가 14면체여서 14가지의 벌칙이 있다.
6. 14가지 벌칙을 조별로 짖기는 힘들고 7가지 정도로 줄여서 적는다.
7. 주령구 판으로는 인원이 아무리 많아도 진행이 된다.
8. 인원이 적을 때는 주령구 하나와 판 하나로 사용한다.
9. 인원이 100명~150명 정도면 팀별로 주령구 판을 하나씩 펴야 한다.
10. 판만 팀별로 펴고 주령구는 하나로 하면 된다.
11. 각 팀의 벌칙 적은 것을 주령구를 굴려서 번호의 벌칙을 하며 논다.

12. 인원이 많으면 더욱 벌칙이 재미있고 흥미진진하다.
13. 계속 팀별로 벌칙이 이어지니 볼거리 놀 거리가 아주 풍성하다.

○ 필자가 도안한 가로세로 1.5m의 주령구 놀이판

○ 주령구 14면에 새겨진 원래의 벌칙 문구

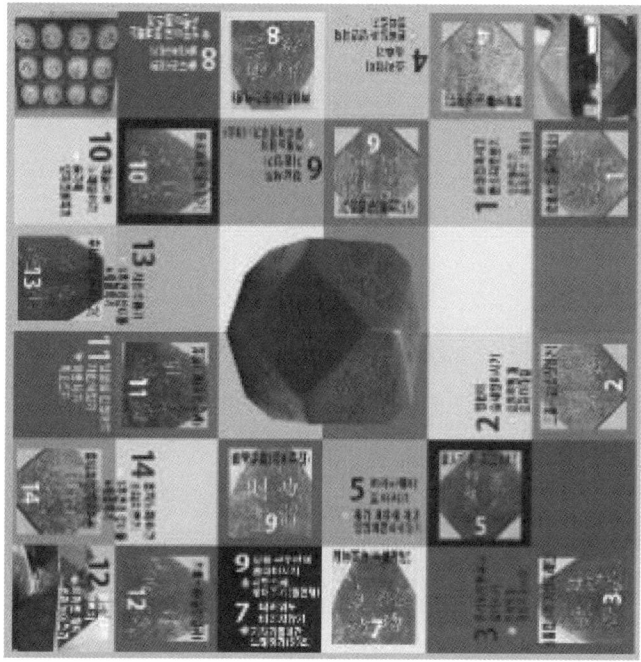

신라시대 주령구 벌칙
1. 금성작무 (禁聲作舞) - 노래없이 춤 추기(무반주 댄스)
2. 중인타비 (衆人打鼻) - 여러 사람 코 때리기
3. 음진대소 (飮盡大笑) - 술잔 비우고 크게 웃기(원샷)
4. 삼잔일거 (三盞一去) - 술 석잔을 한번에 마시기
5. 유범공과 (有犯空過) - 덤벼드는 사람이 있어도 참고 가만 있기
6. 자창자음 (自唱自飮) - 스스로 노래 부르고 마시기
7. 곡비즉진 (曲臂則盡) - 팔을 구부려 다 마시기(러브샷)
8. 농면공과 (弄面孔過) - 얼굴 간지러움을 태워도(놀려도) 참기
9. 임의청가 (任意請歌) - 마음대로 노래 청하기
10. 월경일곡 (月鏡一曲) - 달을 보며 노래 한 곡 부르기
11. 공영시과 (空詠詩過) - 시 한수 읊기
12. 양잔즉방 (兩盞則放) - 두잔이 있으면 즉시 비우기
13. 추물막방 (醜物莫放) - 더러운 것 버리지 않기.부끄러운것 내어놓기
14. 자창괴래만 (自唱怪來晩) - 혼자 노래하고 고래고래 소리지르기

[놀이 11] 고누 해설

○ 개요

머리가 좋아지는 놀이에 속하며 고누라는 말은 뚫어지게 보는 것, 즉 '꼬나본다.에서 나왔다고 한다. 고누의 어원은 '고노'이고 잘 되고 잘못됨을 가려서 점수를 내는 '꼲다'의 옛말이다. 가장 오래된 고누판은 황해도 원산리의 청자 가마터에서 나온 참 고누판이다. 그 외에 오래된 고누판으로는 경북 의성의 5층 석탑, 칠곡군 송림사 5층 전탑 기단  부에서 출토된 고누판이라 할 수 있고, 금오서원 강당에서 발견된 고누판도 역시 오래된 고누판의 하나이다. 말을 어디로 놓을 것이며 내가 놓은 다음, 상대는 어디에 놓을 것인지 또, 그다음 나는 어디에 놓을 것인지, 미리 읽어야 이길 확률이 있다.

[놀이 12] 줄고누

○ 놀이 방법

1. 판 하나에 두 명이 놀이 할 수 있다.
2. 바둑판같은 판에 말을 각각 다섯 개씩으로 한다.
3. 서로 번갈아 두고 앞, 뒤, 좌, 우로 한 칸씩 갈 수 있다.
4. 내 말 두 개 사이에 끼어 있는 상대방 말을 딸 수 있다.
5. 상대의 말을 모두 따내면 이긴다.
6. 가장 편하게 할 수 있는 고누놀이에 속한다.
7. 바둑판을 반 갈라서 써도 되고 두꺼운 켄트지에 그려서 해도 된다.
8. 원단에 인쇄하면 반영구적이다.

[놀이 13] 호박고누

○ 놀이 방법

1. 판 하나에 두 사람이 놀 수 있고 서로 색이 다른 말 3개씩으로 한다.
2. 중앙의 원 안에서는 마음대로 움직이나 양쪽 아래 출발선은 후진은 못 한다.
3. 일단 출발선에서 나가면 뒤로 오는 건 안 되고 원 안에서만 움직일 수 있다.
4. 서로 두어가다가 본인 차례에 돌을 움직일 수 없으면 진다.
5. 호박 같이 생겼다고 해서 호박고누다.
6. 금방 승부가 결정되니 신선하다.

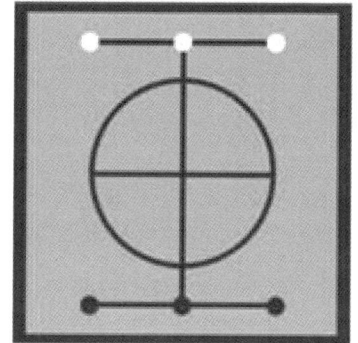

[놀이 14] 자동차고누

○ 놀이 방법

1. 바퀴가 있다고 해서 자동차고누라고 한다.
2. 두 사람이 말은 4개씩 가지고 하고 한 칸씩 앞, 뒤, 좌, 우로 갈 수 있고 대각선은 가지 못한다.
3. 좌로든 우로든 꼭 바퀴를 돌아야만 상대의 말을 따낼 수 있다.
4. 바퀴를 돌아 상대의 말을 잡을 수 있게 먼저 내 돌을 비켜놔야 한다.
5. 둥근 바퀴 양쪽 칸의 말만 바퀴를 돌 수 있으며 바퀴를 돌아 직선으로 가다가 상대 말이 있으면 따낸다.
6. 바퀴를 돌리려면 내 바퀴 한쪽의 말을 먼저 옮겨 놔야 한다.

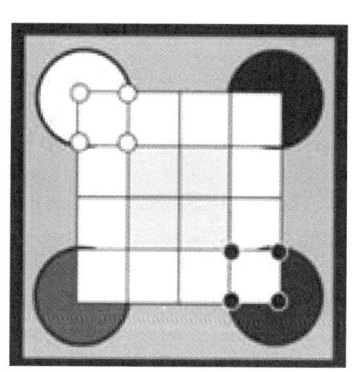

7. 말이 2개 이하로 남아 진행이 안 되면 진다.
8. 가운데 부분은 마음대로 움직이는 칸이다.
9. 상대를 잡을 수는 없다.
10. 바퀴를 도는 수 외에 모두 한 칸만 이동한다.
11. 내 돌이 많이 죽어서 이길 확률이 없으면 진 것을 인정하고 다시 둔다.

[놀이 15] 혼자 고누

○ 놀이 방법

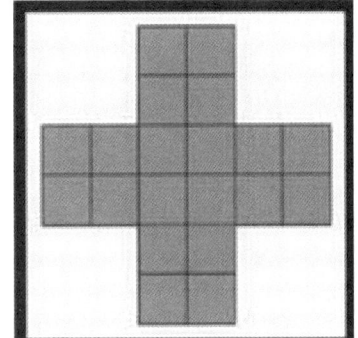

1. 혼자 둔다고 해서 혼자 고누이다.
2. 가운데 한 점만 비워두고 가득 돌을 채우고 시작한다.
3. 빈 곳으로 돌 하나를 넘겨서 옮기고 넘겨진 돌을 따낸다.
4. 계속 빈칸을 하나의 돌을 다리로 해서 넘어 갈 수 있다.
5. 돌 하나만 넘어갈 수 있다.
6. 따내며 계속하다가 돌은 있지만 넘어갈 수가 없으면 끝낸다.
7. 정 중앙에 하나가 남으면 고수이고 아닌 곳에 남기도 한다.
8. 정 중앙에 하나가 남아야 정석대로 둔 것이다.
9. 머리가 좋아지는 놀이에 속한다.
10. 실버 놀이에서는 치매 예방 인지 놀이로 분류된다.
11. 고누놀이는 종류에 상관없이 두루 적용된다.
12. 유아부, 유치부, 초등부, 중등부, 대학의 유아교육학과 등등.
13. 네덜란드의 쏠리테어 놀이가 이와 같다.
14. 우리의 혼자 고누판으로 도구를 같이 사용하면 된다.

[놀이 16] 우물고누

○ 놀이 방법

1. 말은 각자 두 개씩 (1.2) 와 (3.4) 를 놓고 한다.
2. 십자의 중간점을 비워두고 4곳에 대칭으로 놓는다.
3. 처음 시작에서만 1번과 4번 돌은 움직이지 못한다.
4. 따내는 것은 아니고 두다가 말이 움직이지 못해서 내 차례에 둘 수 없으면 진다.
5. 서로 아무 곳이나 이동을 하면서 상대 말을 움직이지 못하게 가두면 일찍 승부가 난다.
6. 머리를 쓰고 작전도 세우고 바로바로 대응도 잘해야 한다.
7. 바로라는 것이 1초에 해당한다.
8. 지혜로운 놀이로 머리가 좋아지는 놀이에 포함된다.
9. 또 배짱이 세어지는 놀이에도 포함된다.
10. 어릴 때 많이 하고 놀도록 권장하는 놀이이기도 하다.

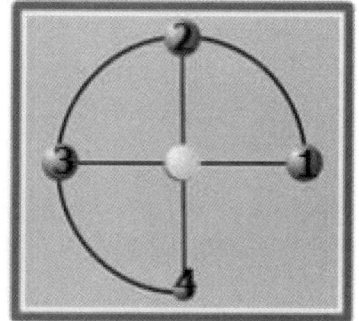

[놀이 17] 참 고누

○ 놀이 방법

1. 인성이 첨가되는 놀이이며 놀이 전에 깍듯이 인사하고 시작한다.
2. 각각 말 10개와 공동 사용할 표시 돌 5개를 준비한다.
3. 가위 바위 보로 선후를 정한다.
4. 선후는 매번 새로 정한다.
5. 그러나 인사는 첫 번만 한다.
6. 아무 곳이나 놓아도 된다.

7. 그러나 미리 몇 수를 읽고 놓아야 이길 확률이 높다.
8. 직선이든 사선이든 내 돌이 나란히 3개가 놓이면 "고누"하고 상대의 말을 하나 따내고 그 자리에 여벌 표시 돌을 놓는다.
9. 가진 돌 10개를 다 놓으면 표시 돌만 떼어내고 판 위에 놓인 말로 차례대로 둔다.
10. 3이 되면 고누를 외치며 이번에는 상대편 요지의 말 하나를 떼어낸다.
11. 상대의 말을 많이 따내서 상대가 진행을 못 하면 이긴다.

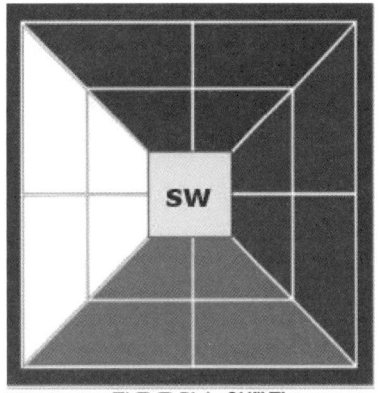

정용옥의 놀이백과

[놀이 18] 쌍 육

○ 개요

중국에서 전해진 것은 삼국시대쯤으로 추정한다. 원목 판이 너무 무겁고 수량이 모자라 학교 수업을 나누어서 했는데 필자가 도안해서 원단에 인쇄했더니 짐도 덜고, 시원하게 해결되었다. 책자에 나오는 여러 놀이판은 모두 같이 편하게 수업하게 보급도 하고 있다.

○ 놀이 방법

1. 두 사람이 짝이 되어 서로 다른 말 16개씩을 가지고 한다.
2. 각자 자기 오른쪽 6에 6개 5에 3개 1에 2개를 놓고 건너편 왼쪽 5에 3개 1에 2개를 놓는다.
3. 주사위를 두 개 굴려서 나오는 숫자대로 말을 움직인다.
4. 던진 주사위의 숫자가 3과 2라면 5칸을 이동해도 되고 말 하나는 3칸 하나

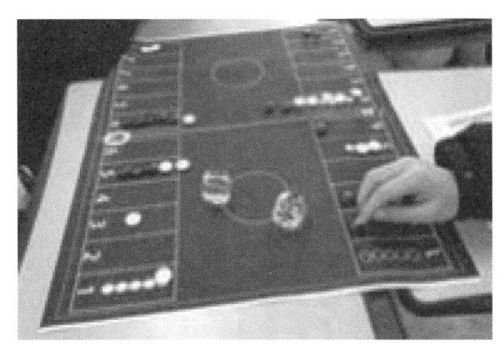

는 2칸 이동해도 된다.
5. 각자의 말들을 모두 자기 앞으로 모아야 하는데 검은 말은 자기 앞 왼쪽에 흰말은 자기 앞 오른쪽에 모은다.
6. 모은 다음에는 빼내야 하는데 주사위 나온 숫자로만 빼낸다.
7. 3번 칸 말은 3이 나와야 빼고 6번 칸은 6이 나와야 뺀다.
8. 말을 먼저 모두 빼내면 이긴다.

[놀이 19] 장기(將棋)

○ 놀이 방법

1. 흥미진진하고 금방 승패가 나니 부담 없는 놀이다.
2. 장기 말은 초(楚), 한(漢), 사(士), 차(車), 포(包), 마(馬), 상(象), 兵卒 등 32개를 사용한다.
3. 앞으로만 가는 것이 아니고, 말은 각기 가는 길이 정해져 있다.

장기판, 민속유물번호 005829-000 (국립민속박물관소장)

4. 판은 4각형의 판에 가로 10줄, 세로 9줄이다.
5. 상대의 장을 잡으면 이기고 마지막 수에 "장!"하고 알림을 한다.
6. 머리가 좋아지는 놀이에 속하며 학생들의 여가선용에 좋다.
7. 간략히 설명하면 전쟁놀이이다.

[놀이 20] 차전놀이

○ 개요

중요 무형문화재 24호로 경북 안동지방의 민속놀이이다. 통일 신라 말 후백제의 견훤이 고려 태조 왕건과 겨루려고 왔을 때 안동사람들이 견훤을 낙동강 물에 밀어 넣었다는 유례가 있고 이때부터 어깨로만 상대편을 밀어내는 차전놀이를 했다고 한다. 안동중학교 학생 300여 명이 1969년 대통령상을 받은 바 있다. 강원도 가평군 가평에는 외바퀴 수래 싸움이라고 명명하고 청년들이 이웃 마을과 수레를 부딪쳐서 수레가 부서지면 패하는 놀이로 이어져 온다. 차전놀이의 발생지인 안동에서는 동체 싸움이라고도 부르는데 상대 마을의 동체를 먼저 땅에 닿게 하면 이긴대서 동체 싸움이라 이름이 붙여졌다.

○ 놀이 방법

1. 참나무를 X자로 동체를 만들고 단단히 묶는다.
2. 올라설 수 있게 판자를 놓고 방석을 얹어서 잘 묶는다.
3. 대장이 잡고 지휘를 할 수 있게 동체에는 고삐를 단다.
4. 판자 뒤에는 나무를 X 모양으로 묶어 달아 동체가 틀어지지 않게 한다.
5. 300명 이상이 놀이하는데 출생지를 기준으로 동부 서부로 편을 나누고 동부의 대장을 부사, 서부의 대장을 영장이라 명명한다.
6. 출생지를 기준으로 하니 부부가 다른 편이 되기도 한다.
7. 이웃으로 매우 친해도 출생지가 다르면 놀이 때는 적군이다.
8. 동체 꾼은 대장, 머리 꾼, 동체 꾼, 놀이꾼으로 편성한다.
9. 동체를 메고 호위하고 선 머리꾼들이 상대편을 어깨로 밀치고 들어가 상대의 동체를 위에서 눌러 땅에 닿게 하면 이긴다.

[놀이 21] 석전 놀이

○ **개요**

아랫마을 윗마을 추수 끝난 후 돌로 하던 놀이이며 위험한 놀이였는데 아들이 무서워 피해서 도망 오면 어머니는 대문을 열어주지 않았다 한다. 다치기도 하지만 공인된 용맹성을 키워주는 놀이이다.

<출처> 향토문화백과사전

○ **놀이 방법**

1. 주로 냇가에서 냇물을 사이에 두고 편을 나누어서 한다.
2. 양 팀 모두 대장을 먼저 뽑는다.
3. 대장은 모든 놀이를 진두지휘한다.
4. 놀이 전에 던질 돌을 모으고 돌 준비가 되면 시작한다.
5. 돌을 던지는 놀이이니 많이 다치기도 한다.
6. 그러나 많이 다치지 않으면 다쳤다고 집으로 가는 경우는 거의 없다.
7. 굉장한 싸움인데 관아에서도 문제 삼지 않았다고 한다.
8. 대장이 백기를 흔들고 한쪽이 손을 들어야 끝이 났다.
9. 백기를 들기는 쉬운 일이 아니어서 더 치열하게 싸움이 이어졌다.
10. 수업으로는 중심선을 긋고 다치지 않는 작은 공으로 할 수 있다.
11. 콩 주머니도 다칠 수 있으니 사용하지 않는 것이 좋다.
12. 고무공으로 할 경우에도 아주 작은 것으로 사용해야 한다.

[놀이 22] 머우 놀이

○ **개요**

지금은 사라진 전래놀이로 줄을 둥글게 고리 지어 나무에 걸어 놓고 돌을 통과시켜 던져 넣는 놀이다. 나무는 거의 집 마당 근처에 있어서 옛날 아이들이 나무에 큰 고리를 매달아 놓고 돌 던지기를 하며 놀던 놀이이다.

○ 놀이 방법

1. 줄을 지름 20cm 원 형태로 만든다.
2. 마당 가 대추나무의 알맞은 높이에 걸어놓는다.
3. 작은 팔매질할 돌들을 모으고 편을 나누어 던져 넣기를 한다.
4. 진 팀은 이긴 팀의 원하는 것을 들어 줘야 한다.
5. 잔심부름이라든가, 업어주기, 물 떠 오기 등등이다.
6. 이 놀이도 놀이가 상수가 아니고 벌칙이 상수인 놀이이다.
7. 아이들이 참으로 현명한 방법으로 벌칙을 정하고 놀이를 했다.

[놀이 23] 항아리 놀이

○ 놀이 방법

1. 술래를 두 명 정하고 다시 독 장수와 항아리를 정한다.
2. 항아리가 되면 독 장수가 뒷짐으로 옆으로 뉘어 업는다.
3. 독 장수는 항아리를 메고 원을 돌며 독 사려 외친다.
4. 독이 잘 만들어졌나 하고 머리를 통통 두드려 본다.
5. 팔리면 판 사람이 독이 되고 산 사람이 독 장수가 된다.
6. 안 팔리면 가위 바위 보로 독장수와 항아리를 다시 정한다.

[놀이 24] 돌 날리기

○ 개요

옛날 아이들은 혼자이건 여럿이건 항상 놀이하며 다니고 가깝거나 멀거나 늘 걸어 다녔다. 걷다 보면 냇가도 나오고 강도 나오곤 하는데 만나는 것에서 여러 놀이가 형성된다. 팔 힘을 길러주는 놀이에 속한다.

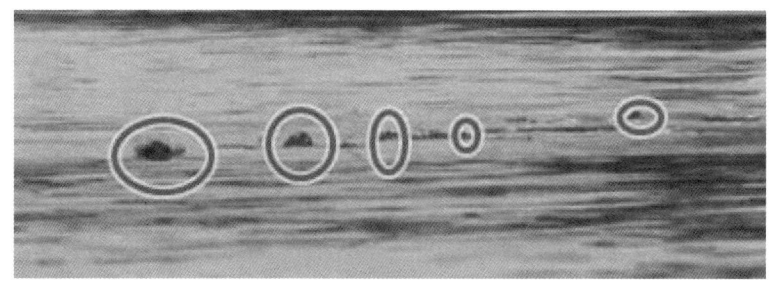

○ 놀이 방법

1. 납작한 돌이 좋고 강이나 연못에서 한다.
2. 돌을 평면이 위로 오게 들고 물이 수면으로 뜨듯이 던진다.
3. 숙달되면 2단 3단 물 위를 날렵하게 빠지지 않고 튕겨 나간다.
4. 잘 던지면 5단 6단까지도 돌이 물 위를 튕겨간다.
5. 요즘도 강가에서 돌로 물을 뜨듯이 날려보는 모습을 볼 수 있다.

[놀이 25] 홀짝 놀이

○ 놀이 방법

1. 두 명씩 짝이 되어 놀이하고 선후를 가려서 동전으로 한다.
2. 동전을 손에 모아 흔들다가 한 손에 잡고 아래로 주먹을 쥔다.
3. 상대는 주먹의 동전이 짝인지 홀인지 말하고 맞추면 따는 놀이다.
4. 수업으로는 바둑돌, 병뚜껑, 공깃돌로 할 수 있다.

5. 재미도 많고 서로 친해지는 놀이에 속한다.
6. 실제 돈으로 하지 않도록 조심시켜야 할 필요가 있다.

[놀이 26] 쇠똥구리 놀이

○ 개요

전래놀이 수업이 전래다우면 더욱 좋다. 쇠똥구리 놀이는 공을 만들어서 하면 아주 전래답다. 새끼줄로 전래 공을 만들어 쓰면 제일 좋고 새끼줄이 없으면 요즘 철물점에서 살 수 있는 재료로 만들면 된다.

○ 만드는 법과 놀이 방법

1. 노끈과 접착제를 준비한다.
2. 노끈을 주먹 크기로 감고 그다음부터는 접착제를 바르며 감다가 지름 15cm 까지 되면 알맞은 쇠똥구리 공이 된다.
3. Y자 나무대나 T자 긴 말대를 같이 준비한다.
4. 팀을 나누고 6m 선상에 반환 봉을 놓는다.
5. 쇠똥구리 공을 굴림대로 굴려서 먼저 반환 봉을 돌아오면 이긴다.

[놀이 27] 십자 놀이

○ 개요

공동체향상, 협동심, 친화력, 운동력, 등 전래놀이의 장점을 다 갖추고 있는 놀이로 베짱이 세어지는 놀이에 속하며 중학생들이 선호하는 놀이이다.

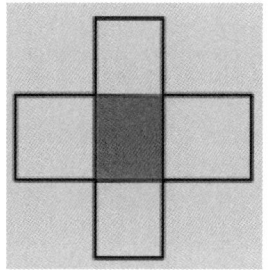

○ 놀이 방법

1. 폭 2m, 길이 8m로 직사각형 두 개를 그린다.
2. 직사각형 두 개를 십자로 포개 그리면 사각형이 5개 나온다.
3. 중앙사각형과 외각이 수비진이고 4개의 사각형이 공격진이다.
4. 시계 반대 방향으로 돌고 첫 칸으로 오면 이긴다.
5. 양 팀 모두 선을 밟으면 죽게 되어 놀이판에서 제외된다.
6. 한 사람이라도 돌아오면 다 살아나고 공격 팀이 죽으면 교체한다.

[놀이 28] 이랑 타기

○ 개요

예전 우리나라는 농경 국가여서 자연스럽게 이랑 타기 놀이를 한 듯하다. 한 이랑 한 이랑 통과하고 막으면서 더욱 친근감이 고조되고 바로바로 수비 공격이 바뀌어서 더욱 박진감 있는 놀이이다.

○ 놀이 방법
1. 두 팀으로 나누어서 놀이한다.
2. 가위 바위 보로 공격과 수비를 정한다.
3. 이랑은 3개 정도가 알맞으나 가감이 필요하다.
4. 이랑을 그릴 때 수비가 설 땅의 넓이는 70cm로 한다.
5. 공격 팀이 넘어가서 서는 땅의 넓이는 1m로 한다.
6. 한 이랑에 수비수가 너무 많으면 경기가 진행이 안 된다.
7. 인원이 많으면 이랑 수를 많이 해야 수비수를 맞출 수 있다.
8. 6m 길이에 2~3명의 수비가 알맞고 터치를 아웃으로 본다.
9. 한 사람이라도 이랑을 아래까지 다 돌아오면 팀원 모두 살아난다.
10. 계략을 세워야 이랑을 통과할 수 있다.
11. 내 팀원이 희생해야 이랑을 넘어갈 수 있다.
12. 한쪽으로 넘어가면서 유도를 하고 잡혀주는 계략이다.
13. 잡혀주는 순간에 다른 쪽을 뚫으면 나갈 확률이 있다.

[놀이 29] 요강 놀이

○ 개요

옛 물건 중에 아녀자들이 쓰던 요강이 있었다. 요강은 아녀자들이 가마를 타고 이동을 할 때 가마 안에 넣어 다니던 간이? 화장실? 이다. 그리고 밤에 아녀자들이 화장실 출입이 무서워 방에 놓아두고 소변기로 사용하던 물건인데 놀이판 그림이 요강처럼 보인 데서 이름이 붙여졌다.

○ 놀이 방법

1. 지름 1m의 둥근 원, 요강 3~5개를 그리고 술래를 정한다.
2. 요강은 술래로부터 비킬 수 있도록 크기를 조정한다.
3. 술래는 요강 안의 팀원을 당기거나 밀쳐서 원 밖으로 끌어낸다.
4. 술래에게 밀려서 요강을 이탈하면 아웃이고 술래가 된다.
5. 죽으면 함께 술래를 하는 방법도 좋다.
6. 모두 술래가 되면 처음 이탈자가 술래가 되어 다시 시작한다.
7. 교체가 빨리 되는 놀이여서 지루하지 않고 신선감이 크다.
8. 지방에 따라 약간씩 놀이 방법이 다르기도 하다.

9. 인원이 많을 때는 죽으면 모두 술래를 같이하는 것이 좋다.

[놀이 30] 가마 놀이

○ 개요

친구를 잘 대접하는 것은 상호 간의 의를 돈독히 하는 첫걸음이다. 친구를 소중히 여기는 숨은 교육이 들어있다.

○ 놀이 방법

1. 세 사람이 한 조로 4m 선상에 반환 봉을 둔다.
2. 두 사람이 팔을 걸어 가마를 만들고 한 사람을 태운다.
3. 두 팀으로 나누어 팀 대항을 하고 먼저 돌아오면 이긴다.
4. 개별놀이로는 돌아가며 서로서로 가마꾼이 되어 친구를 태워준다.
5. 입학 초 놀이로 빨리 친해지는 놀이다.

[놀이 31] 삼각성 쌓기

○ 개요

주로 남학생들의 놀이로 단합과 협동이 어우러지는 좋은 전래놀이이다. 단체로 하나가 되어 놀이하고 이루어 내는 성취감도 높다. 남학생들의 놀이다.

○ 놀이 방법

1. 두 팀으로 나누고 맨 앞 주자 두 명이 머리를 맞대고 구부린다.
2. 두 명이 달려가 앞사람의 다리에 머리를 넣고 구부린다.
3. 양 팀에서 세 명씩 구부리면 이층 쌓기를 한다.
4. 이층 쌓기 주자는 첫 번 주자 위에 구부린다.
5. 양 팀 두 명이 일층 주자 위에 구부리면 이층은 끝난다.
6. 남아있는 대원이 두 명의 팔을 끼워 비행기 태우고 간다.
7. 이층 주자 위에 올리면 만세를 부른다. 삼각성 완성이다.

[놀이 32] 쌍쌍 달팽이

○ 개요

경주란 신기하게도 꼭 이기고 싶은 충동을 일으킨다. 달팽이를 두 개 그리고 경주를 해보자. 돌돌 돌아가야 하니 어지럽기도 하건만 내 팀이 이겨야 하니 그저 달린다.

○ 놀이 방법

1. 달팽이 두 개를 그리고 각각 바깥 지점에 양 팀의 주자가 선다.
2. 두 개의 달팽이에서 따로 시작하고 먼저 안에 착지하면 이긴다.
3. 팀원들의 각각 개별점수를 합계해서 승패를 가른다.
4. 한번 끝낸 다음에 두 개의 달팽이는 서로 바꾸어서 다시 한다.
5. 정확하게 그린다고 해도 차이가 나니 공정성으로 교체한다.
6. 시비가 걸리지 않게 먼저 착지하면 확실한 판정이 매번 필요하다.
7. 따로 달팽이이니 만나서 가위 바위 보는 없고 달리기만 하면 된다.

[놀이 33] **교실 달팽이**

○ 개요

중학생들은 활동적이고 과격하기도 하다. 그러나 놀이로 조금 성격을 누그러트릴 수도 있다. 학교마다 전래놀이 수업을 자유학기제에 많이 투입하는데 장소가 거의 교실이다.

○ 놀이 방법

1. 좁은 교실 활용 놀이로 테이프 대신 책상을 사용한다.
2. 의자 쪽을 안으로 책상 쪽을 바깥으로 둥글게 원으로 놓는다.
3. 책상 활용 달팽이 놀이로 두 팀으로 나누어서 양쪽에서 출발한다.
4. 만나면 발을 사용해서 가위 바위 보를 한다.
5. 발을 벌리면 보, 발을 오므리면 주먹, 한발을 앞으로 내밀면 가위이다.
6. 이기면 계속 달리고 지면 새로운 내 팀원이 이어서 나온다.
7. 승패가 금방 나는데 진 팀은 벌칙을 하고 다시 놀이한다.
8. 여름에 비가 오거나 겨울에 춥거나 할 때 교실에서 할 수 있다.

[놀이 34] 제기 달팽이

○ 개요

필자가 아이들을 위해서 만든 달팽이 변형 놀이다. 돼지 달팽이와 반원 달팽이, 두 개 달팽이를 만들었는데 반원 달팽이는 중학교에서 더 어울리는 놀이고 제기와 딱지도 함께 병행되니 놀이의 깊이도 더 있다.

○ 놀이 방법

1. 두 팀으로 나누고 반원 양쪽에 진을 친다.
2. 출발 신호에 양쪽 팀원이 한 명씩 출발한다.
3. 만나면 가위 바위 보를 해서 이긴 사람이 먼저 제기를 찬다.
4. 이기면 계속 달리고 진 팀은 새 주자가 달려 나온다.
5. 달팽이가 아니고 반원이어서 덜 어지럽다.
6. 제기로 승패를 낸 다음 딱지로 다시 한다.

[놀이 35] 돼지 달팽이

○ 개요

돼지와 막대를 가지고 달팽이 놀이를 중학생들에게 해보면 어찌나 신나게 하는지 경쟁심이 장난이 아니다. 달팽이 도면으로 중학생들에게 할 때는 달팽이 선을 겨우 발이 들어 설 정도로 좁게 그리고 선을 밟으면 아웃을 시키면 조금은 과격하지 않게 조심조심 주의한다. 돼지와 막대를 사용하는 달팽이 놀이는 반원으로 해도 아주 재미있고 멋지다.

○ 놀이 방법

1. 돼지는 청색, 적색으로 색을 다르게 한다.
2. 반원을 그리고 안쪽과 바깥쪽에서 동시에 출발한다.
3. 돼지를 밀고 가다가 두 팀이 만나면 가위 바위 보를 한다.
4. 이기면 돼지를 밀고 전진하고 진 팀은 새로운 대원이 나온다.
5. 먼저 상대 진영에 입성하면 1승이 된다.
6. 초등, 중등, 실버까지 다 어울리는 놀이이다.

[놀이 36] 인간 삼목

○ 개요

바둑판과 바둑알로 노는 오목, 삼목을 사람이 하는 재미있고 신나는 놀이이다. 오목은 판을 그리기가 너무 양이 많으니 수업으로는 삼목으로 놀이하는 것이 좋다.

○ 놀이 방법

1. 원은 9개를 지름 50cm로 그린다. 세 개씩 세 줄을 그린다.
2. 원과 원 사이의 길이는 1.5m 정도로 한다.
3. 매번 출발 신호에 두 팀에서 동시에 한 사람씩 나간다.
4. 직선이든 사선이든 3만 먼저 만들면 된다.
5. 테이프를 사용해서 9개의 점만 표시하고 놀이를 해도 된다.
6. 팀 구별이 어려우면 색이 다른 재기를 머리에 이고 표시를 한다.

[놀이 37] 굴렁쇠 삼목

○ 놀이 방법

1. 재기로 하고 굴렁쇠 9개를 3줄로 놓는다.
2. 재기 외에 콩 주머니도 사용할 수 있다.

3. 9개의 칸에 제기를 놓으면 되는데 가서 놓아도 되고 던져도 된다.
4. 던지면 안 들어갈 확률이 높고 다시 던지는 것은 없다.
5. 매번 선생님의 출발 신호에 양 팀이 같이 출발한다.
6. 출발 시작 선과 던질 선 두 개를 표시하고 하면 더 좋다.
7. 달려가서 던져야 하니 출발선과 굴렁쇠와는 멀게 해도 된다.
8. 굴렁쇠 굴리기 놀이를 한 다음 연동으로 이 놀이를 하면 안성맞춤이다.
9. 굴렁쇠만 있고 아무것도 없으면 재활용 지로 딱지를 접어 쓰면 된다.
10. 늘 기술하는 것이 전래놀이란 아무것도 없어도 놀이가 되는 수업이다.
11. 선생님들의 지혜만 있으면 언제 어디서나 가능하다.

[놀이 38] 훌라후프 삼목

○ 놀이 방법

1. 팀을 나누고 훌라후프 9개를 3줄로 3칸 놓는다.
2. 선생님의 신호에 양 팀 동시에 출발하고 훌라후프에 재기를 넣는다.
3. 직선이든 사선이든 먼저 3을 넣으면 이긴다.
4. 제기는 4개만 갖고 하고 매번 두 팀이 같이 출발한다.
5. 4개를 다 놓은 후에는 나가서 자리에 있는 것을 이동한다.
6. 훌라후프 3목도 재기 외에 딱지나 콩주머니 사용도 된다.

7. 훌라후프 3목도 던짐. 선을 지정해놓으면 좋다.
8. 후프를 50cm 정도 띄워서 놓으면 사람이 나가서 앉아도 된다.
9. 사람이 할 때는 훌라후프에 걸리지 않도록 조심해야 한다.
10. 이 놀이도 역시 훌라후프 놀이 후에 연동 수업으로 하면 된다.
11. 놀이의 연동을 잘 이용하면 적은 짐으로 많은 놀이가 된다.

[놀이 39] 파도 놀이

○ 개요

내 친구, 나와 한 팀, 즉 친화력을 급증시키는 놀이이며 더불어 계속 팀원이 교체되므로 다 함께 돌아가며 짝이 되고 친해지는 장점이 있는 놀이다.

○ 놀이 방법

1. 4명씩 한 조이고 파도, 문어, 오징어, 갈치, 로 정한다.
2. 이름은 선생님 재량으로 다른 것으로 정해도 된다.
3. 파도는 가운데 서서 손을 흔들고 3명은 손잡고 선다.
4. 노래하며 진행하고 중간에 선생님이 이름을 외친다.
5. 파도를 외칠 때는 가운데 파도만 다른 팀의 가운데로 간다.
6. 지도자가 들어가면 파도 한 명은 들어갈 곳이 없다.
7. 벌칙을 주고 다시 4명이 한 조가 되어 놀이한다.

8. "오징어" 하면 오징어만 "갈치" 하면 갈치만 바꾼다.
9. 매번 선생님이 한 칸에 들어가니 벌칙 할 사람이 생긴다.
10. 벌칙은 당한 사람만 하는 것이 아니라 놀이이니 다 한다.
11. 벌칙 시간이 오히려 놀이의 재미를 더 하게 한다.
12. 만약 선생님이 못 들어가서 혼자 남으면 선생님도 벌칙을 해야 한다.

[놀이 40] 삼삼 놀이

○ 개요

놀이에서 머리를 써야 하는 놀이가 간간이 있는데 이 놀이도 그렇다고 할 수 있다. 머리를 쓰는 것뿐만이 아니라 주위도 잘 살피고 생각도 해야 하는 놀이이다. 지혜로운 아이를 만드는 놀이에 속한다.

○ 놀이 방법

1. 술래는 두 명으로 먼저 정하여 원 밖에 둔다.
2. 두 명 중에 도망가는 술래, 잡으러 가는 술래를 정한다.
3. 내 팀은 바짝 붙어서고 팀당 거리는 50cm 정도 거리를 둔다.
4. 둥글게 서고 시계 반대 방향으로 돌아간다.

5. 한 팀이 3명씩이라고 가정하면 항상 3명을 유지해야 한다.
6. 선생님의 신호에 도망가는 술래는 먼저 출발한다.
7. 잡으러 가는 술래는 무궁화 꽃을 외치고 출발한다.
8. 도망가는 술래는 잡힐 듯하면 3명이 선 곳에 들어선다.
9. 4명은 안 되니 끝의 대원이 술래가 되어 나가야 한다.
10. 잡으러 가는 술래는 두 바퀴 돌고 힘들면 얼음을 외친다.
11. 얼음! 하면 도망가는 술래는 서야 한다.
12. 얼음 외친 술래는 뒤로 한 발 와서 "땡"하고 팀에 들어간다.
13. "땡" 소리에 도망가는 술래는 얼음이 풀리고 도망간다.
14. "땡"하고 들어선 곳에 4명은 안 되니 끝의 대원이 잡으러 가는 술래가 되어 얼음 풀린 술래를 잡으러 간다.
15. 이해하기 힘 드는지 문의가 많이 오는 놀이이기도 하다.
16. 무척 재미있고 운동량 많은 고단수의 놀이다.

[놀이 41] 아이 엠 그라운드

○ 개요

수업에서 어설프게 시간이 남아 새로운 놀이 하기는 안 되고 둥그렇게 앉은 김에 아이 엠 그라운드 놀이를 하면 좋다. 수업 중에 너무 놀란 것은 중학생들이 우리나라 산맥 이름, 강 이름, 산 이름을 모르는 학생이 너무 많았다.

○ 놀이 방법

1. 둥글게 앉고 시작은 아이 엠 그라운드로 서두를 붙인다.
2. 박자는 무릎 한번 손뼉 한번 오른손 엄지 척 왼손 엄지 척이다.
3. 산맥 이름 대기하면 산맥 이름을 말하면서 차례로 돌아간다.
4. "아이 엠 그라운드 산맥 이름 대기", 엄지 척에서 이름을 말한다.
5. 명승고적, 나라 이름, 역사 인물 등등 많은 소재가 있다.
6. 아이 엠 그라운드(무릎치고, 박수치고, 오른손 엄지 척, 왼손 엄지 척)
7. 산 이름 대기(무릎치고, 박수 치고, 오른손 엄지 척, 왼손 엄지 척)
8. 한라산(무릎치고, 박수치고)
9. 말없이(오른손 엄지 척, 왼손 엄지 척)
10. 다음 사람이 받는다. 백두산(무릎치고, 박수 치고)
11. 말없이(오른손 엄지 척, 왼손 엄지 척
12. 다시 다음 사람이 받는다.
13. 다음 사람, 다음 사람, 모두 위와 똑같이 하면 된다.
14. 미처 산 이름을 못 대고 박자를 놓치면 벌칙을 받고 다시 시작한다.
15. 벌칙 한 사람이 "아이 엠 그라운드 강 이름"을 대면서 시작하면 된다.

[놀이 42] 오징어 놀이

○ 개요

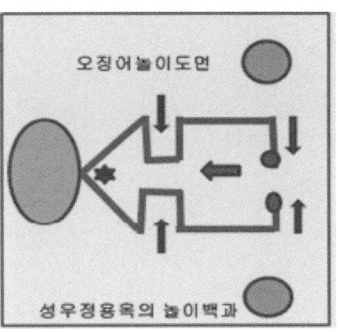

놀이판이 오징어처럼 생겨서 오징어 놀이다. 놀이판을 그릴 때 진영 밖은 깨금발로 다녀야 하니 공격팀의 쉼터를 그린다.

○ 놀이 방법

1. 공격은 머리 위, 수비는 오징어 몸을 갖고 머리에 점을 표시한다.
2. 공격팀과 수비팀 모두 집 밖에서는 깨금발로 다녀야 한다.
3. 오징어 목을 강이라 하고 강을 건너면 두 발로 다닐 수 있다.
4. 공격팀은 꼭 문을 통해서 수비 진영으로 들어가야 한다.
5. 발이 풀려 땅에 닿으면 죽고 수비 진영으로 끌려가도 죽는다.
6. 공격팀이 수비팀 머리의 점에 발을 밟으면 수비팀이 진다.
7. 오징어 몸통 양쪽 원은 깨금발을 놓고 쉴 수 있다.

[놀이 43] 생쥐와 고양이

○ 개요

놀이의 재미가 쫓고 쫓기는 묘미에 있다고도 하겠다. 생쥐와 고양이는 세상사에서도 그보다 더한 것이 없을 정도로 목숨을 걸고 쫓고 도망을 다닌다.

○ 놀이 방법

1. 쥐와 고양이를 뽑고 모두 손을 잡고 둥근 원을 만든다.
2. 쥐가 울타리 안에 고양이는 울타리 밖에서부터 시작한다.
3. 고양이가 울타리 안으로 들어오려고 하면 대원들은 막는다.
4. 울타리를 뚫고 안으로 들어오면 얼른 쥐를 내보낸다.

5. 이번에는 고양이가 밖으로 못나가게 막는다.
6. 초등학교에서의 수업은 잘 못나가고 잘 못들어온다.
7. 반면 중학교에서의 수업에서는 막거나 말거나 뚫고 간다.
8. 신나는 놀이이긴 하나 선생님이 늘 조심할 것은 아이들의 안전이다.
9. 교실이나 강당, 운동장 모두 활용이 가능한 놀이이다.

[놀이 44] 개뼈다귀 놀이

○ 개요

같은 맥락의 놀이 중에 제일 과격한 놀이에 속하고 배짱이 두둑해지는 놀이에 포함된다. 놀이의 장점이 아주 많은 활동 놀이로 단체소속감 향상과 내 팀과의 협동, 합동작전, 희생 작전이 잘 맞았을 때의 희열, 등 중학생들의 놀이 수업으로 좋은 놀이다. 이런 놀이를 통해서 아이들의 배짱이 두둑해지고 사고력과 친근감, 배려심이 자신도 모르는 사이에 저절로 몸이 익혀진다면 다른 어떤 교육보다도 우월하다고 하겠다.

○ 놀이 방법

1. 개뼈다귀처럼 그리고 원은 지름 2m, 길이는 5m로 한다.
2. 원래는 당기는 것이나 터치도 좋다.
3. 공격팀은 뼈다귀 안쪽, 수비팀은 바깥이 영토이다.
4. 위의 원에서 아래 원까지 수비를 피해서 갔다 오는 놀이이다.
5. 도면은 좁으면 통과가 어렵고 넓으면 무사통과이니 잘 그린다.

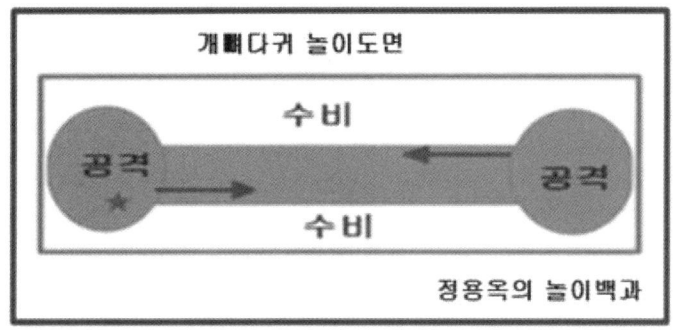

[놀이 45] 깡통 쓰러뜨리기

○ 개요

성취감과 팔의 힘, 손 감각을 높이는 전래놀이로 정확한 거리 조정과 힘 조절이 맞아야 깡통을 쓰러트릴 수 있다. 예전엔 돌이나 깡통이 흔한 놀이 도구였는데 요즘은 좀 귀하기도 하니 주위의 있는 것으로 놀이를 하면 된다.

○ 놀이 방법

1. 두 팀으로 나누고 선후를 가려서 작은 돌로 한다.
2. 4m 거리에 깡통을 팀원 수대로 세우고 모두 함께 던진다.
3. 넘어진 개수를 세고 다시 세운 후 상대 팀이 던진다.
4. 모두 함께 던지는 게임도 재미를 더해 준다.
5. 던지는 돌을 사용할 때는 친구에게 던지지 않도록 주의를 시킨다.

6. 깡통을 사용하면 맞히는 소리도 성취감을 더해 준다.
7. 이 놀이는 돌이나 깡통, 나무토막 등으로 다 응용이 된다.

[놀이 46] 구슬치기

○ 개요

찰흙을 동그랗게 뭉쳐서 전날 저녁하고 난 아궁이에 넣어 놓고 자면 다음 날 동글동글 흙 구슬이 구워진다. 단단해서 잘 부서지지 않는다. 옛날 아이들의 놀잇감이다. 알록달록한 유리구슬이나 쇠 구슬이 나온 후에 자취를 감춘 추억이 있는 옛날 아이들의 소중한 놀이도구다.

○ 놀이 방법

1. 흙바닥에 작은 구덩이를 3개 파고 넣으면, 구슬을 따는 놀이다.
2. 흙구덩이를 팔 수 없으면 3m 선상에 원을 그리고 한다.
3. 3m 그어놓은 선을 향해 각자 구슬을 던져 선후를 정한다.
4. 선에서 제일 가까운 사람부터 한다.
5. 원안에 모두 같은 개수의 구슬을 넣어 놓고 시작한다.
6. 출발선에서 던지고 튕겨 나가는 것을 딴다.

[놀이 47] **표창 던지기**

○ 개요

아이들은 던지기를 참 좋아한다. 표창을 만들어 아주 먼 곳까지 던지기를 해보자. 양궁 판을 사용하면 더 멋지다.

○ 놀이 방법

1. 색종이는 한 장으로 접는 것보다 두 장으로 접는 것이 좋다.
2. 대문 접기로 두 장을 대칭으로 만든다.
3. 반드시 대칭이여야 두 개를 맞대어 합체가 된다.
4. 표창은 각각 5개 정도 접고 두 팀으로 하고 딱지도 해도 된다.

[놀이 48] **장대타기**

○ 개요

똑같은 순간에 똑같이 움직여야 산다. 협동심과 배려심, 공동체향상에 좋은 전래놀이이다.

○ 놀이 방법

1. 긴 장대를 준비하고 주장 두 명은 장대를 운전한다.

2. 모든 대원은 줄 맞추어 선다.
3. 주장이 장대를 마주 잡고 대원들은 장대를 넘어야 한다.
4. 처음에는 낮게 운전하고 차츰차츰 높여서 운전한다.
5. 모두 일제히 같은 순간에 장대를 뛰어넘는다.
6. 몇 번 연습한 후에는 조금 빨리 장대를 운전한다.
7. 순발력과 재치력을 기르는 놀이이다.

[놀이 49] 네둠병 놀이

○ 개요

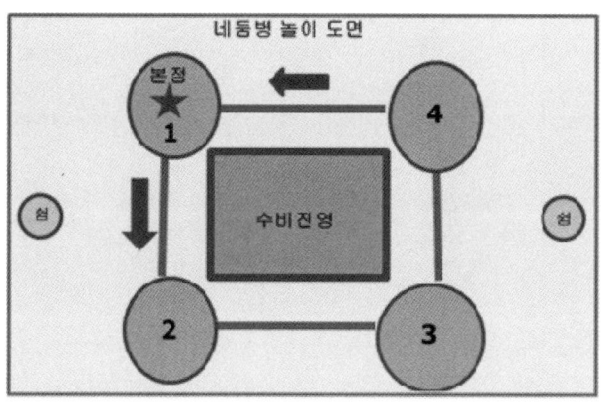

놀이하는 동안 몰입을 하게 되는 놀이 중의 하나이다. 팀을 나눌 때 비슷하게 체형이 나누어지도록 하는 것이 좋다. 그래야 놀이가 잘 어우러진다. 처음에는 수비가 모두 처음 칸에 몰려 있어서 나가기 어려우나 비록 죽더라도 용감하게 뚫고 나가는 순간 수비의 힘을 분산시켜 내 팀원이 성공적으로 2번 칸 3번 칸으로 나아 갈 수 있게 된다. 아름다운 희생이 내 팀을 성공으로 이끌 수 있다. 여기에 전래놀이의 참다운, 살아있는 인성교육이 뻗어난다.

○ 놀이 방법

1. 그림처럼 놀이판을 그리고 넓이는 잘 맞추어야 한다.
2. 좁으면 지나갈 수가 없고 넓으면 수비가 안 된다.
3. 사각형 모서리에 지름 2m의 원을 그리고 첫 칸이 1번 본점이다.
4. 수비는 외각과 사각형 안을 쓰고 공격은 원과 사각 통로를 쓴다.
5. 수비팀은 쉼터에서 쉴 수 있고 중앙 사각 외에는 깨금발로 다닌다.

6. 한 명이라도 사각을 돌아서 본점에 오면 모두 살아난다.
7. 그러나 본점에 안 나간 대원이 있는데 들어오면 같이 죽는다.
8. 본점에 남아있는 대원은 내 팀이 오는 기색이면 나가야 한다.
9. 당겨서 금을 밟게 하면 죽게 되는데 수비, 공격, 마찬가지이다.

[놀이 5] 대감놀이

○ 개요

대감을 가마 태우는 형식의 놀이이다. 예전에는 여러 행차가 많았는데 주로 가마를 타고 행차 행렬이 지나가곤 했다. 그래서인지 자연스럽게 아이들이 대감놀이를 자주 하고 놀았다. 대감이 되어서 가마를 타고 친구들이 들어서 이동을 하면 호사스럽기도 하고 대감이 된 아이는 기분이 아주 좋아진다. 무거운 친구를 반환점까지 태우고 돌아오는 동안 성취감, 미안함이 교차하여 정이 더 깊어진다.

○ 놀이 방법

1. 두 팀으로 나누고 가위 바위 보로 선후를 정한다.
2. 5m 선상에 반환 봉을 두 개 놓아둔다.
3. 준비물로는 넓은 방석을 두 개 만든다.
4. 팀 안에서 다시 한 조를 5명으로 한다.
5. 네 명이 한 명을 방석에 태우고 방석은 반드시 들고 가야 한다.
6. 팀원이 모두 한 번씩 다 타고 먼저 돌아오면 이긴다.
7. 돌아가며 한 명씩 다 대감이 되어서 방석을 타보도록 하는 것이 좋다.
8. 무거워서 방석을 끌게 되면 앉은 대감 옷이 상하게 된다.
9. 방석은 되도록 질긴 원단을 사용하고 네 귀퉁이에 고리를 달면 좋다.
10. 고리를 달 때는 고리 또한 아주 단단히 달아야 함은 물론이다.
11. 친구 사랑과 협동심이 살아나는 좋은 전래놀이이다.

[놀이 51] 옛날 공기

○ 개요

옛날에는 장난감이 없고 오로지 땅에서 돌, 나뭇가지 등등으로 아이들이 놀았다. 여자아이들만 하던 놀이인데 중학교 수업에 공기놀이해보니 남학생들도 잘하고 좋은 놀이 고르기에 공기놀이가 뽑히기도 했다. 몇 독, 몇 독 승부를 내는 계산 방식도 옛날과는 아주 다르다.

○ 놀이 방법

1. 일 단계에서 5개로 노는데 하나 올리고 단계별로 집는다.
2. 하나부터 네 개까지 집으면 1단계는 성공이다.
3. 마지막에는 중지와 엄지로 터널을 만든 후 돌 하나를 올리고 터널에 돌 하나 넣고 내려오는 돌을 받는다. 두 개, 세 개도 같은 방식으로 하고 4개를 넣고, 마무리다. 이 단계도 묶음이고 중간에 틀리면 이 단계 처음부터 시작한다.
4. 다 성공하면 5개를 공중으로 올려 손등에 올린다.
5. 올린 돌을 손등으로 받고 꺾어 받는다. 떨어지면 순서가 넘어간다.
6. 손등에 올려서 그대로 받으면 한독이 나고 꺾어 받으면 곱으로 난다.
7. 중학생들은 보통 50 독~100 독을 먼저 나는 것으로 경쟁한다.
8. 머리가 좋아지는 놀이로 분류가 되는 놀이이다.

[놀이 52] 돌 치기

○ 개요

늘 먼 길을 걸어 다니니 심심하기도 해서 아이들은 무슨 놀이든 주위의 것으로 놀이를 만들어서 한다. 흔한 것이 돌이니 학교에 오고 가며 돌로 하는 놀이가 참으로 많다. 돌 던지기는 팔의 힘도 증강 시키는 놀이이며 정확하게 목표물을 맞히는 힘도 길러주는 놀이다.

○ 놀이 방법
1. 납작한 돌을 5개~7개 정도 높이 쌓아놓는다.
2. 대략 8 모둠 정도 먼저 다 쌓아놓고 던지기 내기를 한다.
3. 던져서 떨어지는 돌의 수로 점수를 본다.
4. 돌을 모으는 재미, 쌓는 재미, 던지는 재미가 함께한다.
5. 주로 학교에서 오는 길에 책가방 들어주기 놀이이다.

[놀이 53] 못 치기

○ 개요

지금은 사라진 오래된 옛날 놀이이다. 옛날엔 대장간에서 못을 만들었는데 못 쓰는 못을 주어서 아이들이 놀던 놀이다. 못이 없으면 나무를 끝을 뾰족하게 만들어서 대신 놀았다. 벼 수확이 막 끝나면 논바닥이 약간 무르다. 거기에 못을 던져 꽂으며 놀던 놀이다.

○ 놀이 방법

1. 큰 대못으로 하거나 나무는 넓이 3cm 길이 20cm인 것을 쓴다.
2. 둘씩 짝이 되고 출발선과 2m 점, 종점을 표시한다.
3. 두 사람 중 던지는 사람과 나가는 사람을 정한다.
4. 던지는 사람끼리 멀리 던지기로 차례를 정하고 시작한다.
5. 못을 2m 점 이상 던져서 바닥에 박히면 앞으로 세 발 전진한다.
6. 안 박히면 세 발 후퇴하고 종점에 먼저 가면 이긴다.
7. 출발 전에는 후퇴는 없다.
8. 꽂혀 있게 하려면 위에서 내리꽂듯이 던져야 승산이 있다.
9. 여러 팀이 복잡하면 두 팀으로 나누고 던지는 대장을 정해서 해도 된다.
10. 지방마다 약간씩 놀이가 다르게 형성이 되어서 전해온다.

[놀이 54] 팔씨름

○ 개요

5분도 안 걸리는 승부수로 신나고 재미있는 놀이이며 보는 사람도 즐겁다. 이 놀이는 평소에 체력을 잘 단련해야만 이길 수 있는 놀이이며 아이들뿐만 아니라 어른들도 자주 팔씨름으로 가볍게 힘겨루기를 한다.

○ 놀이 방법

1. 두 명이 앉아서 책상에 팔을 잡고 시작한다.
2. 팔꿈치를 손으로 받히면 안 된다.
3. 신호에 동시에 힘을 주고 상대의 팔을 넘기면 이긴다.
4. 간단한 씨름은 팔목으로도 하고 다리로도 한다.

5. 어디까지나 놀이이니 버티기 힘든데도 계속 버티면 안 된다.
6. 손목을 다칠 수 있으니 미리 인지를 시켜줘야 한다.

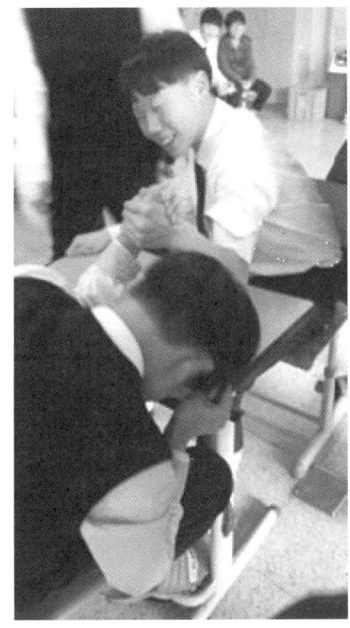 

[놀이 55] 손바닥 씨름 놀이

○ 개요

중학생들의 놀이로 씨름은 항상 인기 놀이 수업이다. 손바닥 씨름 역시 중학생들의 가장 편하고 쉽고 재미있는 놀이이다.

○ 놀이 방법

1. 두 사람이 짝이 되고 어깨너비로 마주 선다.
2. 팔은 서로 조금 닿을 듯 거리를 둔다.
3. 손을 마주 대어 상대를 밀고 발이 움직이면 진다.
4. 완전한 힘 싸움, 기 싸움이다.
5. 키와 몸무게를 대충 보고 대결 상대를 정해주어야 한다.

[놀이 56] 줄 씨름

○ 개요

전래놀이란 주변의 물건으로 노는 것이 많다. 놀이재료를 사서 논다면 현대놀이로 분류되는 것이 종종 있다. 옛날 놀이인 줄 당기기 씨름은 새끼줄 놀이에 해당한다.

○ 놀이 방법

1. 둘씩 어깨너비로 발을 벌리고 서고 줄은 대각선으로 잡는다.
2. 새끼줄은 길이 보통 3m 정도면 된다.
3. 줄을 잡은 한 손만으로 경기한다.
4. 줄은 허리에 감고 시작하고 발을 움직이면 진다.
5. 동시에 힘을 쓰고 시작 전에 먼저 줄을 당기면 안 된다.

[놀이 57] 눈 씨름

○ 개요

정신 집 중 놀이이며 어려운 놀이이다. 끈기를 키워주는 놀이에 해당하며 지도력 강화 놀이에 자주 하기도 한다.

◯ 놀이 방법

1. 둘씩 짝이 되어 마주 보고한다.
2. 시작에 눈을 똑바로 뜨고 상대방을 본다.
3. 눈을 먼저 깜빡이면 진다.
4. 둥글게 원을 하고 원안에 다시 원을 만들어 마주 보고 놀이하면 된다.
5. 눈의 보호를 위해 자주 하지는 않도록 한다.

[놀이 58] 염소 씨름

◯ 개요

좁은 다리에서 두 염소가 만났다.
"내가 비켜주느니 차라리 같이 물에 빠지자."
"NO" 조금 늦더라도 나도 가고 너도 가자!"
"YES"

◯ 놀이 방법

1. 3m 원을 그리고 두 사람이 시작한다.
2. 팔짱을 끼고 엉덩이로 상대를 치며 원 밖으로 밀어낸다.
3. 엉덩이가 아닌 곳을 치면 감점이고 진 것으로 본다.
4. 엉덩이로 치다가 넘어지거나 원 밖으로 밀려나면 진다.

[놀이 59] 돼지 씨름

◯ 개요

돼지는 우리 민족에게 아주 친근한 동물이다. 돼지꿈을 꾸면 좋은 일이 생긴다고 여겨서 공연히 그날 하루 기분도 좋다. 돼지가 전래놀이에 자주 등장하는 것도 이러한 이유에서인 듯하다.

❍ 놀이 방법

1. 지름 3m의 원에서 팔을 다리 밖에서 안으로 잡고 앉는다.
2. 두 사람이 뒤돌아 앉아서 엉덩이로 밀치기를 한다.
3. 팔짝팔짝 뛰어서 피해 가도 되고 공격해도 된다.
4. 원 밖으로 나가거나, 엉덩이가 땅에 닿거나 팔이 풀리면 진다.

[놀이 60] 시계 놀이

❍ 놀이 방법

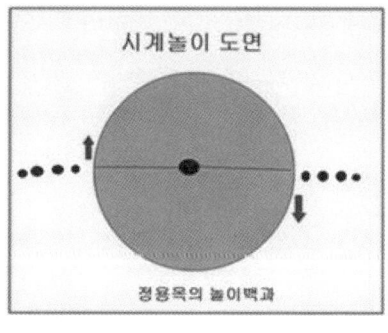

1. 두 팀으로 나눈다.
2. 각 팀은 달릴 차례를 정한다.
3. 지름 5m의 원을 그린다.
4. 양방향에 달릴 순서대로 선다.
5. 선생님의 신호에 의해서 출발한다.
6. 신호에 양 팀 1번 주자가 트랙을 시계방향으로 돈다.
7. 릴레이로 시계 트랙을 돌아오는 단체경기이다.
8. 터치를 받아야만 내 팀이 달려 나간다.
9. 마지막 주자까지 먼저 다 돌아오면 이긴다.

[놀이 61] 대장 뽑기

○ 개요

가을에 타작한 후 볏짚으로 옛날 초가지붕을 잇기도 하고 새끼를 꼬아서 멍석이나 삼태기, 혹은 비를 막을 수 있는 비옷도 볏짚으로 만들었다. 아이들의 새끼줄 놀이가 많이 있는데 그중 대장 뽑기 놀이도 새끼줄로 한다.

○ 놀이 방법

1. 다 올라설 수 있게 새끼줄을 길게 바닥에 놓는다.
2. 줄 아래는 낭떠러지기라고 생각하고 반드시 줄을 밟고 이동을 해야 한다.
3. 안 떨어지려면 옆 사람을 바짝 안고 이동을 해야 한다.
4. 첫 번째로 생일 달 순으로 이동한다.
5. 두 번째로 생일날 순으로 이동한다.
6. 오른쪽 끝 사람은 대장, 왼쪽 끝 사람은 총무로 뽑는다.
7. 놀이로 수업해보는 정도도 괜찮고 정말 직책을 뽑아도 좋다.

[놀이 62] 새끼줄 스트레칭

○ 놀이 방법

1. 둘씩 마주 서고 1.5m~2m 정도의 줄을 하나씩 갖는다.
2. 줄을 여러 번 감아서 지름 15cm 정도의 따리를 만든다.
3. 두 사람이 줄을 마주 잡고 발끝을 거의 닿게 선다.

4. 앉으면서 팔을 뻗고 어깨와 머리를 뒤로 젖힌다.

5. 엉덩이가 바닥에 닿지 않아야 한다.

6. 두 사람, 네 사람, 여덟 사람으로 점차 늘려간다.

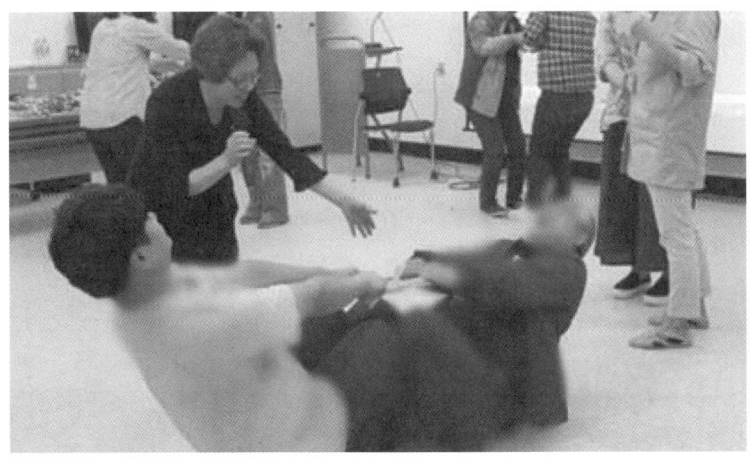

[놀이 63] 우리는 하나

○ 놀이 방법

1. 스트레칭을 50명 이상도 할 수 있다. 모두 하나가 된다.

2. 10m 정도 줄을 준비하고 [놀이 62] 번과 방법은 같다.

3. 둥그렇게 모아서고 줄을 다 잡을 정도의 크기로 여러 겹으로 한다.

4. 발을 모으고 줄을 모두 양손으로 옆어 잡고 동시에 살살 앉는다.

5. 엉덩이는 바닥에 닿지 않아야 한다.

6. 다 앉으면서 팔을 앞으로 모두 같이 뻗는다.

7. 다 같이 어깨를 뒤로 젖힌다.

8. 다 같이 고개를 뒤로 젖힌다.

9. 무척 시원한 스트레칭이 된다.

10. 행동을 일정하게 같이해야 쓰러지지 않고 그대로 설 수 있다.

11. 시원한 스트레칭이 끝났으면 이제 일어설 차례이다.

12. 먼저 머리를 세우고 어깨를 앞으로 당긴다.
13. 팔을 앞으로 약간 오므리면서 당기고 엉덩이를 들고 일어선다.
14. 처음처럼 모두 둥글게 모여 설 수가 있다.
15. 다시 그대로 앉으면서 한 번 더 해본다.
16. 두 번째는 아주 자연스럽게 잘 된다.

[놀이 64] 줄넘기 릴레이

○ 개요

놀이의 장점 중의 장점이 놀면서 운동 되고, 놀면서 체력 단련되고, 놀면서 친구와 친해지는 것인데 줄넘기 놀이가 바로 그러하다.

○ 놀이 방법 (교실에서도 가능)

1. 두 팀으로 나누고 줄은 예비용 2개 경기용 2개를 준비한다.
2. 10m 선상에 반환 봉 두 개를 세운다.
3. 시작 신호에 두 팀은 동시에 출발한다.
4. 줄 넘기를 하면서 반환 봉을 돌아와야 한다.
5. 터치를 받아서 나가고 먼저 다 돌아온 팀이 이긴다.

6. 긴 줄도 준비하면 넘기 놀이도 할 수 있다.

7. 학생들이 젤 좋아하는 것이 여러 명이 한꺼번에 넘는 놀이다.

[놀이 65] 줄다리기

○ 개요

줄다리기는 나 혼자 힘이 세다고 이겨지지는 않는다. 팀의 힘이 융합되어서 함께 합쳐질 때 비로소 이기게 된다. 즉 전래놀이의 최대의 장점이 이 놀이에 녹아있다.

○ 놀이 방법

1. 인원이 아무리 많아도 놀이가 형성되어서 좋다.
2. 인원은 동수로 하고 시작 소리와 함께 줄을 당기면 된다.
3. 가운데 선을 긋고 두 팀이 긴 줄을 양쪽에서 단단히 잡는다.
4. 중심선에서 양쪽 3m는 여유를 둔다.
5. 맨 앞 선두가 중심선을 넘어오면 진다.
6. 단합심과 공동체향상에 크게 도움이 되는 놀이이다.
7. 이기면 좋지만, 이기고 지는 것에 크게 중점을 두지는 않는 놀이이다.
8. 단체로 힘을 합한다는 것에 더 의미를 둔다.

[놀이 66] 열십자 줄다리기

○ 놀이 방법

1. 3m의 밧줄 두 개를 준비해서 열십자로 묶는다.
2. 단단히 잘 묶어야 밀리지 않는다.
3. 중앙에 가로세로 1.5m 정도의 네모를 그린다.
4. 네 팀이 줄을 잡고 각각 당기고 네모를 밟으면 진다.
5. 상당히 특성 있는 줄다리기 놀이이다.
6. 축제 때 프로그램 속에 넣으면 볼거리가 풍성하다.

[놀이 67] 문어 줄다리기

○ 놀이 방법

1. 줄 4개를 묶어 8개의 줄을 만들고 8팀이 잡고 선다.
2. 문어발이 8개인 데서 문어 줄다리기라고 한다.
3. 가운데 둥근 원을 그리고 원을 먼저 밟으면 진다.
4. 문어 줄 하나의 길이는 2m 이내로 한다.
5. 줄을 너무 길게 하면 서로 쏠려서 넘어지게 된다.
6. 8팀이 당기므로 가운데를 튼튼하게 잘 묶어야 한다.

[놀이 68] 긴 줄넘기

○ 개요

현대놀이가 로버트 조작이나 블록 쌓기 등으로 방에서 혼자 노는 놀이지만 전래놀이는 혼자가 아닌 여러 명이 함께 논다. 같이 놀면서 양보도 배우고 같이 놀면서 배려도 배운다. 팔이 아파도 열심히 친구를 위해 긴 줄을 돌려주는 아름다움이 보인다. 야외가 놀이하기에 좋다.

○ 놀이 방법

1. 노래는 모두 함께 부르며 한다.
2. 두 사람은 줄을 돌리는 역할을 한다.
3. 똑똑 누구십니까? 손님입니다. 들어오세요.
4. 들어오면 다시 꼬마야 노래가 이어진다.
5. 꼬마야, 꼬마야 뒤를 돌아라, 꼬마야, 꼬마야 땅을 짚어라.
6. 꼬마야, 꼬마야 만세를 불러라.
7. 꼬마야, 꼬마야 잘 가거라. 하면 줄을 빠져나온다.

[놀이 69] S자 놀이

○ 개요

재미있는 놀이는 시비도 많다. 그러나 굳이 개입하지 않아도 자기들이 알아서 해결하고 다시 논다. 운동량이 많은 놀이이며 재미도 있어서 권장할 만한 놀이에 속한다. S 선은 구불구불하게 그리면 더 멋스럽다. 건너는 곳은 한쪽은 가깝게 하지만 한쪽은 조금 멀게 그리는 것도 재미를 더한다.

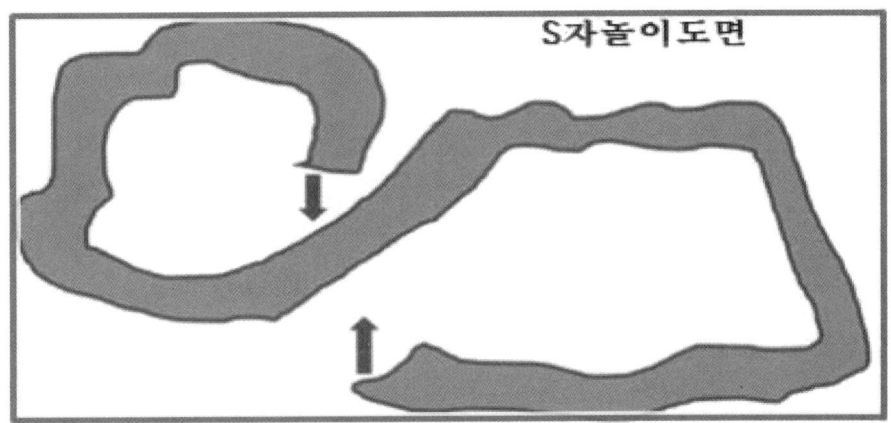

○ 놀이 방법

1. 술래를 한 명 뽑고 모두 S자 안에서 놀이를 한다.
2. 술래도 역시 S자 안에서 술래 역할을 한다.
3. S의 선이 끝나는 지점은 팀원들은 건너지만 술래는 못 건넌다.
4. 술래는 화살표를 건너지 못하니 오던 길을 돌아서 다녀야 한다.
5. 술래가 치면 술래를 바꾸어서 다시 시작한다.
6. 전원이 다 함께 노는 형식의 놀이여서 좋은 공동체 놀이에 속한다.

[놀이 7] 널뛰기

○ 개요

넓은 판자 위에서 뛴다고 널뛰기이다. 널뛰기는 우리나라 전래, 전통 놀이다. 여자들의 전용놀이이기도 하다. 그러나 축제 때 널뛰기판을 설치하면 오히려 여학생들이 널뛰기를 못 하고 남학생들이 잘한다. 내려오는 전설 같은 유래는 여자들이 전연 외출을 못 했던 시절이니 뒤뜰에서 담장 밖의 세상을 보기 위해 널을 뛰었다는 속설도 있다. 또 널을 뛰어야 시집가서 아이를 잘 낳는다는 속설이 있기도 하다. 옛날 여자들은 방에 앉아 수를 놓거나 움직임이 많지 않은 터에 널뛰기는 많은 운동을 하게 되니 맞는 말일 수도 있다.

○ 놀이 방법

1. 4m의 나무판자 한 개, 가운데 디디면 용 짚단 두 단이면 된다.
2. 처음엔 양옆에서 두 명이 잡아주고 시작한다.
3. 몸무게가 무거우면 조금 안쪽으로 서면 된다.
4. 한 사람은 위쪽으로 한 사람은 아래로 자동으로 움직인다.
5. 무게와 힘줌으로 일렁이는 것이다.
6. 처음에는 제자리 뛰기 형식으로 하다가 조금씩 발을 구른다.
7. 상대도 같이 구르기를 하니 금방 탄력이 붙게 된다.
8. 잠시 후 힘을 주어 꽝! 구르면 제법 높이 올라가게 된다.
9. 상대편도 질세라 꽝, 꽝! 구르면 무척 신나게 이쪽저쪽 올라간다.
10. 가운데에 중심을 잡아야 하니 한사람이 앉게 된다.
11. 가운데 사람이 서서 구르는 쪽을 같이 굴러주면 더 높이 올라간다.
12. 준비 도구도 간단해서 고을마다 축제 때 옛 놀이를 재현하기도 한다.

[놀이 71] 말뚝 박기

○ 개요

옛날 단골 전래놀이. 멀리서 뛰어와서 단번에 쓱 ~하고 날아서 엎드린 친구 등에 정확하게 착지! 그러나 과격한 놀이로 조심해서 해야 한다.

○ 놀이 방법

1. 두 팀으로 나누고 진 팀의 주장은 나무나 벽에 기대어 선다.
2. 수비팀들이 앞사람의 가랑이 속에 머리를 박고 차례차례 엎드린다.
3. 공격팀의 주장부터 뛰어와서 맨 앞 대원의 등에 올라탄다.
4. 이어서 한 사람씩 달려와서 엎드린 대원의 등에 탄다.
5. 수비팀이 쓰러지면 다시 수비해야 한다.
6. 등에 올라탄 공격팀 중의 한 사람이라도 발이 땅에 닿으면 교체한다.
7. 재미있지만 서로 다치지 않도록 조심해야 할 필요가 있는 놀이이다.
8. 지도 선생님은 세심한 주의를 기울여야 한다.
9. 네덜란드 화가의 그림 속에 이 놀이가 있다.

[놀이 72] 짚신 양궁 놀이

O 개요

과거를 보러 가는 선비의 짐 뒤에 달랑달랑 매달린 짚신은 우리의 옛날 고즈넉한 풍경이다. 한겨울엔 얼마나 발이 시렸을까 안쓰럽기도 하다. 사라져가는 짚신을 전래놀이로 다시 불러올 수 있다. 양궁판과 아주 잘 어울리는 전래놀이 합체가 된다.

O 놀이 방법

1. 두 팀으로 나누고 가위 바위 보로 선후를 가린다.
2. 준비물로는 양궁판과 짚신을 준비한다.
3. 양궁 판은 보통 3m 거리쯤 놓으면 되는데 가감해서 해도 된다.
4. 양궁 판의 점수는 5점부터 10점으로 한다.
5. 이긴 팀부터 서로서로 돌아가며 양궁 판에 짚신을 던진다.
6. 신발은 벗고 짚신을 발끝에 걸어서 양궁 판에 던지면 된다.
7. 점수에 떨어지면 점수대로 하고 판 외로 나가면 2점으로 한다.
8. 던진 후 똬리를 이고 가서 짚신을 집어 와야 점수가 난다.
9. 만약 집으러 가는 도중에 똬리가 떨어지면 2점으로 한다.
10. 놀이의 규칙은 다시 정해서 해도 된다.

[놀이 73] 태평소

○ 개요

놀이 수업에서 뛰는 것도 좋지만 앉아서 만드는 것도 의미가 있다. 태평소는 날라리라는 특색 있는 이름도 가지고 있다. 아래 그림 같은 태평소를 색종이로 만들어 볼 수 있다.

○ 만드는 방법

1. 약간 도톰한 색종이를 준비한다.
2. 떨림판이 들어 있는 빨대 피리는 구슬을 달아서 장식한다.
3. 똑같이 6장을 깔 때 접기를 해서 딱 풀로 붙여 끼운다.
4. 붙이는 과정에서 잘 떨어지기도 하는데 면을 천천히 붙이면 된다.
5. 6면을 다 붙이고 빨대 피리를 중앙에 끼우면 완성이다.
6. 구슬 장식을 살짝 곁들이면 더 태평소답다.
7. 도톰한 종이가 없으면 일반 색종이도 된다.

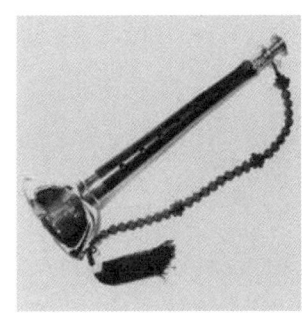

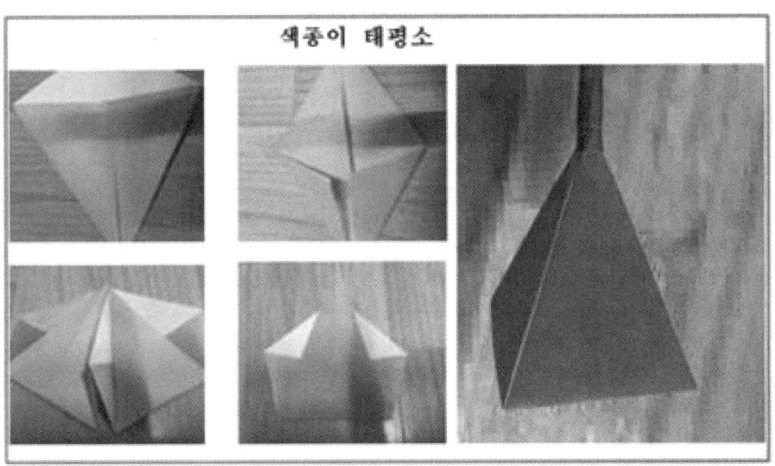

[놀이 74] 팔랑개비 6m

○ 개요

알록달록 색종이도 화려해서 만드는 과정도 재미있고 다 만들어 놓으면 예쁘기도 하다. 만든 후 넓은 운동장을 팔랑개비를 돌리며 뛰어다녀야 하는 데 좋아서 힘 드는 줄 모르고 아이들은 모두 다 함께 운동장을 뛰어다닌다.

○ 만들기

1. 색종이와 수수깡을 준비하고 뾰족한 각진 곳을 안으로 자른다.
2. 자를 때 중앙은 남기고 네 곳을 중앙 한가운데로 모은다.
3. 가운데에 수수깡을 놓고 핀으로 고정한다.

○ 놀이 방법

1. 운동장에 출발선을 긋고 6m 선상에 반환 봉을 두 개 놓는다.
2. 출발 신호에 두 명이 손잡고 양 팀 동시에 네 명이 출발한다.
3. 반환 봉을 돌아서 들어오고 터치하면 나간다.
4. 얇은 8절 오색켄트지로 크게 만들면 놀이 효과가 더 크다.
5. 화려하고 멋진 놀이며 스트레스 해소 놀이이다.
6. 단체놀이를 먼저하고 난 후 개별놀이하고 마치면 알맞다.

[놀이 75] 땅따먹기

○ 놀이 방법

1. 마분지를 준비하고 4명을 한 조로 한다.
2. 가위 바위 보로 하는 놀이다.
3. 손가락으로 크게 그려서 땅을 만든다.
4. 다른 방법으로는 돌을 튕겨서 한다.

5. 돌을 튕기면 3번 만에 들어와야 한다.
6. 종이가 차면 땅의 넓이로 승패를 가른다.
7. 진 사람은 놀이 전에 정해놓은 벌칙을 받는다.
8. 마분지를 뒤집어서 한 번 더 한다.
9. 가위 바위 보에 승패가 달려 있으니 가위 바위 보를 잘해야 이긴다.

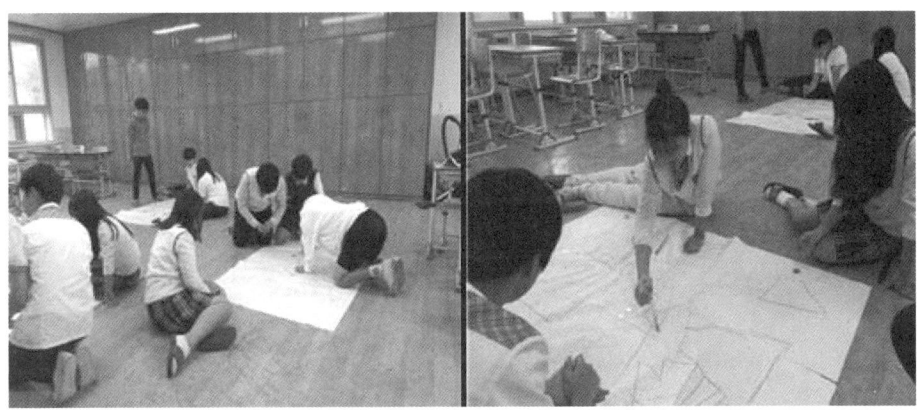

[놀이 76] 닭다리 싸움

○ 놀이 방법

1. 두 팀으로 나누어 경기한다.
2. 지름 3m 정도의 원을 경기장으로 정한다.
3. 한 다리를 들어서 두 손으로 잡고 한 다리로 경기를 한다.
4. 깨금발로 뛰어야 한다.
5. 원 밖으로 밀려서 나가거나 다리가 내려오면 진다.
6. 응원 부장을 뽑고 응원하며 놀이하면 활기차고 좋다.
7. 응원 부장의 지휘 아래 더 신나게 놀 수도 있다.
8. 모두 닭 다리를 하고 구령에 맞추어 단체로 원을 한 바퀴 돈다.
9. 팀 대항에서 응원점수도 가산한다.

[놀이 77] 신입생 놀이

○ 개요

놀이의 기본은 서로 친해지는 것으로 본다. 입학을 한 3월~4월에 서로서로 어색할 때 이 놀이를 하면 더 빨리 친해진다.

○ 놀이 방법

1. 두 팀으로 하고 사각 1m의 원단에 머리 구멍을 낸다.
2. 팀 속에서 다시 두 명이 짝이고 걷는 것을 원칙으로 한다.
3. 두 명이 머리를 나란히 넣고 손을 잡고 반환점을 돌아온다.
4. 네 명을 한 조로 해도 좋다.
5. 같은 형식의 도구를 만들고 발을 넣고 손잡고 걸어도 된다.
6. 지네 발 놀이처럼 반환점을 돌아오는 놀이로 하면 된다.
7. 일반 수업 놀이도 좋고 축제 때 행사 놀이로 해볼 만하다.

[놀이 78] 깡통 차기

○ 개요
옛날 아이들이 자주 하고 놀았던 놀이가 깡통 차기이다. 놀이 시작부터 놀이 끝날 때까지 그저 뛰어다녀야 하는 운동량 최고의 놀이이다.

○ 놀이 방법
1. 단체 한마당놀이이다.
2. 술래 한 명을 뽑는다.
3. 40cm 정도의 원을 그리고 깡통을 넣는다.
4. 놀이 시작 신호가 나면 먼저 한 사람이 깡통을 멀리 차 낸다.
5. 술래는 깡통을 주워다 놓고 대원들을 잡으러 다닌다.
6. 잡히면 바로 술래가 되고 놀이를 다시 시작한다.
7. 쫓겨 가다가 잡히기 전에 누군가가 다시 깡통을 차면 잡지 못한다.
8. 깡통을 주워다 놓고 다시 잡으러 가야 한다.
9. 꼭 붙잡지 않아도 터치만으로 잡힌 것으로 한다.
10. 잡히지 않아서 놀이가 진행이 안 되면 술래를 두 명 뽑아도 된다.
11. 그러나 너무 잘 잡히면 술래는 다시 한 명으로 하는 것이 좋다.

[놀이 79] 마법사 놀이

○ 개요

술래의 말은 곧 법이다. 술래의 주문에 놀이가 이루어지는 재미있는 놀이로 모두가 변신한다.

○ 놀이 방법

1. 술래를 한 명 뽑고 대원들은 5m밖에 모두 나란히 선다.
2. "모두 나비가 되어라" 하면 모두 나비가 되어 날아다닌다.
3. 모두 "호랑이가 되어라" 하면, 다시 모두 어흥 호랑이가 된다.
4. "둘씩 모둠을 지어라" 하면 두 사람씩 짝을 짓는다.
5. "더 무거운 사람을 업어라" 하면 더 무거운 사람을 업는다.
6. 못 업거나 넘어지면 벌칙을 받는다.
7. 틀리는 사람이 마법사가 되어 계속한다.
8. 본인은 맞게 했어도 술래가 틀렸다고 하면 술래가 된다.
9. 여러 가지 기상천외한 주문이 많이 쏟아져 나오기도 한다.

[놀이 80] 중학생 놀이 수업 공놀이

○ 개요

아이들이 좋아하는 것 중에 공놀이가 거의 으뜸이다. 놀이의 정의 속에 대가 없이 즐기는 것이라 하였으니 좋아하는 것을 맘껏 하게 해주자.

○ 놀이 방법

1. 공은 조금 넉넉하게 준비한다.
2. 혼자 공놀이 시간을 먼저 갖고 놀이로 들어간다.
3. 단체전 개인전을 잇달아서 하면 된다.
4. 인원을 보고 적당하게 두 팀으로 나눈다.
5. 8m 정도에 반환 봉을 두 개 놓는다.
6. 선생님의 지시에 움직여야 한다.
7. 시작 소리가 나면 두 팀 동시 출발한다.
8. 공을 튕기며 반환 봉을 돌아온다.
9. 공을 안고 돌아오면 안 된다.
10. 팀원들이 먼저 다 돌아오면 이긴다.

[놀이 81] 다양한 제기놀이

○ 놀이 방법

1. 전래놀이 중에서 제기놀이는 큰 폭을 차지한다고 볼 수 있다.
2. 제일 기본은 막차기로 기본발차기이다.
3. 서로 드려주고 차고 하는 방식도 기본방식의 하나이다.
4. 원 안에서 원둘레 사람에게 차면 그 사람은 다시 원 안으로 찬다.
5. 둘러선 사람 모두에게 같은 형식으로 한다.
6. 다른 방법으로는 빳빳한 판으로 혼자 치기를 한다.
7. 둘이 판치기도 되는데 둘이 칠 때 제기는 하나로 한다.
8. 배드민턴 치는 식으로 하면 된다.
9. 제기는 화선지로 만들어도 되지만 비닐이나 깃털로도 만든다.
10. 만드는 방법은 여러 가지가 있다.
11. 병뚜껑을 사용해서 만드는 방법도 있고 와셔를 사용하기도 한다.
12. 와셔는 화선지에 돌돌 말아서 홈을 낸 다음 화선지를 빼면 된다.
13. 손으로도 잘 찢어지니 살살 찢으면 재기 수술이 된다.
14. 병뚜껑으로 만드는 방법은 노란 고무줄과 작은 돌이 필요하다.
15. 병뚜껑에 작은 돌을 채우고 화선지를 돌돌 말아 고무줄로 묶으면 된다.
16. 똑같이 수술은 손으로 찢으면 재기가 완성이다.
17. 화선지 외에 비닐로 해도 된다.

[놀이 82] **힘자랑**

○ **개요**

풍선은 누구나 동심으로 돌아가게 한다. 풍선 놀이 중에서 중학생이 해볼 만한 것은 힘자랑으로 풍선 터트리기이다.

○ **놀이 방법**

1. 두 명이 한 조로 하고 5m 거리 탁자 위에 풍선을 둔다.
2. 출발 신호에 한 팀에 두 사람씩 종점으로 뛰어간다.
3. 종점에서 풍선을 불어 묶고 엉덩이로 앉아서 터트리고 돌아온다.
4. 두 사람이 같이 들어와야 하고 터트리는 것을 도와줘도 된다.
5. 앉아서 해도 되고 두 사람의 배에 놓고 터트려도 된다.
6. 밟아서 터트리는 것은 허용이 안 된다.
7. 놀이 시작 전에 모두 다 불어서 묶어놓고 시작해도 된다.
8. 풍선을 넉넉하게 준비해서 다른 놀이를 함께 하는 것도 좋다.
9. 수건돌리기 놀이를 풍선을 사용해서 같은 형식으로 하면 된다.
10. 모두 손뼉 치며 노래하며 풍선 돌리기 놀이는 아주 이색적이다.

[놀이 83] 뱀알 발차기

○ 개요

옛날 놀이에 유난히 깨금발로 하는 놀이가 많다. 한 발로 뛰자니 여간 힘 드는 일이 아니지만, 힘보다는 끈기에 놀이의 중점을 둔다. 하고자 하면 못 할 일이 없는 것이다. 전래놀이하면서 은연중에 숨은 교육, 은근과 끈기를 심어준다.

○ 놀이 방법

1. S자로 길게 두 번 정도 겹으로 그린다.
2. 얇은 목돌(뱀알)을 두 개씩 준비한다.
3. 이긴 팀부터 깨금발로 뱀알을 차면서 간다.
4. 중간, 중간, 작은 쉼터를 만들어도 좋고 없어도 된다.
5. 깨금발이 내려오거나 뱀알이 줄을 벗어나면 죽는다.
6. 건너편 상대의 진지까지 도달하면 이긴다.
7. 순서가 오면 내 팀이 틀린 자리가 아니라 처음부터 다시 나간다.

[놀이 84] 진 놀이

○ 개요

진을 치고 논다고 해서 진놀이라 칭한다. 놀이하면서 상대의 팀원들이 누가 진에 방금 거처에서 나왔는지 계속 봐야 한다. 재치, 눈치가 있어야 이기는 놀이다.

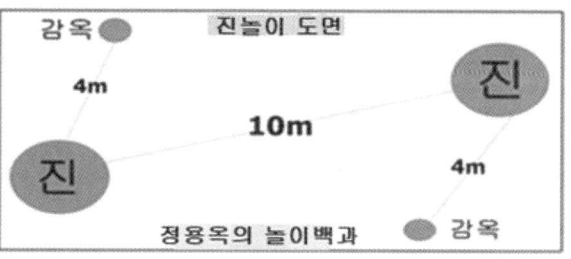

○ 놀이 방법

1. 두 팀으로 하고 두 진지를 지름 3m 정도 되게 원을 그린다.
2. 10m 거리가 적당하고 진지 옆 4m 정도에 감옥을 그린다.
3. 상대편의 손끝이라도 닿으면 감옥으로 간다.
4. 자주 내 진에 들어갔다가 와야 한다.
5. 최근에 진에서 나온 사람이 젤 상수이다.
6. 쫓기다가 내 진에 들어갔다 나오면 역전되어 상수가 되고 도리어 잡으러 오던 상대를 잡을 수 있다.
7. 상대의 감옥에 갇힌 내 팀원들은 터치로 살릴 수 있다.
8. 만약 감옥에서 모두 손을 잡고 있었다면 모두 살아나온다.
9. 그러나 젤 하수여서 능력껏 내진으로 달려가야 한다.

[놀이 85] **인간 윷놀이**

○ 개요

아무 도구 없어도 할 수 있는 인간 윷놀이! 벽에 있는 달력을 쭉 찢어서 말판을 그리고 바둑돌이나 공깃돌로 말을 쓰면 된다.

○ 놀이 방법

1. 윷판과 말을 준비하고 팀원은 몇 명이든 상관없이 4팀으로 한다.
2. 4팀이 윷가락 4개이고 팀원끼리는 그때그때 약속이 필요하다.
3. 윷이 양면밖에 없으니 양면을 약속하는 것이다.
4. 손을 들면 윷이 젖혀지는 것이고 손을 내리면 윷가락이 엎어지는 것이다. 같은 팀원은 같이 올리고 내리고를 해야 한다. 팀원끼리 동작이 틀리면 벌칙으로 한판을 쉬어야 한다.
5. 말을 많이 가지고 하면 엉켜서 두 개가 적당하다.
6. 잡을 수도 있고 여러 말을 업고 가도 된다.
7. 팀원끼리 잘 약속을 하고 박자를 맞춰서 해야 한다.
8. 동시에 올려야지 손 올라가는 것을 보고 따라서 올리면 벌칙을 받는다.
9. 예를 들어 20명이 놀이를 한다고 가정해보자.
10. 그러면 윷가락이 4개이니 4팀을 만들어야 한다.
11. 한 조를 5명씩 하면 된다.
12. 사람이 윷가락이 되는 것이다.
13. 5명씩 4팀이니 4팀의 명칭을 준다.
14. A팀 B팀 C팀 D팀. 이라고 해보자.
15. 5명이 묶여서 A팀이 되었으니 5명이 윷가락 하나인 셈이다.
16. B팀도 윷가락 한 개, C팀도 윷가락 한 개, D팀도 윷가락 한 개다.
17. 손을 올리면 윷이 젖혀지는 것이고 내리면 엎어지는 것이다.
18. 선생님의 지시로 윷가락을 올리거나 내려야 한다.
19. 그전에 팀원들끼리는 약속이 필요한데 전달로 한다.
20. 손을 꼭 잡으면 내리고 가만히 있어야 한다.
21. 손을 흔들면 손을 위로 올리는 것으로 약속을 했다고 가정해보자.
22. 이제 선생님이 시작하면 올리든지 내리든지 한다.
23. 한 팀은 가만히 있고 세 팀이 올렸다면 걸이니 세 칸을 이동하면 된다.
24. 노는 차례도 A팀 B팀 C팀 D팀이 한 번씩 돌아간다.
25. 지금 걸이 나온 것이 A팀 것이라면 다음은 B팀 차례이다.

26. 모두가 윷가락이니 내 차례든 남의 차례든 놀아주는 것이다.
27. 둥글게 서서 놀아도 되고 의자에 앉아서 놀아도 된다.
28. 선생님이 시작! 하면 각 팀은 약속한 포즈를 한다.
29. 이번엔 B팀 차례, 모두 손을 내렸다면 윷가락 4개가 엎어져서 모이다.
30. 한 번 더 차례를 차지하게 된다.
31. 아까처럼 세 팀이 올렸다면 A 팀 말을 잡고 한 번 더 차례가 된다.

[놀이 86] 놀부 놀이, 흥부 놀이

○ 개요

욕심이 많으면 놀부, 착하면 흥부로 전래동화 속의 이야기가 전래놀이도 된다. 자연 놀이에 포함되며 인성, 인지 놀이이다.

○ 놀이 방법 (2가지 놀이)

1. 솔방울을 준비하고 한 팀의 적정인원은 네 명 미만으로 한다.
2. 놀이 인원이 세 팀이면 삼각형의 꼭짓점으로 집을 정한다.
3. 네 팀이라면 사각형의 모서리를 각 팀 집으로 하면 된다.
4. 20명이 놀이한다면 한 팀당 4명으로 하고 다섯 팀이 된다.
5. 오각형을 그리고 다섯 개의 꼭짓점이 한 팀의 집이 되는 것이다.

6. 각 꼭짓점에는 40cm 동그란 원을 그린다.
7. 팀과 팀 사이의 거리는 되도록 거의 같게 그린다.
8. 각 팀당 솔방울은 30개 정도 갖고 시작한다.
9. 시곗바늘 반대 방향의 한집 것만 양손 두 개씩 가지고 온다.
10. 예를 들어서 네 팀이라면 사각 모서리 A. B. C. D로 가정해보자.
11. A는 B, B는 C, C는 D, D는 A의 것만 가져온다.
12. 놀부 놀이는 솔방울 수를 세어서 많이 가져온 팀이 이긴다.
13. 흥부 놀이는 같은 방식으로 하되 착하니 반대로 가져다 놓으면 된다.
14. 흥부 놀이는 솔방울 수를 세어서 적은 팀이 이긴다.
15. 한 팀의 인원을 많게 책정하면 내 팀끼리 부딪치다.
16. 내 팀끼리 가는 길 오는 길을 정해야 부딪치지 않는다.

[놀이 87] 놀부 놀이 변형 놀이

○ 놀이 방법

1. 중심에 솔방울을 모두 쌓아놓는다.
2. 팀의 수에 따라 중심에서 선을 긋는다.
3. 각 팀이 한 자리씩 서고 신호에 중심의 솔방울을 가져온다.

4. 다른 방법으로는 같은 개수를 가지고 시작해서 중심에 가져다 놓는다.
5. 중심에서 가져오거나 중심으로 가져다 놓는 놀이를 할 수 있다.
6. 이대에도 역시 가는 길 오는 길의 방향을 정해야 부딪치지 않는다.
7. 우측통행이면 좋다.

[놀이 88] 반원 사방치기

○ 개요

뒤에도 눈이 달리면 좋은 놀이, 반원 사방치기는 남학생 여학생 모두 좋아하는 놀이이다. 뒤로 던지기도 잘해야 하지만 깨금발로 돌 차기도 잘해야 한다. 더하고 빼고를 반복하고 팀의 점수를 모두 합산한다.

○ 놀이 방법

1. 두 팀으로 나누고 납작한 돌을 하나씩 준비한다.
2. 반원을 그리고 중간 점을 표시한다.
3. 반원 안에 20칸을 그리고 숫자를 넣는다.
4. 반원의 길이는 너무 길지 않게 해야 한다.
5. 4m 정도이면 중간 2m에서 만나게 되니 깨금발로 차고나 가기 알맞다.
6. 출발 신호에 양쪽 팀 동시에 돌을 차며 출발한다.
7. 중간지점에 도착하면 돌을 집어서 뒤로 던진다.
8. 들어간 칸의 점수를 획득한다. 팀 점수는 모두 합산한다.
9. 그러나 만약 3이 나오면 3은 빼기를 한다. (3, 13, 23)
10. 돌을 차고 나갈 때 반원의 금 안쪽으로 돌이가면 처음부터 다시 한다.
11. 던진 돌은 점수를 확인한 후 양 팀은 다시 출발한다.
12. 팀 대항 릴레이 게임으로 진행한다.

[놀이 89] 전래놀이

○ 개요

요즈음은 학생들도 손에서 핸드폰을 놓지를 못한다. 버스에서나 길을 갈 때도 여전히 핸드폰을 보면서 간다. 전래놀이로 머리를 식혀보자.

○ 놀이 방법

1. 가로 1.2m 세로 1.8m의 원단에 전래놀이 인쇄물로 놀이한다.
2. 전래놀이와 더불어 생활상의 일들을 표현한 놀이이다.
3. 1번부터 8번까지 함께 가는 동안 많은 즐거움을 함께한다.
4. 원단 판에 솔방울을 얹고 통통 치며 1번부터 8번까지 간다.
5. 좋지 않은 곳은 가위로 (X) 자로 오려서 빠지는 구멍을 만든다.
6. 가는 도중 솔방울이 (X) 자 오린 곳에 빠지면 1번부터 다시 한다.
7. 놀이할 때 전래놀이 원단 판은 6명~8명이 잡는다.
8. 놀이 인원이 적을 때는 인원에 따라 4명이 잡아도 된다.

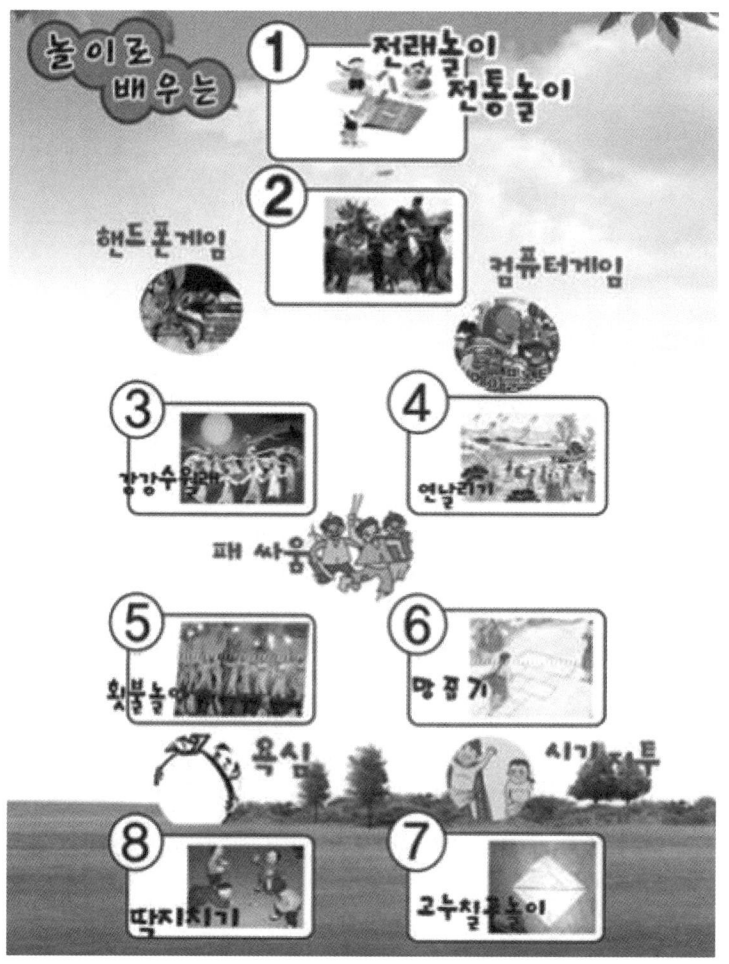

9. (X) 자 오린 곳에 빠지지 않고 무사히 8번까지 먼저 도착하면 이긴다.
10. 필자는 '전래놀이 전통놀이' 판 외에도 4가지를 더 고안했다.
11. '친구야 놀자, 우리 사이좋은 사이, 가족, 삶' 등이다.
12. 선생님들의 좋은 수업을 위해 보급도 하고 있다.
13. 인원이 많아도 다 함께 놀 수 있고 운동과 놀이와 교육을 겸한다.
14. 핸드폰 게임, 컴퓨터 게임, 패싸움, 욕심, 시기, 질투 부분에 가위로 (X) 자 구멍을 내고 나쁜 곳에 빠지지 않게 잘 솔방울을 굴리며 놀이한다.

〇 우리 사이, 좋은 사이

1. 우리 사이, 좋은 사이를 다 함께 외치고 시작한다.

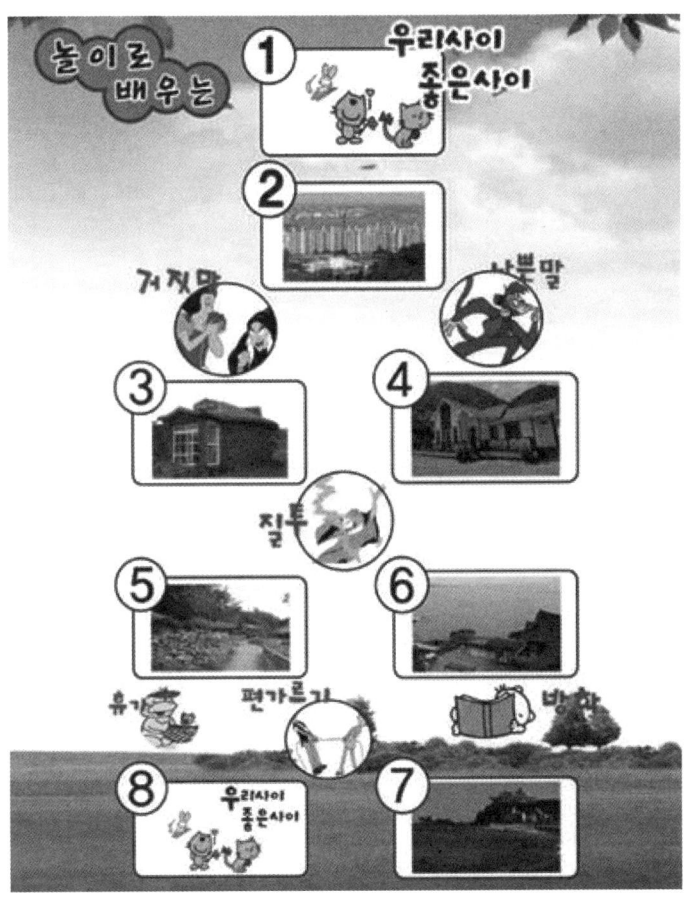

2. 아파트, 팬션, 개인 주택, 농가 주택, 해안가 주택이 있다.
3. 살고 싶은 곳에 칼라 스티커를 사용해서 이름을 적어 넣는다.
4. 같은 곳에 다 붙여도 되고 각각 좋은 곳에 붙이면 된다.
5. 거짓말, 나쁜 말, 질투, 편 가르기에 가위로 구멍을 낸다.
6. 친구끼리 친하게 지내고 친구 집에 놀러 가는 놀이이다.
7. 아파트에 붙인 이름을 호명하면서 한다.
8. 1번부터 8번까지 나쁜 곳에 빠지지 말고 솔방울로 놀면 된다.

○ 삶
1. 아이들이 생활상을 놀이로 표현한 것이다.

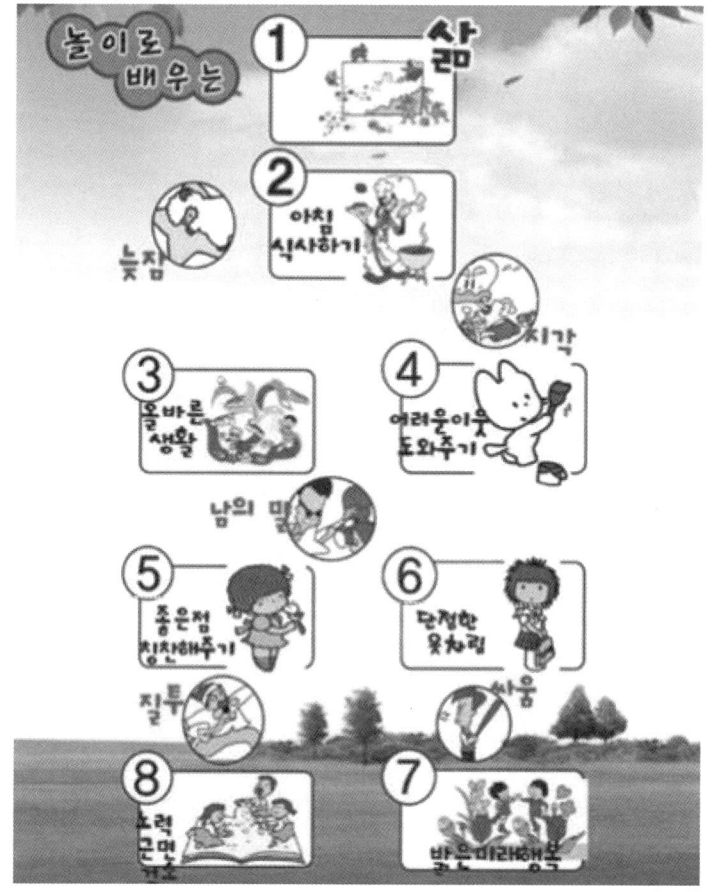

2. 늦잠, 지각, 남의 말, 질투, 싸움에 가위로 구멍을 (X) 낸다.

3. 구멍을 낸 나쁜 곳에 솔방울이 빠지지 않도록 솔방울을 잘 굴린다.

4. 올바른 생활 어려운 이웃 도와주기, 등 큰소리로 외치며 놀이한다.

5. 노력 근면 검소는 밝은 미래 행복이다.

6. 인성을 길러주고 좋은 습관을 주는 놀이이다.

○ 가족

1. 같은 형식으로 놀이하면 된다.

2. 미움, 학대, 가출 등등에 가위로 구멍을 (X) 낸다.

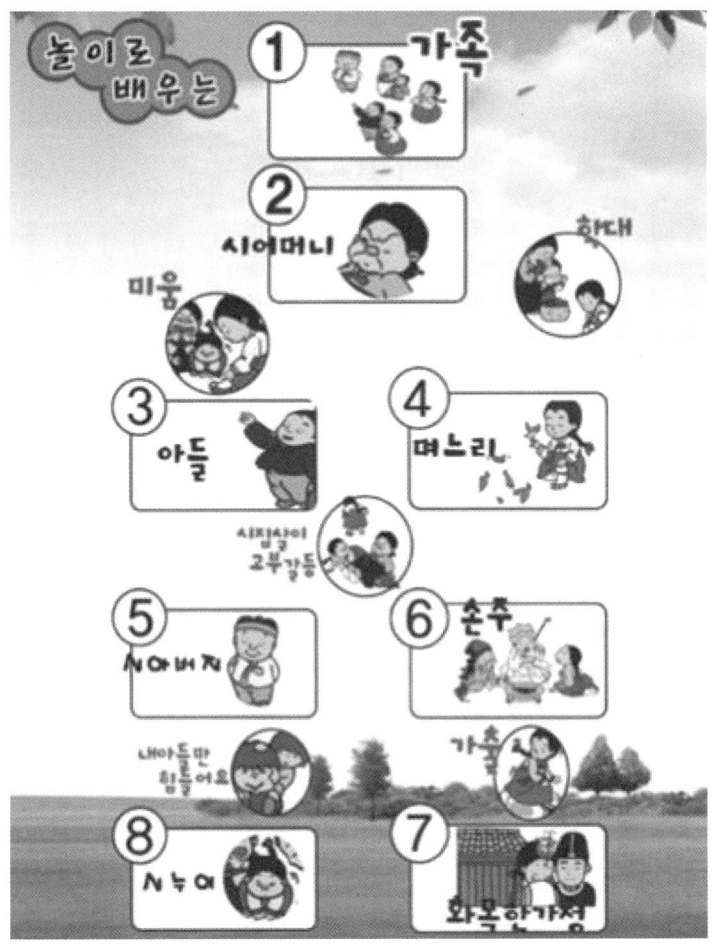

3. 나쁜 곳에 솔방울이 빠지지 않도록 잘 굴리며 놀이한다.
4. 각자가 자기 본분을 다하면 화목한 가정을 이룬다는 의미도 있다.
5. 식구들의 소중함을 다루는 놀이이다.

○ 친구야 놀자.

1. 아름답고 예쁜 사람으로 성장하는 내용을 담고 있다.
2. 편 가르기, 왕따, 이간질, 폭력, 나쁜 습관에 구멍을 (X) 낸다.
3. 역시 솔방울로 1번부터 8번까지 다녀오면 된다.
4. 어려울 때 도와주기, 협동, 우애, 스스로 공부하기를 합창하면서 한다.

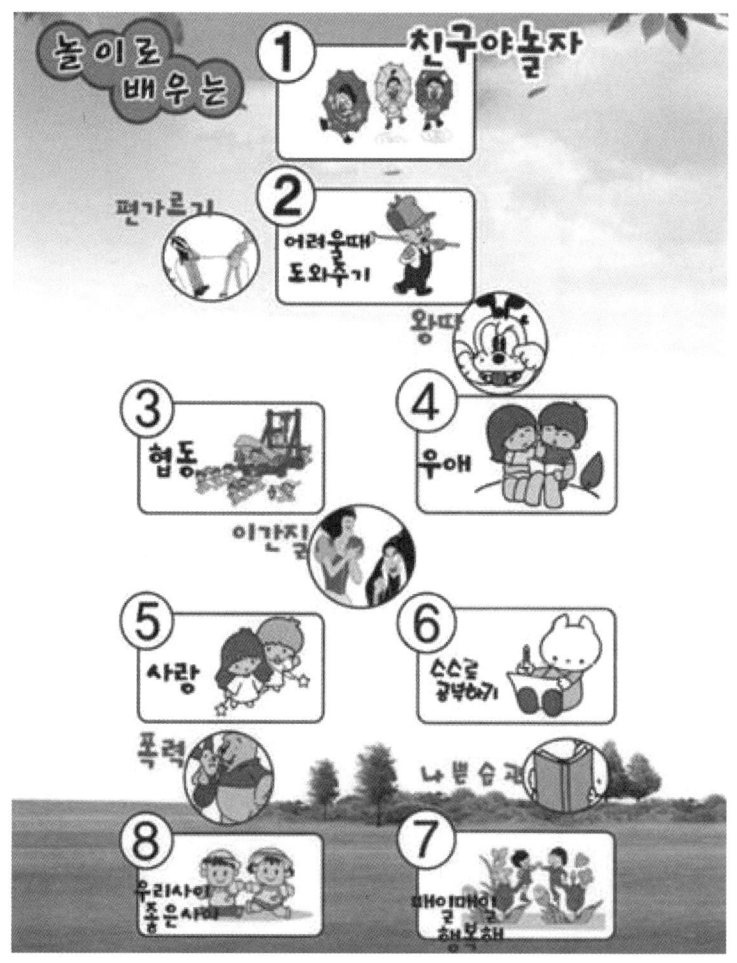

5. 8명~10명 정도 다 함께 판을 잡고 놀이를 한다.
6. 협동, 우애, 사랑으로 뭉치면 매일 매일 행복한 놀이다.

[놀이 90] 탱탱볼 놀이

○ 개요

나만 잘한다고 잘 되는 건 아니다. 다 같이 합심할 때 놀이도 제대로 된다. 빨리 하려고 하면 할수록 지는 놀이가 이 놀이이다. 천천히 놀이해보자,

○ 놀이 방법

1. 탱탱볼과 원통과 바구니를 준비한다.
2. 8m 거리에 바구니를 놓고 릴레이로 탱탱볼을 옮긴다.
3. 원통을 팀원끼리 잇대어 대고 탱탱볼을 통과시킨다.
4. 내 원통에 탱탱볼이 지나가면 통을 들고 팀 젤 끝에 선다.
5. 중간에 탱탱볼이 떨어지면 다시 출발점부터 시작한다.
6. 볼이 바구니에 많이 들어간 팀이 이긴다.

7. 원통은 대나무를 사용해도 되고 신문지를 말아서 사용해도 된다.
8. 꽃 파는 가계의 리본 감았던 속 대공이 아주 좋다.
9. 다 쓰면 버리는 것이니 부탁해 놓으면 놀이도구로 아주 훌륭하다.
10. 세계놀이에 드레곤 볼 놀이도 이와 같다.

[놀이 91] 술래야, 술래야

○ 개요

놀이의 중요한 점은 놀이하면서 터득하는 생활의 지혜와 친구와의 우정을 쌓음에 있다고 볼 수 있다. 운동량이 많은 술래야, 술래야 는 잡혀 있는 친구를 구하기 위해서 놀이 내내 애를 쓰고 잡힌 친구는 구하러 와 주는 친구를 애타게 기다린다. 여기에서 진솔한 우정이 싹트고 신뢰가 커가는 소중한 놀이이다.

○ 놀이 방법

1. 술래를 정하고 벽이나 나무를 기점으로 진지를 형성한다.
2. 술래와 팀원들은 한 발 사이로 마주 보고 선다.
3. "시작!" 소리에 술래는 무궁화꽃을 외치고 잡으러 간다.
4. 터치 당하면 잡히는 것인데 술래의 진지에 둔다.
5. 진지에 잡혀 있는 대원을 터치로 살려낼 수도 있다.
6. 놀이 내내 뛰어야 살 수 있으니 운동량이 아주 많은 놀이이다.
7. 팀워크 형성에 아주 좋은 놀이라 할 수 있다.

[놀이 92] 왕 짱구

○ 개요

과격한 놀이에 속하며 신발이 너무 투박하면 다칠 수도 있으니 실내화 정도의 신발이 적당하다. 놀이에서 가장 중요한 점은 놀이를 잘하는 것이 아니라 다치지 않고 즐겁게 하는 것이다.

○ 놀이 방법

1. 원을 그리고 가위 바위 보로 차례를 정한다.
2. 1번이 '왕! 짱! 구!' 외치며 원에서 밖으로 세 발 뛰어나간다.

3. 모두 1번과 같이 '왕! 짱! 구!' 외치며 뛰어나간다.
4. 나가면서 나가는 순번을 기억하고 나간다.
5. 다 나온 후 왕은 소리만 내고 짱구, 짱구 하며 발을 밟는다.
6. 두 번 팔짝팔짝 뛰면서 발을 피해야 하고 밟히면 죽는다.
7. 순서는 나온 순서대로 차례를 이어간다.
8. '왕!'을 하려면 원에 들어갔다 나와야 한다.
9. 다 죽으면 마지막에 죽은 사람이 첫째 순위가 되어 놀이를 다시 한다.
10. 지역에 따라 놀이방법이 약간씩 다르기도 하다.

[놀이 93] 킨볼 놀이

○ 개요

힘을 합해야 놀이가 되기 때문에 협동심이 생기는 연결고리 놀이라고 할 수 있다. 함께 힘을 합하지 않으면 전연 놀이가 되지 않는다.

○ 놀이 방법

1. 앞이 보이지 않으니 천천히 놀이한다.
2. 여러 명이 한 조가 되어 합동 놀이를 한다.
3. 둥그렇게 앉아서 킨 볼을 머리 위에서 원으로 이동한다.
4. 5명씩 킨 볼을 팔 위에 얹고 다음 팀에게 던져 주는 놀이도 된다.
5. 중학생들 놀이로 아주 좋고 멋진 놀이이다.
6. 초등학생은 함께 운반하기를 두 팀으로 대항하면 좋다.

[놀이 94] 굴렁쇠

○ 개요

헌 자전거 바퀴나 손수레 바퀴를 옛날 아이들은 손으로 굴리며 무척이나 재미있어했다. 한두 개밖에 없으니 한번 굴리기 위해 순서를 끈기 있게 기다려야만 했다. 요즘은 예쁘장하게 기성품이 많다. 굴렁쇠는 둥글어서 더 친근감이 있다. 모나지 않는다는 것은 부드러움을 내포하기 때문이다. 우리나라 88올림픽 때 소년이 굴렁쇠를 굴리며 입장했는데 그때 굴렁쇠 굴리기가 세계적으로 인기를 끈 적도 있었다.

◯ 놀이 방법

1. 왼손으로 살짝 밀면 살살 굴러가는 데 가만히 채를 댄다.
2. 빨리 가려면 채를 밀고, 천천히 가려면 대고만 있으면 된다.
3. 오른팔을 뻗어서 45도 각도에 대고 밀 때 너무 힘을 주지 않도록 한다.
4. 굴렁쇠와 굴렁대가 밀착되도록 힘 조절을 잘해야 한다.
5. 방향을 바꿀 때는 손목의 힘을 이용해서 원하는 방향으로 틀면 된다.
6. 역시 힘을 너무 주면 안 되고 살짝 틀어야 한다.
7. 굴렁쇠가 굴러가는 동안 굴렁대는 일정한 위치에 대고 가야 한다.
8. 굴렁대를 위아래로 움직이면 똑바로 나가지 않고 옆으로 가게 된다.
9. 굴렁쇠가 잘 굴러가면 계속 밀지 말고 대고만 있다가 속도가 줄면 민다.
10. 계속 밀면 너무 빨리 굴러가서 따면 잡기가 힘들어진다.
11. 넘겨줄 때는 채로 굴렁쇠를 걸어서 잡은 다음 넘겨주어야 한다.
12. 굴렁쇠 도구는 다치지 않게 잘 다루어야 한다.

[놀이 95] 나무심기 놀이

○ 개요

4월에 이 놀이를 하면 어울리는 제목이다. 작은 솔방울로 놀이를 하면 좋은데 솔방울을 만져볼 일도 없이 지내는 아이들이 놀이 내내 솔방울을 만지면서 나무 사랑이 새록새록 싹트기를 바래본다.

○ 놀이 방법

1. 한 팀은 10명이 좋고 나무 심는 술래, 맞추는 술래를 정한다.
2. 술래 두 명은 원안에 자리하고 모두 손을 모아 내민다.
3. 술래는 작은 솔방울을 쥐고 대원들의 손바닥에 나무를 심는다.
4. 심은 척 안 심은 척하면서 대원을 한 번만 다 돌아간다.
5. 살짝 어느 대원 손바닥에 안심은 척, 하며 대원을 놓는다.
6. 맞추는 술래가 어디에 솔방울을 심었는지 알아맞히면 된다.
7. 못 맞추면 인디안 밥 벌칙을 받고 놀이를 더 진행한다.
8. 나무를 심자, 나무를 심자, 노래를 합창하며 두 손을 내민다.
9. 아래는 술래 두 명이 나무를 심고 다시 나무를 심으러 가는 장면이다.
10. 맞추는 술래는 심은 곳을 잘 보고 심는 술래는 모르게 심는다.
11. 한 바퀴를 다 돌면 맞추는 술래가 알아맞혀야 하는 시간이다.

[놀이 96] 우유팩의 변신

○ 이용 설명

우유 빈 팩을 잘 모아두면 여러 용도의 수업에 활용이 높다.
밑면만 남기고 모서리를 가위로 잘라서 잘 씻어 말린다.
빈 우유팩은 양면 딱지와 외면 딱지 그리고 팔랑개비 딱지로 변신한다.

○ 만드는 방법

1. 빈 우우 팩을 밑면만 남기고 사방모서리를 가위로 자른다.
2. 가장 밑면에 한 면을 삼각 형태로 안으로 접는다.
3. 접은 것의 남은 부분을 다시 삼각으로 접어서 안쪽으로 접는다.
4. 옆에 남은 한 면을 그대로 두고 다음 면을 지금 형태로 접는다.
5. 맨 마지막은 첫 번의 삼각에 끼워 넣어야 완성이다.
6. 뒤집으면 아까 남겨 놓았던 면 두 개를 지금과 같은 형태로 끼운다.
7. 그러면 양쪽으로 된 양면 딱지가 완성되는 것이다.

[놀이 97] 팔랑개비 딱지

○ 놀이 방법

1. 딱지를 접는 방법으로 한다.
2. 안으로 접을 때 밖으로 반을 접는다.
3. 거기에서 반을 위로 접는다.
4. 단면 딱지 접는 방식으로 하면 된다.
5. 책상 위에 놓고 입으로 살살 불면 팔랑개비같이 돌아간다.

6. 불기도 하고 던져 놀기도 한다.
7. 던질 선을 2m(10점,) 3m(20점), 4m(30점), 5m(50점)로 여러 선을 그어놓고 딱지를 날려서 점수제로 놀이를 한다.

[놀이 98] 딱지 한 장 놀이

○ 놀이 방법

1. 재활용 빈 우유팩으로 딱지 접는 수업을 먼저 하고 시작한다.
2. 딱지가 하나여도 한 시간을 딱지를 치며 놀 수가 있다.
3. 만나면 공손히 인사하고 가위 바위 보로 시작한다.
4. 이긴 사람이 먼저 치고 뒤집힐 때까지, 딸 때까지 친다.
5. 뒤집혔으면 딱지를 집어서 공손히 상대에게 도로 준다.
6. 이제 한 개를 땄으니 내 딱지만 들고 다른 상대를 찾아간다.
7. 똑같이 인사를 나누고 치기를 계속한다.
8. 시간이 오래되어도 자기가 이긴 횟수는 정확하게 기억한다.
9. 지기는 했어도 딱지를 잃는 것이 없으니 마음 상하지 않고 놀 수 있다.
10. 선생님이 '그만' 할 때까지 하고 이긴 횟수로 등수 매김을 한다.

[놀이 99] 종이 총 놀이

○ 개요

아이들이라고 고민이 없는 건 아니다. 아이들도 속도 상하고 스트레스도 받고 한다. 어른과 아이의 생각 차이와 불 이해에서 오는 현상이다. 놀이 수업에 스트레스 해소 놀이가 있다. 바로 종이 총 놀이이다

○ 놀이 방법

1. A4용지, 재활 용지도 사용할 수 있다.
2. 긴 쪽으로 한 면만 2.5cm 먼저 접고 반으로 접는다.
3. 긴 직사각형이 되는데 이번은 세로로 반을 다시 접는다.
4. 2.5cm 접은 것을 엄지와 검지로 잡고 가운데 면을 뺀다.
5. 나팔처럼 되면 각진 부분을 잘 풀어준다.
6. 움직이는 것을 확인하고 위로 손을 뻗쳤다가 내리치면 된다.
7. 나팔이 풀어지며 깜짝 놀랄 만큼 큰 소리가 난다.
8. 종이 총을 접기 전에 속상했던 이야기를 적고 시작해도 된다.
9. 펑 소리와 함께 스트레스도 날아가게 될 것이다.
10. 종이 총 놀이를 하고 나서 그 종이를 재활용할 수 있다.
11. 삼각 딱지놀이를 연동으로 이을 수 있다.
12. 종이 총을 풀어서 삼각 딱지를 접으면 훌륭한 연동 수업이 된다.

[놀이 100] 삼각 딱지

○ 개요

딱지는 사각이라는 관념이 있지만, 삼각 딱지도 있다. 딱지도 신기하지만, 놀이 또한 상상을 초월하는 멋진 놀이가 도출된다.

○ 만드는 법

1. A4용지로 하고 긴 한 면만 2.5cm 먼저 접고 시작한다.
2. 오른쪽 밑면을 왼쪽 위에 놓고 접으면 옆면에 빈 삼각이 생기는데 그 삼각을 큰 삼각 안으로 넣는다.
3. 뒷면에 빈삼각이 생겨있는데 그것도 큰 삼각 안으로 넣는다.
4. 정삼각형이 되면 3개의 꼭짓점을 밑면에 대고 훑어서 선을 낸다.
5. 선에 대고 딱지 접는 식으로 접고 끝에 첫 번 접은 곳에 끼운다.

○ 놀이 방법

1. 딱지 뒷면에 이름과 되고 싶은 인물을 적는다.
2. 무릎이 붙을 정도로 둥글게 앉아서 시작한다.
3. 동요가 적당하고 노래하면서 주고 받으며 딱지를 돌린다.
4. "퐁당퐁당 돌을 던지자" 노래가 그중 맞는 듯하다.
5. 왼손은 옆 사람이 놓게 하고 그걸 집어서 오른쪽 사람 손에 올린다.
6. 땅에 떨어져도 줍지 않는다. 주우면 시간이 안 맞는다.
7. 옆에서 딱지가 오지 않을 때는 빈손으로 음악에 맞춘다.

8. 노래 중간에 선생님이 "중지"하고 손에 있는 딱지를 적혀있는 이름을 부르고 꼭 될 것이라고 축원해주며 읽는다.
9. 모두가 손뼉 쳐주고 또 다른 딱지를 읽는다.
10. 소원이 이루어지는 전래놀이이다.

[놀이 101] 까막잡기

○ 개요

오래된 우리의 친근한 전래놀이에 속한다. 예전에는 어른들도 이 놀이를 했다고 전해져 내려온다. 가족 놀이에도 할 수 있는 좋은 놀이이다.

○ 놀이 방법

1. 술래를 뽑고 앞이 보이지 않게 수건으로 눈을 가린다.
2. 어린이 까막잡기 놀이에서는 다치는 것을 막는 방법이 있다.
3. 어른들이 모두 손을 잡고 울타리를 치는 것이다.
4. 울타리 안에서 친구들을 잡으면 된다.
5. 친구들은 울타리 밖으로 나가면 안 되고 울타리 안에서 피해 다닌다.
6. 어른들은 뒤에 있다, 옆에 있다고 말해주면서 해도 재미있다.
7. 울타리를 해도 주위를 치우고 놀이를 해야 한다.
8. 술래에게 잡히면 술래가 교체되고 다시 시작한다.
9. 나중에는 아이들이 울타리를 치고 어른들이 하면 된다.
10. 엉뚱한 곳에 잡으러 가면 아이들은 난리 난리가 난다.
11. 까르르, 까르르 아이들이 더 좋아한다.

[놀이 102] 손님 모셔오기

○ 개요

서먹한 사이가 빠르게 친해지는 놀이로 골고루 친해지는 최고의 놀이다. 친한 사람끼리 언제나 자리를 같이하게 되는데 이 놀이는 놀이하면서 새로운 사람과 번갈아 가면서 짝이 되고 손을 잡고 새로운 손님을 모셔오는 놀이이니 여러 사람과 훨씬 더 빨리 친해진다.

○ 놀이 방법

1. 의자에 둥글게 앉고 빈 의자를 하나 더 놓는다.
2. 손뼉을 치고 노래하면서 빈 의자를 채우는 놀이를 한다.
3. 노래는 동요가 어울리고 놀이시간도 알맞다.
4. 항상 비어있는 의자 양쪽 사람이 함께 일어나 손님을 모셔온다.
5. 즉 새로운 손님을 모셔다 빈 의자에 앉히는 놀이다.
6. 노래 한 소절이 끝나기 전에 의자에 앉아야 한다.
7. 노래가 끝날 때 의자에 앉지 못하면 빨간 스티커를 이마에 붙여주고 나중에 여러 팀을 몰아서 벌칙을 준다.
8. 노래가 끝나갈 때쯤은 많이 서두르니 조심을 시킨다.

[놀이 103] 혼자 왔습니다.

○ 개요

공동체향상, 친화력을 모태로 안고 있는 이 놀이는 생각하는 놀이로 머리도 잘 써야 하는 놀이에 속한다. 의외로 중학생들이 잘 못 하는 놀이가 이 놀이이기도 하다.

○ 놀이 방법

1. 원으로 앉고 한사람이 일어나 "혼자 왔습니다. 를 외치고 앉는다.
2. 다음 둘이 손을 들고 일어나 "둘이 왔습니다. 를 하고 앉는다.
3. 다음 셋이 손을 들고 일어나 "셋이 왔습니다. 를 하고 앉는다.
4. 다시 세 사람이 셋이 왔습니다. 그다음 둘이 왔습니다, 혼자 왔습니다, 다시 혼자 왔습니다. 이렇게 1, 2, 3, 3, 2, 1의 패턴으로 돌아가니 주위를 잘 보고 해야 틀리지 않게 할 수가 있다.
5. 어렵지 않은 놀이인데 많이 틀리는 놀이 중의 하나이다.
6. 정신을 바짝 차려야 안 틀리고 넘어간다.
7. 틀리는 팀은 빨간 스티커를 사용해서 몰아서 벌칙을 한다.

[놀이 104] 림보 놀이

○ 개요

지금도 나이가 지긋하신 분들은 아마도 생각이 나실 듯하다. 새끼줄을 두 사람이 멀리 떨어져서 잡고 있으면 모두 몸을 뒤로 젖혀서 줄에 몸이 닿지 않게 통과하는 오래된 전래놀이다.

○ 놀이 방법

1. 3m의 줄을 준비하고 키가 비슷한 두 사람의 줄잡이를 뽑는다.
2. 줄잡이의 통과! 소리에 한 사람씩 줄 아래를 통과한다.
3. 처음엔 머리여서 누구라고 걸릴 일 없이 그냥 통과된다.
4. 다음은 어깨, 가슴, 배, 허리, 등 점차로 줄을 내린다.
5. 통과하는 사람들은 허리를 뒤로 젖혀서 줄에 몸이 닿지 않아야 한다.
6. 몸이 유연한 사람은 줄이 낮아도 걸리지 않고 통과한다.
7. 손으로 땅을 짚는 것은 반칙으로 본다.
8. 줄에 닿거나 손이 땅에 닿으면 벌칙을 하고 이어서 놀이를 계속한다.

[놀이 105] 안경 놀이

○ 개요

과격한 놀이이고 공동체향상과 친화력, 협동심, 운동력에 탁월한 효과가 있는 놀이이다. 놀이할 때 체육복 착용과 운동화 착용을 권장하는 바이다. 요즘 수업을 해보면 실내화를 신고 놀이 수업에 임하는 학생들이 간혹 보인다. 다칠 우려도 있으니 각별한 신경을 쓰도록 해야 한다. 배짱이 세어지는 놀이에 속한다.

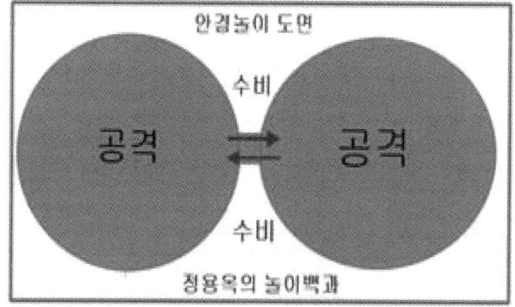

◯ 놀이 방법

1. 안경처럼 판을 그리고 안경알 속에 공격팀 전원이 들어간다.
2. 공격팀은 한 안경알에서 다른 안경알로 건너다닌다.
3. 술래는 밖에서 안경알 속의 공격 팀원을 손으로 친다.
4. 술래에게 터치 당하면 죽는 게 아니라 함께 술래가 된다.
5. 모두 잡을 때까지 계속한다.
6. 공격팀 전원이 술래가 되면 처음 터치 당한 사람이 술래를 한다.
7. 도면을 그릴 때 체격을 봐서 크게 혹은 작게 그려야 한다.
8. 안경 넓이를 수비 두 명이 양쪽에서 간신히 잡히는 넓이로 하면 좋다.
9. 요즘은 규칙을 여러 가지로 새로 정해서 하기도 한다.
10. 한번을 건너갔다가 오면 한번 터치를 삭감하는 방법도 있다.

[놀이 106] 장대 인형 말타기

◯ 개요

요즘은 귀하지만 예전에는 생활 수단이 나무로 불을 때서 밥도 해 먹고 방도 따뜻하게 했었으니 나뭇가지가 많다. 이 나뭇가지는 아이들의 친근한 전래놀이 도구이다.

◯ 놀이 방법

1. 두 팀으로 나누고 6m 선상에 반환 봉을 두 개 놓는다.
2. 긴 장대 머리에 동물 인형을 부착한다.
3. 팀원 전체가 타고 반환 봉을 먼저 돌아오면 이긴다.
4. 꼬리가 길어서 반환 봉을 돌 때 선두는 제자리걸음을 해야 한다.
5. 넓은 강당이나 야외에서 해야 하고 인원이 많을 때 한다.
6. 장대 머리에 부착할 인형이 없으면 그냥 해도 무방하다.

[놀이 107] 지네 달리기

○ 개요

도구 하나에 네 명이 같이 묶여있으니 반드시 합심하고 서로 협동하며 마음을 맞추어야 한 걸음이라도 옮길 수 있고 또 나아가서는 이길 확률이 높다. 마음만 앞서서 나만 먼저 나가고자 하면 네 명이 모두 같이 넘어진다.

○ 놀이 방법

1. 두 팀으로 나누고 팀 안에서 다시 4명이 한 조로 한다.
2. 원단에 구멍을 네 개 내고 귀퉁이에는 끈을 단다.
3. 네 명씩 한 조가 되어 발을 넣고 끈을 잡고 천천히 걷는다.
4. 합심하여 박자를 맞추고 걸어야 한다.
5. 네 명이므로 발을 먼저 맞추어 보고 출발하도록 한다.
6. 6m 선상의 반환 봉을 팀원이 먼저 다 돌아오면 이긴다.
7. 천천히 가야 넘어지지 않아서 더 빨리 돌아올 수 있다.
8. 재활용 현수막 원단을 사용해도 된다.
9. 원단을 네 명이 발을 넣을 만큼 자르고 끈을 달면 된다.
10. 놀이 물품 파는 곳에서 만든 도구를 사도 된다.

[놀이 108] 깡통 볼링 놀이

○ 개요

빈 깡통이 많아지니 아이들이 돌 대신 깡통으로 놀이가 이어졌다. 깡통 놀이는 여러 놀이가 많은데 그중에 깡통을 세워놓고 맞추는 놀이가 요즘의 볼링 놀이와 아주 흡사하다.

○ 놀이 방법

1. 두 팀으로 나누고 가위 바위 보 로 선후를 정한다.
2. 3m 선상에 빈 깡통을 겹겹이 10개 정도 모아서 세워놓는다.
3. 던지는 선을 표시하고 선을 밟거나 선을 넘어가면 안 된다.
4. 양 팀 순서대로 돌아가며 한 사람씩 던진다.
5. 팀별로 넘어진 깡통 수를 합산한다.
6. 한 팀이 마치면 바로 깡통은 다시 세워놓는다.
7. 팀원이 다 하면 어느 편이 이겼는지 승패를 내고 다시 이어서 한다.
8. 5판 3승까지 한다.
9. 전래 새끼줄 공이 놀이하기 좋으나 보통 공으로 해도 된다.
10. 단체전, 개인전으로 다양하게 할 수 있다.

[놀이 109] 벌칙 볼링 놀이

○ 개요

막걸리, 병이 볼링 대처럼 모양이 흡사해서 볼링 놀이로 쓸 만하다. 같은 놀이여도 도구가 다르면 새로운 놀이가 되고 놀이의 지루함이 없다.

○ 놀이 방법

1. 막걸리, 병 속에 모래를 조금 넣는다.
2. 잘 세워지고 안정감이 있다.
3. 모래를 너무 많이 넣으면 넘어가지 않는다.
4. 진한 칼라 테이프를 사용해서 벌칙을 적어 병에 붙인다.
5. 경주해야 재미있으니 두 팀으로 나누고 팀별로 경기를 한다.

6. 넘어진 막걸리, 병의 개수는 내 팀 점수이니 잘 외워둔다.
7. 공을 굴려 넘어진 병에 적힌 벌칙은 상대편이 단체로 한다.
8. 많이 넘어졌을 경우 상대편이 그중에서 하나를 선택하고 벌칙을 요구한다.
9. 하나도 안 넘어간 경우의 벌칙도 따로 적어놓고 한다.
10. 요즘의 볼링 하는 것과 똑같은 방법과 모습으로 하면 된다.
11. 리더십 놀이에 속하며 자신감을 넣어주는 놀이이다.

[놀이 11] 알까기

○ 개요

세계놀이 틱택토 수업을 할 때도 어느 틈엔가 틱택토 판이 알까기 판으로 변해 있는 책상이 드문드문 보일 때가 있다. 아주 간단한 놀이이고 승패도 빨리 나니 학생들이 많이 좋아한다.

○ 놀이 방법

1. 바둑돌이나 병뚜껑을 준비한다.
2. 두 명씩 짝을 이루어 놀이한다.
3. 가위 바위 보로 선후를 정하고 이긴 사람이 먼저 한다.
4. 책상에 바둑돌을 놓고 손가락으로 튕기는 놀이이다.
5. 내 돌은 책상에 있고 상대 돌만 선 밖으로 나가야 한다.

6. 선 밖으로 나간 돌은 내가 따게 된다.

7. 바닥에 많이 떨어지는데 바둑돌이 깨어지면 날카로우니 조심해야 한다.

[놀이 111] 호랑이 장애물 넘기

○ 개요

원래 인간도 태초에는 네발로 기어 다녔다는 설도 있다. 네발 놀이를 해보자. 두 손을 바닥에 대고 엉금엉금 기어 보자.

○ 놀이 방법

1. 5팀으로 편성하고 6m 거리에 반환점을 표시한다.
2. 네발로 엎드려서 걸어도 되고 뛰어도 된다.
3. 중간지점에 높이 40cm 장애물 줄을 놓는다.
4. 장애물을 서서 넘으면 안 되고 호랑이처럼 넘어야 한다.
5. 거꾸로 넘어도 상관없다.
6. 서서 넘지만 않으면 된다.
7. 터치로 다음 내 팀이 나가고 먼저 다 돌아오면 이긴다.
8. 5판 3승제가 좋다.

[놀이 112] 해 오름 놀이

○ 개요

해의 이미지는 희망 성공 부를 의미하며 좋은 뜻이 많다. 놀이도 해 오름 놀이가 아주 멋지다.

○ 놀이 방법

1. 비취 볼과 줄을 준비한다.
2. 줄은 새끼줄, 줄넘기할 줄, 원단 줄 등 모두 놀이를 할 수 있다.

3. 줄넘기 놀이를 하고 다음에 해 오름 놀이로 들어간다.
4. 줄 하나를 지름 15cm 정도 되게 여러 겹으로 돌돌 만다.
5. 각자 가지고 있는 줄을 15cm 줄에 걸어서 매어 뺀다.
6. 가운데 15cm 부분에 공을 올려놓고 해 오름 치기를 한다.
7. 공을 따라 움직이며 치고, 어깨나 머리로 쳐도 된다.
8. 인원이 많아도 다함께 할 수 있는 놀이이다.
9. 사람이 타도되는데 높이 치면 안 되고 지면에서 30cm만 친다.
10. 해 오름 놀이 전에 줄 놀이의 연동 놀이를 몇 가지 하면 더 좋다.
11. 대장 뽑기, 스트레칭, 줄 당기기 등등

[놀이 113] 가면 놀이

○ 개요
나를 드러내지 않으면 쑥스러움이 덜해서 춤도 노래도 더 잘 할 수 있다. 중학교 수업에 가면 놀이는 가면 그리는 것도 좋고 노는 것도 좋다.

○ 놀이 방법
1. 빈 가면에 원하는 탈의 문양을 넣는다.
2. 탈춤도 출 수 있고, 팀별로 역할극을 나누어서 한다.
3. 빈 탈은 문방구점에서 살 수 있다.
4. 수성펜은 작업이 안 되니 유성 펜을 함께 사야 한다.
5. 한 시간 수업으로는 모자라고 두 시간 수업으로 잡아야 한다.
6. 바로 탈에 문양을 넣지 말고 빈 종이에 먼저 초안을 잡아야 한다.
7. 자유 학년제 수업 종료 때에 전시회에 출품하면 된다.

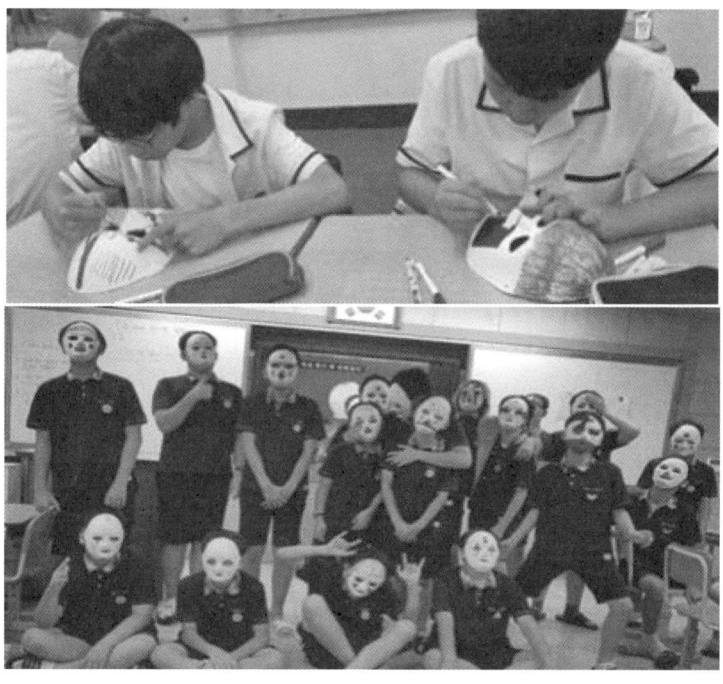

[놀이 114] 삼태기 놀이

○ 개요

옛날 물건 중에 삼태기가 있다. 요즘의 쓰레받기처럼 생겼는데 짚으로 만든 것이다. 쓰레기를 담아서 버리는 용도이다.

○ 놀이 방법

1. 삼태기와 콩 주머니를 준비한다.
2. 두 팀으로 나누어서 경기한다.
3. 삼태기 잡이는 3m 거리에 두 명이 선다.
4. 두 팀 따로 삼태기에 던진 콩 주머니를 받는다.
5. 삼태기 잡이는 잘 받기 위해서 움직여도 된다.
6. 선생님의 신호로 시작과 종결을 한다.
7. 중지! 소리에 놀이를 정확하게 멈추어야 한다.
8. 계속 던지면 감점이 있다.
9. 삼태기 안에 콩 주머니 수로 우열을 가린다.
10. 새끼줄 축제에 삼태기나 짚신 등을 살 수 있다.

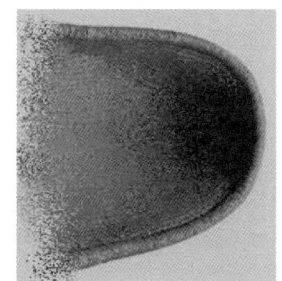

[놀이 115] 사또놀이

○ 개요

한 고을의 사또는 막강한 힘과 부귀와 영화를 겸비한다. 옛날에 아이들이 많이 놀던 놀이다. 비록 가마가 아니고 가마니에 태우고 노는 놀이지만 일단 사또가 되는 일은 신나는 일이다.

○ 놀이 방법

1. 가마니를 준비하고 가마니 네 귀퉁이에 새끼줄을 맨다.
2. 사또를 선출하고 사또가 되면 가마니에 올라앉는다.

3. 사또를 태우고 반환점까지 돌아오는 놀이이다.
4. 네 귀퉁이를 모든 대원이 잡고 돌아온다.
5. 릴레이로 전 대원이 돌아가며 놀이한다.
6. 가위 바위 보로 사또를 계속 선출하고 놀이를 계속한다.

[놀이 116] 새총 놀이

○ 개요

새총 놀이는 인간이 사냥을 먼저 하면서 살아서인지 어느 나라나 다 있다. 우리나라 아이들도 새총 놀이는 어릴 때부터 늘 하면서 자랐다.

 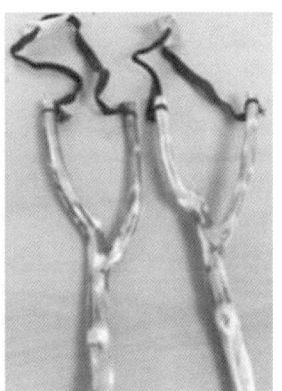

○ 놀이 방법

1. 옛날엔 총알로 도토리나 작은 돌멩이를 썼다.
2. 도토리는 요즘 줍지 못하게 되어있으니 다른 것으로 놀이를 해야 한다.
3. 우선 두 팀으로 나누고 팀 안에서 순번을 정한다.
4. 2m 거리의 탁자에 종이컵을 놓아둔다.
5. 종이컵에는 10~200까지 숫자를 적으면 더 좋다.
6. 새총을 쏘아서 컵을 떨어트리면 된다.
7. 넘어진 종이컵의 숫자로 점수를 계산한다.

8. 종이컵에는 꽝도 있어서 떨어졌어도 꽝이면 점수가 없다.
9. 새총은 Y자 나뭇가지를 잘 손질해서 만들어도 된다.
10. 문방구에서 파는 것으로 수업해도 된다.
11. 총알은 위험하지 않은 것으로 쓴다.
12. 안전하게 하려고 스티로폼 작은 것을 썼더니 전연 나가지 않았다.
13. 수업으로는 공깃돌이 적당하고 그래도 조심시켜야 한다.
14. 팔의 방향과 힘 조절이 잘 돼야 똑바로 나갈 수 있다.

[놀이 117] 자루 뛰기

○ 개요

같은 조건 같은 환경 속에서 똑같이 출발하고 누가 더 먼저 돌아오는가를 내기하는 놀이이다.

○ 놀이 방법

1. 마 포대 자루를 여벌까지 넉넉히 준비한다.
2. 4m 거리에 반환 봉을 두 개 놓는다.
3. 가위 바위 보로 두 팀으로 나누고 선생님의 지시로 동시에 출발한다.
4. 준비작업으로는 자루에 들어가면 된다.
5. 다음 사람도 자루에 들어가 대기한다. 그래야 바쁘지 않다.
6. 토끼뜀으로 반환 봉을 돌아온다.
7. 토끼뜀을 뛸 때는 자루를 위로 바짝 당겨야 발에 걸리지 않는다.
8. 터치를 받고 출발한다.
9. 태국의 윙크라섭 놀이가 이와 똑같다.
10. 카자흐스탄에는 씨름을 자루 속에 발을 넣고 손만으로 한다.
11. 두 사람이 경기하는데 땅에 궁둥이가 닿으면 진 거로 본다.

[놀이 118] **물동이 놀이**

○ 개요

옛날엔 아녀자들이 물동이를 머리에 이고 물을 길었다. 따리로 머리 수평을 맞추고 옹기로 된 물동이를 머리에 이고 물을 길어오곤 했는데 물동이에 물을 찰랑찰랑하게 담고도 손을 놓고 걷는 아녀자도 있었다.

○ 놀이 방법

1. 물동이처럼 색상이 있는 플라스틱 그릇과 따리를 준비한다.
2. 따리 위에 물동이를 머리에 얹고 반환 봉을 돌아온다.
3. 손으로 물동이를 잡으면 안 된다.
4. 중간에 떨어지면 출발선으로 다시 와서 얹고 나가야 한다.
5. 너무 자주 떨어지면 떨어진 지점에서 다시 얹고 가도록 한다.
6. 팀원 전체가 먼저 반환 봉을 다 돌아오면 이기는 놀이이다.

[놀이 119] **모자 돌리기**

○ 개요

정신만 잘 차리면 호랑이에게 물려가도 산다는 말이 있다. 정신을 집중시키는 놀이로 정신을 바짝 차려야 되는 놀이다.

○ 놀이 방법

1. 둥글게 앉고 모자 두 개를 준비한다.
2. 시작할 때 모자를 쓴 것을 벗어서 옆 사람에게 준다.
3. 옆 사람은 모자를 썼다가 옆 사람에게 돌린다.
4. 선생님이 또 하나의 모자를 넣어준다.
5. 모자가 돌다가 두 개가 다 오면 벌칙을 하고 다시 놀이한다.
6. 선생님이 중간에 "반대로"를 외치면 모자를 반대로 돌린다.

[놀이 120] 풍선 요요

○ 개요

풍선은 아이들 어른들 할 것 없이 모두가 좋아하는 물건이다. 오색의 풍선을 보면 그저 마음도 두둥실 창공으로 여행을 떠나는 것 같다.

○ 놀이 방법

1. 풍선을 조금만 불어서 물을 채우고 실로 잘 묶는다.
2. 실 끝을 손가락에 묶고 올렸다 내렸다 하면 풍선 요요가 된다.
3. 모래를 조금 넣어도 되고 풍선 두 개를 한 끈에 달아도 좋다.

[놀이 121] 외양간 짓기

○ 개요

옛날에 소 외양간을 지을 때 볏짚을 작두로 잘게 썰어서 진 찰흙과 함께 섞어서 둥글게 뭉쳐 벽을 만들었다. 외양간을 만들고 남은 것으로 아이들이 공을 만들어 놀기도 했다.

○ 옛날 놀이

1. 놀이 방법은 소 외양간 지을 때의 전달 방법이다.

2. 한 사람은 짚과 찰흙을 섞은 것을 둥글게 뭉친다.
3. 뭉친 것을 다음 사람이 조금 멀리 있는 사람에게 던진다.
4. 그러면 그 사람은 사다리 위에 있는 벽을 마무리하는 사람에게 다시 던진다. 높이 있어도 아래서 던진 것을 아주 잘 받는다.
5. 아이들은 그대로 한 줄로 서서 연속으로 전달하는 놀이를 한다.
6. 손에서 손으로 전달하며 놀기도 하고 머리 위로 전달하며 놀기도 하고 다리 사이로 전달하며 놀기도 한다.

○ 외양간 짓는 놀이

1. 고무공을 준비하고 두 팀으로 나누어서 일렬종대로 선다.
2. 공을 10개씩 배분해서 두 상자에 담아 놓는다.
3. 뒤로, 교실이면 끝, 운동장이면 6m 정도에 큰 상자를 놓는다.
4. 선생님의 신호에 앞의 공을 뒷사람에게 머리 위로 전달한다.
5. 전달한 뒤 젤 끝, 내 팀 뒤에 가서 다시 공 받을 준비한다.
6. 연속으로 차례차례 전달한다.
7. 뒤의 상자에 먼저 다 옮긴 팀이 이긴다.

[놀이 122] 신발 놀이

○ 개요
아이들이 신발로 놀이를 많이 했다. 놀이 중에 신발 감추기 놀이도 있는데 어디에 감추었는지 종종 못 찾는 애석한 예도 많이 있었다.

○ 놀이 방법
1. 신발 받는 사람을 정해서 2m~3m 선상에 세운다.
2. 순서를 정해서 차례대로 던지기를 한다.
3. 신발을 발에 걸어 날리는데 받는 사람이 받아야 점수가 있다.
4. 잘 던져야 잘 받지만 받는 사람은 이리저리 움직이며 잘도 받는다.

5. 손으로 받는 것이 아니고 상자나 소쿠리로 받는다.
6. 신발 놀이는 종류가 다양하다.
7. 양궁 판을 펴고 신발을 던지는 놀이도 병행해서 할 수 있다.
8. 또 받지 않고 선을 2m 3m 그리고 멀리 보내기를 해도 된다.
9. 예전에는 신발이 좋은 장난감이었다.

[놀이 123] 그물 술래잡기

○ 개요

운동장에서 하면 아주 멋지다. 다 하나가 되는 공동체향상, 통합의 숨은 교육이 있다.

○ 놀이 방법

1. 가위 바위 보로 술래 한 명을 정한다.
2. 술래가 되면 술래는 아무나 잡으러 다닌다.
3. 술래에게 잡히면 손잡고 함께 술래가 된다.
4. 잡으면 그 사람도 술래, 또 잡으면 그 사람도 역시 술래이다.
5. 양쪽 가장자리의 사람만 터치로 잡을 수 있다.
6. 가운데 사람은 양손을 술래들이 잡고 있으니 터치를 못 해서 못 잡는다.
7. 모두 잡으면 한 손으로 이어져 있는 모두 술래이다.
8. 놀이의 성격도 좋고 뜻도 좋은 놀이이다.
9. 야외놀이로 멋진 화합의 전래놀이이다.

[놀이 124] 함께 달리기

○ 개요

축제 때 하면 좋은 놀이이다. 서로 빨리 친해지는 놀이이기도 해서 입학 후 서먹할 때 하면 금방 친해지는 놀이가 된다.

○ 놀이 방법

1. 두 팀으로 나누고 반환점은 8m 선에 넓게 벌려 두 개 놓는다.
2. 반환점을 여러 명이 함께 돌아오는 놀이이다.
3. 함께 뛸 인원은 보통 3명~5명 정도면 적당하다
4. 혼자 승부를 내는 것이 아니라 공동 승부를 내는 것에 의미가 크다.
5. 반환점을 돌 때 중심축에 있는 사람은 제자리걸음을 해야 한다.
6. 가장자리 사람과 걸음을 맞추어야 함을 선생님이 미리 말해준다.
7. 배려와 협동과 공동체형성이 가미된 놀이이다.

[놀이 125] 자치기

○ 개요

아주 옛날부터 각 지방에서 흔하게 아이들이 노는 놀이이다. 유래는 전해지지 않는다. 작은 막대와 긴 막대를 가지고 튕겨서 치면 잘 맞은 작은 막대는 퍽 멀리 나간다. 방금 친 긴 막대로 거리를 잰다고 해서 자치기라고 한다. 운동량이 많은 놀이이고 눈어림으로 길이를 숙지하는 놀이라고도 볼 수 있다.

○ 놀이 방법

1. 작은 막대는 15cm, 긴 막대는 40cm 길이로 한다.
2. 작은 막대는 양 끝을 대칭 사선으로 자른다.
3. 작은 막대를 발 앞에 던진 후 떨어지면 사선으로 된 부분을 쳐서 튀어 오를 때 잘 맞추어서 아주 힘껏 멀리 가게 다시 친다.
4. 떨어진 지점으로 뛰어가서 긴 막대로 출발지점까지 잰다.
5. 요즘 수업으로는 재는 것은 않는 경우도 많다.
6. 친 사람이 뛰어가 표시를 해 놓고 작은 막대를 집어오도록 한다.
7. 두 팀으로 나눈 팀원들은 각각 출발점에 대기하도록 해야 한다.
8. 팀원이 주어온다고 미리 나가 있지 않도록 조심한다.
9. 안전사고에 유의해야 하는 놀이이다.

[놀이 126] 산가지 집짓기

○ 개요

셈을 가르치기도 한 산가지 놀이는 다양한 여러 놀이가 산출되는데 중학생들은 상당히 정교하게 천천히 아주 높이 몰입해서 쌓는다.

○ 놀이 방법

1. 한 팀을 4명으로 하고 산가지는 평소 5배 정도 준비한다.
2. 책상 위가 수평이 맞는지 확인한다.
3. 사각 형태가 삼각보다 높이 쌓을 수 있다.
4. 기초가 반듯하고 수평이 맞아야 한다.
5. 높이 쌓으려면 산가지의 두께도 유심히 봐야 한다.
6. 가령, 같은 위치에 놓을 산가지는 두께가 같아야 한다.
7. 빨리 쌓으려고 하면 실패하고 천천히 단단히 쌓아야 한다.

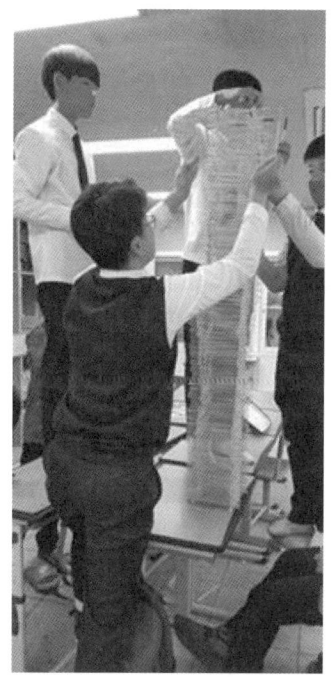 

8. 삶에 있어서 잘 성공하는 비결이 함축되어있는 진리 학습놀이이다.
9. 높아지면 책상 위에 올라설 때 흔들릴 수가 있으니 잘 올라선다.
10. 이것 또한 크나큰 뜻을 함축하고 있는 완벽한 진리가 숨어 있다.

[놀이 127] 산가지 주사위

○ 놀이 방법

1. 한 팀 4명~5명으로 하고 각자 20개의 산가지를 가지고 한다.
2. 책상 중앙에 산가지를 모둠 지어 놓는다.
3. 한 개, 두 개, 세 개, 네 개, 다섯 개, 여섯 개, 로 놓는다.
4. 선을 정하고 차례로 주사위를 던져 1이 나오면 1을 가져온다.
5. 다음 사람이 던져서 1이 나오면 책상에 1이 없으니 가져다 놓는다.
6. 던진 숫자의 산가지가 없으면 가져다 놓고, 있으면 가져온다.
7. 산가지가 없는 사람이 있으면 등수를 가리고 다시 한다.

[놀이 128] 훌라후프

○ 개요

훌라후프는 넝쿨로 둥글게 말아서 놀던 인디언 전래놀이이다. 플라스틱이 공장에서 생산되니 전 세계 아이들의 좋은 장난감이 된 것이다.

○ 놀이 방법

1. 가능하면 훌라후프를 많이 준비한다.
2. 출발지점을 표시한 후 반환 봉은 8m 정도에 놓는다.
3. 훌라후프를 굴려서 반환 봉을 돌아오는 놀이도 해볼 만하다.
4. 여러 개로도 돌리는데 다섯 개로도 돌리는 학생이 있었다.
5. 훌라후프의 양이 진학생 다 하나씩 가지고 놀 수 있으면 운동장에 넓게 자리하고 기존의 허리 돌리기를 단체로 하면 멋지다.

[놀이 129] 솔방울 숨기기

○ 개요

재미가 따르는 놀이가 최고의 놀이라고 할 수 있다. 그런데 재미에 전율도 더해지면 어디에도 비할 수가 없을 것이다. 솔방울 숨기기는 전율이 만점이다.

○ 놀이 방법

1. 한 팀원을 보통 3명~5명 솔방울과 종이컵을 준비한다.

2. 20명이 놀이를 한다고 보면 5명씩 4팀을 한다.
3. 종이컵 70개를 줄을 맞추어 엎어 놓는다.
4. 팀당 솔방울을 똑같이 30개씩 배분한다.
5. 순서대로 종이컵에 솔방울을 넣는다.
6. 컵 안에 이미 솔방울이 있으면 있는 것을 가져와야 한다.
7. 컵을 열 때 솔방울이 차 있는 경우가 많으면 정산을 한다.
8. 솔방울을 적게 남긴 팀이 이긴다.

[놀이 130] ㄹ자 놀이

○ 개요

아무것도 없어도 놀이가 되는 것이 전래놀이이다. 그저 땅에 막대기로 쓱 그리기만 하면 놀이판이 완성되기 때문이다.

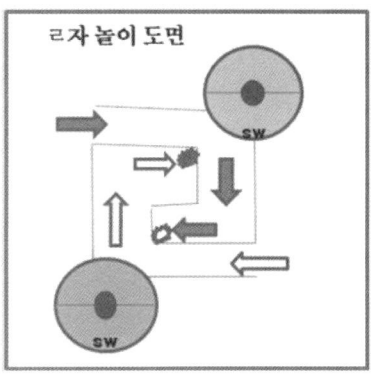

○ 놀이 방법

1. 두 팀으로 나눈다.
2. 놀이판 ㄹ자를 그리고 수비와 공격 차례

를 정한다.
3. 양쪽에 중앙진지를 표시한다.
4. 선을 밟거나 상대 팀에 끌려 상대편 땅을 밟으면 죽는다.
5. 대문을 통과해서 상대의 중앙진지를 밟으면 이기는 놀이이다.
6. 몸으로 싸우고, 막고, 하는 놀이이며 과격한 놀이에 속한다.
7. 당기고 밀고 해야 하니 미리 주의 사항을 말해준다.
8. 일단 선을 밟았으면 당기지 않는 규율도 한 방법이다.
9. 선생님은 옛날 옷과 요즘 옷이 다르니 고려해서 해야 한다.

[놀이 131] 공치기 놀이

○ 개요

공치기는 반복훈련과 정확도를 늘려주는 운동력 있는 놀이이다. 작은 공에서부터 큰 공에 이르기까지 다 놀이를 할 수 있으며 개인전 단체전이 다 어울리는 놀이이며 중학생들이 선호하는 놀이다.

○ 놀이 방법

1. 두 팀으로 나누고 지름 15cm 정도 고무공 두 개를 준비한다.
2. 8m 정도에 반환 봉 두 개를 놓고 두 팀 동시에 출발한다.
3. 공을 바닥에 치면서 반환 봉을 돌아오는 게임이다.
4. 홈에 들어올 때 던지면 감점이 있고 공을 잡아서 주어야 한다.
5. 중학생들의 수업 놀이 중에 제일 열심히 하는 놀이 중 하나이다.

[놀이 132] 부채 놀이

○ 개요

6월~7월 수업으로 알맞다. 놀이하며 부채로 시원히 부채질할 수도 있고 부채로 치며 놀이하니 더운 줄도 모르게 된다.

○ 놀이 방법

1. 두 팀으로 나누어 팀 릴레이로 한다.
2. 6m 거리에 반환 봉을 두 개 놓는다.

3. 부채로 풍선을 팔을 뻗어 위로 치면서 반환점을 돌아온다.
4. 돌아오는 동안 풍선이 바닥에 떨어지면 감점 1점으로 한다.
5. 손잡이가 있는 막대형 둥근 부채로 한다.
6. 부채가 살이 약하면 접시에 나무젓가락을 테이프로 고정해서 한다.
7. 접시는 플라스틱 일회용 접시가 좋다.

[놀이 133] 비석치기

○ 개요

중학교에서의 비석 치기는 많은 주의를 필요로 한다. 마구 던져서 다치는 경우도 발생한다. 놀이시간이 길면 비석으로 장난을 칠 수도 있으니 짧은 시간 놀이하고 비석을 빨리 회수해야 한다. 비석에 그림을 그리고 수업하는 비석 치기도 하는데 중학교에서는 그렇게 안 하는 것이 더 좋고 초등이나 유아들에게는 비석에 그림을 그리고 하는 것이 낫다.

○ 놀이 방법

1. 두 팀으로 나누어 5m의 거리를 두고 양쪽으로 선다.
2. 선후를 가려서 진 팀은 비석을 세우고 한발 뒤로 물러난다.
3. 발등 치기, 발목 치기, 무릎지기, 가랑이 치기, 배치기, 신문팔이, 훈장 치기, 목 치기, 떡장수. 눈 감고 치기. 10가지로 나눈다.
4. 배치기나 가슴 치기는 잘 안 되는 부분이므로 옷에 싸서 해도 된다.
5. 가랑이 치기에서는 다 가면 뒤로 돌아서 똥꼬 치기로 해도 재미있다.

[놀이 134] 해바라기 놀이

○ 개요

재미있는 놀이일수록 밀치고 당기고 넘어지고 엎어지고 한다. 옛날에는 질긴 광목옷이어서 잡아당겨도 끄떡없었는데 요즘은 당기면 늘어지고 찢어지고 해서 놀이 지도할 때 선생님은 이점도 고려해야 한다.

○ 놀이 방법

1. 가운데 큰 원을 그리고 그 주위로 원을 다섯 개 그린다.
2. 잘 보면 해바라기처럼 모양이 나온다.
3. 공격이 원안에, 수비가 원 밖에, 가운데 원은 원 밖과 함께 수비영역이다.
4. 시계 반대로 돌고 한 사람이라도 돌아오면 모두 살아난다.
5. 서로 밀고 당겨서 금을 밟으면 아웃이다.

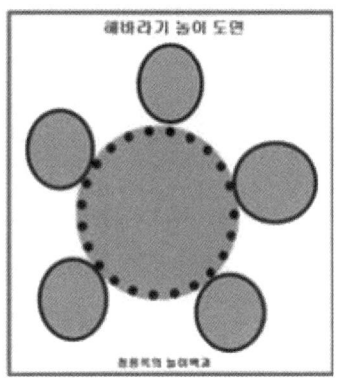

[놀이 135] 깜낭 놀이

○ 개요

같은 짝을 맞추는 놀이인데 어느 것을 선정할 것인지 짧은 시간에 선택하고 선택한 대로 밀고 나가는 생활 습관상의 최선의 결정과 결정에 최선을 다하는, 재미도 쏠쏠한 생활교육 놀이다.

○ 놀이 방법 (수업 시간에 직접 만들어서 하면 된다.)

1. 하얀 켄트지를 가로 8cm 세로 5cm로 각자 4장씩 자른다.
2. 각기 다른 자기만의 독특한 이미지를 그린다.

3. 그러나 본인 것 4장씩은 똑같이 그려야 한다.
4. 한 팀을 5명으로 하고 카드를 섞어서 4장씩 갖는다.
5. 하나, 둘, 셋, 의 셋에 한 장을 뽑아 오른쪽 사람에게 준다.
6. 왼쪽 사람에게서 온 것은 자기가 가지면 역시 4장이 된다.
7. 섞여진 카드를 먼저 똑같이 4장을 맞추면 자기 코를 만진다.
8. 코를 만지는 대원이 보이면 얼른 판 가운데 손을 포개 놓는다.
9. 다 포개졌으면 카드를 다 맞춘 사람이 손등을 내려친다.
10. 피해도 되니 역으로 내려친 사람이 빈 탁자를 치기도 한다.
11. 내 것만 보지 말고 누가 "맞추었나?" "코를 만지나"도 봐야 한다.

[놀이 136] 다빈치 다리

○ 개요

서로 협동해야만 완성되는 놀이로 전래놀이의 기본에 합당한 놀이라 하겠다. 놀이하면서 자연적으로 협동심이 생겨나며 본인이 모르는 사이에 친구 간의 우애가 도출된다. 창의력, 협동심, 분출에 근본이 된다.

○ 놀이 방법

1. 단합 협동 놀이로 아이스크림 하드 막대로 한다.
2. 처음 두 개를 나란히 놓고 세로로 위에 얹는다.
3. 정 중앙에 나무막대 하나를 얹는다.
4. 두 개를 첫 번째 한쪽과 세 번째 아래로 벌려놓는다.

5. 혼자서는 잘 안 되는 것이 다빈치 다리 놀이이다.
6. 반대쪽도 똑같이 해야 하는 데 팀원이 도와야 할 수 있다.
7. 전래놀이란 기막힌 교육이 요소요소에 가득 차 있다.
8. 친구들과 놀며 자란 아이와 혼자 자란 아이의 차이점이 크다고 하겠다.

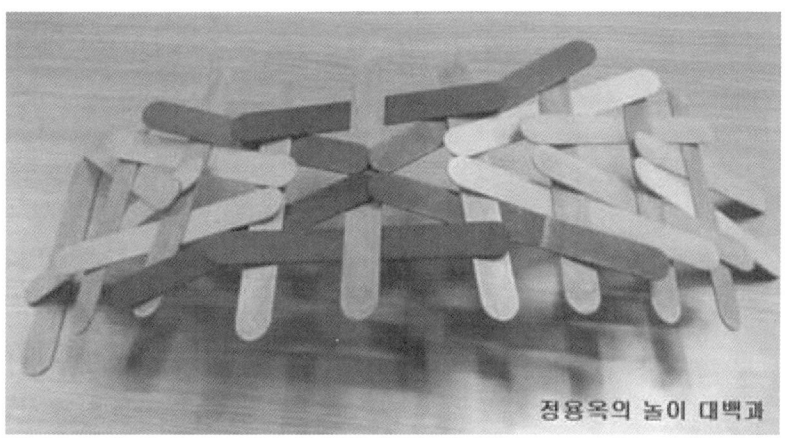

[놀이 137] 버들피리

○ 개요

겨울이 가기 전에 버들강아지는 핀다. 산모퉁이를 지나 도란도란 시냇물에 돌도 튕기며, 버들피리를 불며 들길로 집으로 가는 아이들이 참 평화롭다.

○ 놀이 방법

1. 가지를 잘라서 살살 돌리면 나무가 빠지고 겉껍질만 남는다.
2. 끝을 잘강잘강 씹어서 얇게 만들면 떨림판이 되어 불면 소리가 난다.
3. 손수 제작 신토불이 자연 피리이다.

[놀이 138] 연날리기

○ 개요

전래놀이하면 우선 딱지, 팽이, 연이다. 이순신 장군은 연을 통신 수단으로 이용했다고 한다.

○ 놀이 방법

1. 재료는 사서하고 조립할 때 중앙을 불룩하게 해야 잘 올라간다.
2. 바람 부는 날 수업하면 만든 후 잘 날릴 수 있다.
3. 바람이 오는 방향을 등지고 날려야 한다.

[놀이 139] 발 묶고 달리기

○ 놀이 방법

1. "나만 잘나고, 나만 먼저 가고"의 사고를 바꾸는 놀이이다.
2. 맞추어서 같이 가고, 너와 내가 함께하는 놀이이다.
3. 둘이 맞추지 않으면 나아갈 수가 없다.
4. 발을 묶고 하는 놀이이니 안전에 신경을 써야 한다.

5. 꼭 붙어서고 어깨동무를 하면 걷기에 편하다.
6. 하나둘, 하나둘 연습을 하고 하면 좋고 발의 박자를 맞추어야 한다.
7. 8m 선상에 반환 봉을 놓고 둘이서 천천히 함께 돌아오는 놀이이다.
8. 발을 묶고 함께 어깨동무하고 달리니 자연히 한마음이 된다.
9. 놀이 후에는 서로를 위해주며 훨씬 정다워진다.

[놀이 140] 도토리 팽이

○ 개요

가을철 참나무 열매인 도토리로 재미있는 전래놀이 수업을 할 수 있다. 도토리는 다람쥐가 먹는 겨울 양식이니 내가 만들 것, 한두 개만 주어오도록 하자·도토리를 너무 일찍 채취하면 말라서 만들기 힘들다.

○ 만들기와 놀이 방법

1. 도토리와 이쑤시개를 준비한다.
2. 송곳으로 구멍을 내고 이쑤시개를 꽂는다.
3. 이쑤시개에 접착제를 살짝 묻힌다.
4. 이쑤시개는 길면 중심이 안 맞으니 조금 자르고 쓴다.
5. 살짝 돌려서 바닥에 놓으면 앙증맞고 예쁘게 잘 돌아간다.

[놀이 141] 카드놀이

○ 개요

세상에는 아무리 잘하려고 마음을 먹어도 잘 안 되는 일도 있다. 이미 정해진 수가 오는 카드놀이지만 중간에 내가 어떤 결정을 하는가에 따라 승패는 달라진다. 순간 선택, 좋은 선택이 관건이다. 놀이 카드는 선생님이 미리 준비해서 가져가도 되고 수업 때 아이들과 함께 만들어도 된다. 숫자 종이 크기는 A4용지 반장 정도 크기면 된다.

○ 놀이 방법 (1)

1. 숫자 0은 7개를 적고 1부터 20까지는 한 개씩 적는다.
2. 두 팀으로 나누고 6m 선상에 숫자 카드를 엎어 놓는다.
3. 선생님의 출발 신호에 두 팀 선수가 뛰어가 한 장씩 치켜든다.
4. 큰 숫자가 이긴다.
5. 놀이 1에 이어서 놀이 2를 진행한다.

○ 놀이 방법 (2)

1. 선생님의 지시로 해야 한다.
2. 준비하고 선생님의 출발 신호가 나면 출발한다.
3. 숫자 카드가 있는 곳으로 달려가 두 장을 동시에 치켜든다.
4. 두수를 곱하는 것이다.
5. 옆 팀도 주장을 동시에 치켜들었으니 승패는 즉시 난다.
6. 0도 있으니 복불복이다.
7. 연달아 선생님의 신호에 두 팀 동시에 계속 출발하고 점수를 통계 낸다.

[놀이 142] 카드 차례 맞추기

○ 놀이 방법

1. 카드놀이의 숫자 카드를 그대로 엎어놓고 사용한다.
2. 3m 선상에 있는 카드를 1부터 10까지 차례로 가져와야 한다.
3. 첫 번 나간 사람은 1을, 두 번째 나간 사람은 2를, 가져와야 한다.
4. 출발 신호에 두 팀 두 명이 동시에 출발한다.
5. 하나만 집어서 보여주고 대원들이 OK 하면 가지고 오고 NO 하면 제자리에 다시 엎어 놓고 온다.
6. 앞의 대원이 보여주고 놓은 곳을 잘 봐두면 끝으로 갈수록 맞는 숫자를 가져올 수 있다.
7. 차례대로 1부터 10까지 숫자를 먼저 가져다 놓으면 이긴다.
8. 운동량도 있고 재미도 있고 신선하고 좋은 놀이이다.

[놀이 143] 신발 뺏기

○ 놀이 방법

1. 가위 바위 보로 술래를 한 명 정한다.
2. 지름 70cm의 원을 그리고 모두 신발 한 짝을 원에 넣는다.
3. 모든 대원은 신발 한 짝을 원에 넣고 깨금발로 다닌다.
4. 술래는 신발을 지키고 대원들은 깨금발로 다닌다.
5. 신발을 꺼내온 대원은 두 발로 다닐 수 있고 다른 대원의 신발을 대신 꺼내올 수도 있다. 그러나 술래에게 터치 당하면 자기 신발을 도로 넣고 깨금발로 다녀야 한다.
6. 쉼터를 그려서 잠시 쉴 수 있게 한다.

[놀이 144] 대나무 호드기

○ 놀이 방법

1. 대나무, 셀로판지, 가위, 칼을 준비한다.
2. 가는 대나무를 마디가 없는 부분으로 8cm 정도 잘라서 불 부분은 사선으로 자르고 길이로 칼집을 내고 셀로판지를 끼워 불면 떨림판 역할을 해서 소리가 난다.

3. 마른 대나무보다 방금 채취한 대나무가 만들기가 좋다.
4. 마른 대나무는 칼집을 내기가 어렵다.

[놀이 145] 못 잡기

○ 개요

세계 어느 나라나 못 잡기 놀이는 다 전해져 내려오고 방식도 같다. 그 옛날 전연 이동이 될 수도 없을 터에 어떻게 같은 놀이가 있을 수 있는지 참으로 이해가 안 되는 부분이다.

○ 놀이 방법

1. 두 팀으로 나누고 가로 5m, 세로 7m 사각형을 그린다.
2. 공격팀은 밖에 수비팀은 안에 자리하고 공을 이용한다.
3. 공에 맞은 수비 팀원은 밖으로 퇴장하고 공격팀이 던진 공을 받으면 죽은 팀원을 한 명 살려서 안으로 들어오게 할 수 있다.
4. 모두 잡으면 교체해서 다시 한다.
5. 실외의 운동장이 많은 인원이 놀이하기가 좋다.

[놀이 146] 돈치기

○ 개요

중학생 정도의 아이들이 참으로 푹 빠져서 하던 옛날 놀이다. 놀이로 하는 것이 아니라 직접 돈을 놓고 했다. 돈을 따고 잃고 하는 놀이라 어른들이 못하게 막던 놀이다.

○ 놀이 방법

1. 나무판 위에 동전을 올려놓고 두 명이 짝을 이루어 하는 놀이이다.
2. 나무판을 쳐서 동전이 밖으로 나가면 돈을 딴다.
3. 가위 바위 보를 해서 지면 판 위에 돈을 놓고 이긴 사람이 우선권이 있다. 매번 가위 바위 보를 해서 한다.
4. 가위 바위 보를 매번 하는 것을 바꿀 수도 있다.
5. 처음에만 가위 바위 보로 선후를 정하고 다음부터는 돌아가며 한다.
6. 수업으로는 철물점에서 파는 와셔로 예스러운 놀이를 대신할 수 있다.

[놀이 147] 뱁새와 황새

○ 놀이 방법

1. 두 사람씩 짝이 되어 놀이하고 두 발을 앞뒤로 하고 선다.
2. 항상 가위 바위 보를 해서 이겨야 갈 수 있다.
3. 가위 바위 보로 이기면 이긴 사람은 앞발을 뒤로 옮기고 진 사람은 앞발을 이긴 사람의 발끝에 발을 더 민다.
4. 만약 가위 바위 보에서 계속 지면 내 발을 계속 밀 수 없다.
5. 발을 더 이상 상대의 발끝에 댈 수 없으면 진다.
6. 이기는 방법은 가위 바위 보를 잘해야 한다.
7. 두 사람씩 짝이 되어 놀이하고 두 발을 앞뒤로 하고 선다.
8. 항상 가위 바위 보를 해서 이겨야 할 수 있다.

9. 가위 바위 보로 이기면 이긴 사람은 앞발을 뒤로 옮기고 진사람은 앞발을 이긴 사람의 발끝에 발을 더 민다.
10. 가위 바위 보로 하고 발을 더 상대의 발끝에 댈 수 없으면 진다.

[놀이 148] 막대 이어 잡기

○ 놀이 방법

1. 지름 1,5cm, 길이 1m 되는 막대를 준비한다.
2. 둥글게 서서 막대를 잡고 주장의 구령에 따라서 놀이를 한다.
3. 오른손만 사용하고, 하나, 둘, 셋에 본인 막대는 세워두고 왼쪽 사람의 막대를 잡는다.
4. 막대를 잡지 못하면 아웃이다.
5. 두 사람이 남을 때까지 하고 처음처럼 다 모여 다시 한다.
6. 떨어지기 직전에 대를 잡고 좋아하는 미소가 참 해맑다.

[놀이 149] 동물 놀이

○ 놀이 방법

1. 세 명이 짝을 하고 고양이, 강아지, 참새를 고른다.
2. 어느 팀이든 똑같이 고양이, 강아지, 참새 중에서 고른다.
3. 둥글게 서서 놀이하고 주장을 정한다.
4. 주장이 "참새" 외치면 각 팀에서 짹짹거리며 참새끼리만 이동하고 "고양이" 소리치면 야옹야옹하며 고양이끼리만 이동한다.
5. 주장도 들어가니 한사람이 못 끼고 벌점 스티커를 받는다.
6. 벌점 스티커를 받은 사람은 모아서 벌점을 주고 이어간다.

[놀이 150] 풍선 치기 6가지

○ 놀이 방법

1. 풍선을 불고 잘 묶어서 둥그런 원을 이루고 선다.
2. 한마당 풍선 놀이가 된다.
3. 풍선 치기 놀이는 100가지가 넘는다.
4. 오른손 검지로 쳐서 오른손 검지로 받기를 한다.

5. 오른손 검지로 쳐서 왼손 검지로 받기를 한다.
6. 오른손, 왼손, 손바닥으로 교차로 치기 한다.
7. 오른손 검지로 치고 오른쪽 사람 풍선을 내 검지로 받는다.
8. 오른손 검지로 쳐올리고 왼손 검지로 왼쪽 사람 풍선을 받는다.
9. 풍선을 높이 올려 치고 바닥에 닿을락 말락 할 때 순간 잡기를 한다.

[놀이 151] 주사위 바둑왕

○ 놀이 방법

1. 바둑판과 바둑알로 두 사람씩 놀이한다.
2. 바둑판 두 번째 줄에 양 팀 각각 가득 돌을 놓는다.
3. 중앙에 왕을 하나 정한다.
4. 왕은 진지에 둔다.
5. 가위 바위 보로 선후를 정하고 주사위를 굴린다.
6. 나온 수대로 앞으로 나가고 먼저 왕을 잡으면 이긴다.
7. 수업으로 판은 이동이 힘드니 그리거나 원단에 인쇄해서 할 수 있다.
8. 여러 가지 규칙은 서로 정해서 새롭게 하면 된다.
9. 중앙에서 만나면 잡는다든지 왕의 호위병은 남긴다든지 하는 것들이다.

[놀이 152] 사자놀이

○ 개요

강원도 무형문화재 31호인 속초 사자놀이는 북한에서 넘어온 이주 민속놀이이다. 함경남도 피난민들이 속초에 정착하여 계승된 마당놀이와 탈놀이가 결합한 가면 탈놀이로 속초시는 전하고 있다. 속초시에서는 매년 정월 대보름 전날에 시작해서 다음 날까지 재현한다.

[놀이 153] 뽕망치 돌리기

○ 놀이 방법

1. 두 명 술래를 정하고 둥그렇게 앉아 손뼉 치고 노래를 한다.
2. 술래는 도망가는 술래와 잡으러 가는 술래를 정한다.
3. 시작에 도망가는 술래는 먼저 출발하고 잡으러 가는 술래는 뽕, 망치를 들고 "000 뽕망치 돌리기"를 외치고 출발한다.
4. 망치가 길어서 도망가는 술래는 전력을 다해 달려야 한다.
5. 술래가 금방 바뀌는 것도 신선하고 뽕망치도 쓸 만하다.

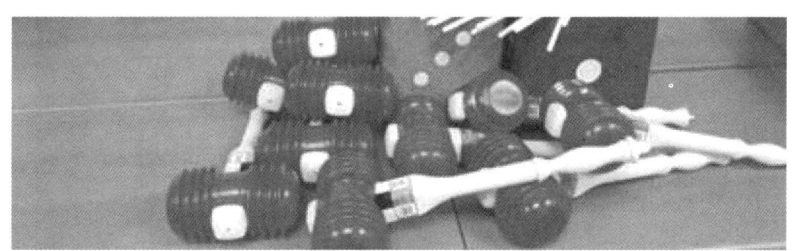

[놀이 154] 속담 맞추기

○ 놀이 방법

1. 두 팀으로 나눈다.
2. 팀별로 따로따로 속담을 의논해서 30개 적는다.
3. 종이를 반으로 나누어 반씩 적는 것도 효율적이다.
4. 두 팀이 마주 보고 앉아서 놀이한다.
5. 양 팀 주장의 가위 바위 보로 선후를 정한다.
6. 한 번만 선을 정하고 다음부터는 돌아가며 하면 된다.
7. 선이 되면 먼저 주장이 상대편에게 30개적은 중에서 문제를 낸다.
8. 적은 속담을 반만 읽어 주면 반을 맞추는 놀이이다.
9. 따로따로 반만 적었다면 보여주면 더 정확하다.

10. 몇 개를 맞추었는가도 승패를 가른다.
11. 다른 속담이나 격언도 적어서 같은 방법으로 놀이한다.
12. 시간에 만들지 않고 선생님이 미리 준비해서 수업해도 된다.

[놀이 155] 문장 전달 (등 글씨)

○ 놀이 방법

1. 한 팀을 5명~8명으로 조를 짠다.
2. 선생님은 맨 뒤의 사람에게만 문장을 보여준다.
3. 맨 뒤의 사람은 앞사람의 등에 손가락으로 문장을 쓴다.
4. 말은 하면 안 된다.
5. 앞사람은 다시 앞사람 등에 문장을 쓰고 이어나간다.
6. 젤 앞사람이 전달받은 문장을 발표한다.
7. 여러 문장으로 여러 번 하고 차례를 바꾸어서도 한다.
8. 모두 관객이 되고 8명씩만 앞으로 나가서 연출해도 좋다.
9. 8명씩 돌아가며 다 하도록 한다.
10. 물론 매번 다른 소재로 해야 할 것이다.
11. 선생님은 이때에는 관객 모두에게만은 내용을 보여줘도 된다.

[놀이 156] 문장 전달 (손짓, 발짓)

○ 놀이 방법

1. 말을 하면 안 되는 놀이이다.
2. 한 팀의 적정인원은 10명 미만이다.
3. 인원이 너무 많으면 약간 지루하다.
4. 한 반이 30명이면 3줄로 세운다.
5. 종렬로 서야 한다.
6. 맨 뒤의 사람만 선생님을 보고 앞으로 서고 모두 돌아선다.
7. 선생님이 문장을 들면 제일 뒤의 사람만 볼 수 있다.
8. 문장을 확인하면 돌아선 대원들이 모두 앞으로 보고 다시 선다.
9. 문장을 본 사람은 앞사람을 툭툭 친다.
10. 앞사람이 돌아서면 내용을 행동으로 설명한다.
11. 설명을 들은 사람은 돌아서서 다시 자기 앞사람을 툭툭 친다.
12. 똑같이 돌아선 앞사람에게 손짓, 발짓으로만 단어를 설명한다.
13. 제일 앞 사람까지 이런 방식으로 내용을 다 전달한다.
14. 제일 앞사람은 알아들은 대로 생각나는 것을 발표하면 된다.
15. 다른 팀도 있으니 문장을 써서 갖고 있어야 한다.
16. 선생님은 원문을 전체에게 보여준 후 발표한다.
17. 여러 번 다른 문장으로 놀이를 계속한다.

[놀이 157] 내 이름 삼행시

○ 놀이 방법

1. 둥그렇게 앉아서 놀이한다.
2. 신학기 초에는 이름을 모르니 모두 명찰을 달고 한다.
3. 삼행시 짓기 놀이이다.
4. 첫 번 사람이 일어서면 다 같이 선 사람의 이름의 첫 자를 합창한다.

5. 김한식이라면 모두 큰소리로 김! 하면 된다.
6. 일어선 사람은 김을 가지고 삼행시를 시작한다.
7. 예를 들어서 김이니 '김장을 하면'하고 짓는다.
8. 친구들이 다시 김한식이니 한! 하고 큰 소리로 말한다.
9. 한해에 반찬 걱정이 없고. 로 짓는다.
10. 친구들이 김한식에서 식! 하고 큰소리로 합창하면?
11. 얼른 말해야 하고 뜸을 들이면 아웃이다.
12. 식사 시간이 즐겁다! 라고 해도 멋진 시는 아니지만 통과된다.
13. 친구가 이름을 불러주면 시도 짓고 빨리 친해지는 놀이다.
14. 놀이할 때와 안 할 때가 친함 정도가 확연히 다르다.

[놀이 158] 뒤로 걷기

○ 놀이 방법

1. 두 팀으로 나누어서 경주한다.
2. 6m 선상에 반환 봉을 두 개 놓는다.
3. 2명을 한 조로 하고 마주 선다.
4. 한 명은 뒤로 걷고 한 명은 바로 걷는다.
5. 바로 걷는 사람은 뒤로 걷는 사람을 따라간다.
6. 뒤로 걸어서 반환 봉을 돌아와야 한다.
7. 같은 짝인 앞으로 걷는 사람이 안내를 맡는다.
8. 뒤로 걷는 사람 앞에서 앞으로 걸으며 안내하면 된다.
9. 말을 하면 안 되고 행동으로 한다.
10. 오른쪽이나 왼쪽으로 가라고 손짓으로 알려준다.
11. 두 손 X 표시로 뒤에 장애물이 있으면 가지 말라고 표시한다.
12. 반환 봉을 돌 때 특히 잘 안내를 해야 한다.
13. 반환 봉을 건드리면 감점이 있다.
14. 마이너스 10점을 받게 된다.

15. 출발지점까지 무사히 다 돌아오면 처지를 바꾸어서 다시 나간다.
16. 즉 안내가 뒤로 걷고 뒤로 걷던 사람이 안내되는 것이다.
17. 팀원 모두 한 번씩 먼저 다 다녀오면 감점을 보고 승패를 가른다.

[놀이 159] 업어주기

○ 놀이 방법

1. 단체놀이로 한마당놀이이다.
2. 가위 바위 보로 하는 놀이이다.
3. 두 사람이 가위 바위 보를 한다.
4. 진 사람은 이긴 사람을 업고 다른 팀을 찾아간다.
5. 이번에는 등에 업힌 사람끼리 가위 바위 보를 한다.
6. 이겼다면 상대 두 사람이 각각 한 사람씩 나누어 업는다.
7. 다른 팀을 만나면 똑같이 업힌 사람이 가위 바위 보를 한다.
8. 지면 등에 이긴 편 두 사람을 두 사람이 다시 업어준다.
9. 계속 업고 다니며 업힌 사람의 가위 바위 보에 운명이 결정된다.
10. 넓은 강당이나 운동장에서 단체 한 마당놀이로 좋다.

[놀이 160] 시키는 대로

○ 놀이 방법

1. 두 사람씩 짝이 되어서 하는 언어 놀이이다.
2. 가위 바위 보로 하는 놀이이다.
3. 가위 바위 보에서 이기면 시키는 사람이 된다.
4. 이긴 사람이 "꽃" 하면 진 사람은 꽃 이름을 세 개 말한다.
5. "강"하면 강 이름을 댄다.
6. 계속 가위 바위 보로 놀이를 이어간다.
7. 강 이름, 산맥 이름, 나라 이름, 조선 시대 왕 이름 등등을 할 수 있다.

8. 중학생들이 선생님 이름을 거의 모른다. 수업해보니 모두 틀리는데 각 학교 다 해봐도 선생님 이름에서 모두 벌칙이다.

[놀이 161] 종이 릴레이

○ 놀이 방법

1. 두 팀으로 나누어 놀이한다.
2. 6m 거리에 반환 봉을 두 개 둔다.
3. 머리에 종이를 얹고 팔을 벌리고 반환점을 돌아온다.
4. 얇은 종이가 머리 위에 있으니 아주 살살 걸어야 한다.
5. 새로 나갈 내 팀을 터치할 때까지 머리에 종이가 있어야 한다.
6. 터치로 내 팀이 나가고 나가면서 머리에 종이를 얹으면 안 된다.
7. 터치를 받고 나가기 전에 머리에 얹고 출발을 해야 한다.
8. 광고지, A4용지 등 재활용 용지도 사용해도 된다.
9. 끝까지 조심성을 놓지 않아야 한다.
10. 조심성을 길러주는 놀이로 "천천히"도 득이 되는 교훈이다.

[놀이 162] 늑대 놀이

○ 놀이 방법

1. 늑대야, 늑대야 지금 몇 시니? 양과 늑대 놀이이다.
2. 술래가 늑대 역할을 맡는다.
3. 늑대가 두 시 하면 양늘은 누 설음 온다.
4. 늑대가 세시 하면 세 걸음을 온다.
5. 늑대는 가능한 한 가까이 오게 유도한다.
6. 가까이 와야 잡으러 갈 때 잘 잡힌다.
7. 늑대는 뒤를 돌아다 볼 수 없으니 양들이 어디까지 왔는지 전연 모른다.
8. 시간을 말한 걸음 수로 양들의 위치를 짐작해야 한다.

9. 양들이 몇 시니? 할 때 가까이 있는 듯 하면 식사 시간 하며 잡으러 간다.
10. 양들은 빨리 출발선으로 뛰어 달아나야 한다.
11. 잡힌 양은 술래가 되어 늑대 역할을 하게 된다.
12. 양을 잡으려면 가까이 까지 오게 해야 잡기 쉽다.
13. 그러나 양이 늑대를 칠 수도 있으니 적당한 거리를 잘 가늠해야 한다.
14. 양이 너무 가까이 와서 늑대를 치면 다시 술래를 해야 한다.

[놀이 163] **장애물 넘기**

○ 놀이 방법

1. 두 팀으로 나누어 놀이를 시작한다.
2. 긴 줄 두 개를 준비하고 8m 거리에 반환 봉을 둔다.
3. 3m와 6m에 각각 50cm 높이의 줄을 매어 놓는다.
4. 줄을 뛰어넘는 두 번의 장애물 경기이다.
5. 출발 소리에 두 팀 선두주자가 동시에 출발해서 50cm 장애물을 넘는다.
6. 릴레이 게임으로 터치 후 새로운 주자가 나간다.
7. 장애물을 손으로 만지면 안 되고 몸만 사용해서 넘어야 한다.
8. 팀원 모두 먼저 다 돌아온 팀이 이긴다.

[놀이 164] 다리 수 줄이기

○ 놀이 방법

1. 한 조에 4명씩 서고 다리 수를 줄여간다.
2. 4명이 섰으니 다리는 모두 8개이다.
3. 선생님의 지시로 놀이가 진행된다.
4. 강당이나 교실 바닥에 모두 모여 선 채로 하면 된다.
5. 준비물도 전연 필요 없는 홀가분한 놀이이다.
6. 내 팀이 4명이면 4명이 바짝 모여서고 선생님의 지시를 기다린다.
7. 다리 7개 하면 한 사람만 다리를 들면 바닥에는 다리가 7개가 된다.
8. 3명의 다리 6개, 한 사람은 다리 하나를 들었으니 1개, 합 7개이다.
9. 선생님이 4개 하면 모두 한쪽 다리를 들고 서면 한 다리씩이니 4개다.
10. 그런데 선생님이 2개라고 말하면?
11. 한사람이 한 명씩 업고 한 다리로 선다.
12. 그러면 바닥에는 다리가 두 개만 있게 된다.
13. 두 사람씩 조를 짜서 쉽게 할 수도 있다.
14. 두 사람이 서면 다리는 4개이다.
15. 선생님이 다리 3개 하면 위의 경우처럼 한 사람만 다리를 들면 된다.
16. 두 개 하면 한사람이 한 사람을 업으면 된다.

17. 한 개 하면, 업고 한 다리를 들면 바닥에는 다리가 한 개가 된다.
18. 신학기 초에 하면 좋은 놀이로 금방 친해지는 계기가 된다.

[놀이 165] 길게 늘이기

○ 놀이 방법

1. 무엇이든 이어놓은 것이 길기만 하면 이기는 놀이이다.
2. 처음엔 가지고 있는 물건을 모두 이어놓는다.
3. 각자 옷을 벗어서 길게 잇고 작은 소지품도 다 잇는다.
4. 나중에는 팀원이 길게 드러눕기도 한다.
5. 젤 긴 팀에 우승을 주고 반대로 회수하기 놀이를 한다.
6. 먼저 다 회수해 오면 이기는 놀이이다.
7. 본인 물건은 주인이 회수해 와야 한다.
8. 길게 늘일 때보다 회수하기가 더 재미있고 승부욕이 쟁쟁하다.

[놀이 166] 씨름 해설

○ 씨름 기술

1. 팔, 다리, 허리의 기술로 나눈다.
2. 팔로는 앞무릎치기, 뒷무릎치기, 오금 당기기가 있고 다리로는 안다리걸기, 호미걸이가 있다.
3. 허리기술은 들 배치기, 엉덩이 배치기, 돌림 배치기가 있고 정면 뒤집기와 잡채기 차돌리기가 있다.
4. 앞무릎치기는 상대가 자기에게 의지하는 자세일 때 한다.
5. 뒷무릎치기는 상대 다리가 왼쪽보다 오른쪽이 앞으로 있을 때 한다.
6. 오금 당기기는 상대 오른 다리가 앞으로 많이 나왔을 때 한다.
7. 안다리걸기는 상대의 오른 다리가 내 몸 가까이 있을 때 한다.
8. 여름 바다 체험학습 때 바닷가 모래밭에서 활용할 수 있다.

[놀이 167] 등 넘기

○ 놀이 방법

1. 두 팀으로 하고 선후를 정한다.
2. 한 조의 인원은 4명 미만이 좋다.
3. 인원이 너무 많이 길게 엎드리면 넘기가 벅차다.
4. 5명이면 5명 다 7명이면 7명 한 번에 다 넘어야 하기 때문이다.
5. 가위 바위 보로 선이 되면 먼저 넘기를 한다.
6. 1m 간격으로 엎드리고 뜀틀 넘듯이 넘는다.
7. 넘을 때 다리를 크게 벌려 걸리지 않도록 한다.
8. 걸리거나 못 넘으면 교체하고 연속으로 게임을 한다.
9. 아래 그림은 네덜란드 화가 피터르 브뤼헐의 놀이작품이다.
10. 전래놀이를 그림으로 그렸는데 놀이가 100가지가 넘는다고 한다.
11. 우리나라에 있는 전래놀이도 많이 보이는 그림이다.
12. 굴렁쇠 놀이와 말뚝 박기, 가마 태우기, 두꺼비 놀이도 보인다.
13. 중앙에 등 넘기가 있다.

14. 여섯 명이 한 조가 되어 세 명이 엎드리고 세 명이 넘는 그림이다.
15. 인원이 딱 알맞은 배열이다.
16. 인원이 너무 길게 엎드리면 힘들어서 넘기가 잘 안 된다.

[놀이 168] 인간 말타기

○ 놀이 방법

1. 두 팀으로 나누고 선후를 가른다.
2. 이긴 팀이 인간이고 진 팀이 말이 된다.
3. 말은 앞사람의 가랑이 속에 머리를 넣고 앞사람의 다리를 잡는다.
4. 말이 다 자세를 정비하면 인간이 달려와 위에 오른다.
5. 다 타면 주장끼리 가위 바위 보를 한다.
6. 가위 바위 보가 끝날 때까지 말을 탄다.
7. 가위 바위 보 후에는 주장이 이기든 지든 말에서 모두 내린다.
8. 지는 쪽은 수비인 말이 되고 이기는 쪽은 인간이 된다.
9. 인간은 너무 세게 타지 않도록 조심해야 한다.
10. 달려오지 않고 옆에서 올라탄다.

[놀이 169] 과일 놀이

○ 개요

이 수업은 과일을 그리는 수업부터 진행한다. 연필로 과일을 스케치하고 색칠도 하며 선 수업이 이루어진다. 직접 만들어서 놀이해야 나중에 본인들이 스스로 만들어 논다. 매번 선생님이 만들어 가지고 가서 수업하면 다음에 아이들이 도구가 없으니 놀이를 할 수가 없다. 물론 만들어서 할 줄을 모르니 당연하다. 교육의 의미를 잘 이해하고 수업에 임하면 아이들에게 많은 도움을 줄 수 있고 더불어 아이들에게 유익한 놀이 수업이 된다.

○ **놀이 방법**

1. 사과, 배, 자두, 복숭아, 과일을 각각 15개씩 그린다.
2. 두꺼운 켄트지를 가로 6cm 세로 8cm로 60장으로 한다.
3. 5명이 한 팀으로 하고 14장씩을 나누어 갖는다.
4. 모두 안 보이게 쌓아놓고 순서대로 자기 앞에 하나씩 놓는다.
5. 같은 과일이 5개 나오면 과일의 이름을 크게 외친다.
6. 판에 있던 3명의 카드를 모두 가져온다.
7. 본인의 과일이 떨어지면 진다.
8. 아이들의 생각 성을 키워주는 놀이로 분류된다.

[놀이 17이] 일곱 발 놀이

○ **놀이 방법**

1. 두 팀으로 나누고 수비는 삼각형, 공격은 네모 칸이 진지이다.
2. 수비와 공격 간의 길이는 4m로 한다.
3. 공격팀은 시작 본점에서 건너편까지 일곱 발로 갈 수 있다.

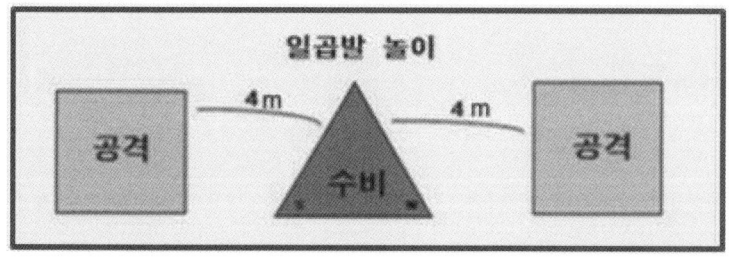

4. 수비는 네발만 나올 수 있는데 네 걸음으로 들어갈 수 있어야 한다.

5. 공격팀은 수비를 피해서 건너 칸을 두 번 다녀와야 한다.

6. 한 사람이라도 갔다 오면 다 살아난다.

7. 나이나 몸의 크기에 따라 거리와 걸음을 맞게 정해서 한다.

[놀이 171] 고무줄 띔틀

○ 개요

고단수의 놀이이고, 어렵고 운동량도 많다. 그러나 예전 아이들은 몸이 가벼워서인지 잘하고 놀았다. 아마 요즘 아이들에게 하라고 하면 4단계인 허벅지도 못 넘을 듯하다.

○ 놀이 방법

1. 세 사람 이상은 인원이 꼭 있어야만 한다.
2. 선후 차례를 정한다.
3. 두 사람은 고무줄을 잡고 한사람이 넘는다.
4. 처음 땅바닥, 발목, 무릎 높이에 차례로 고무줄을 넘는다.
5. 허벅지, 엉덩이, 허리, 가슴 순서로 올리고 기구사용도 된다.
6. 기구사용도 허용된다.
7. 땅을 짚고 거꾸로 넘고, 장대를 이용해서 넘기도 한다.
8. 보통은 허벅지에서 교체된다.
9. 틀리면 하던 곳부터 하는 것이 아니고 처음부터 한다.
10. 줄을 잡은 사람도 사이사이에 놀이하도록 배려해야 한다.

[놀이 172] 장애물 발 알까기

○ 놀이 방법

1. 선후를 가르고 가로 2m ~ 세로 5m의 직사각형을 그린다.

2. 직사각형 밖 아래위에 출발점, 종점을 표시하고 직사각형을 그린다.
3. 직사각형 안에 크고 작은 둥근 원 마크를 10개 놓는다.
4. 아랫면에서 윗면까지 깨금발로 간다.
5. 장애물 원 마크를 건드리면 아웃이다.
6. 발로 돌을 차면서 깨금발로 나가는 발 알까기이다.
7. 원 마크를 돌도 건드리면 안 되고 발이 밟아도 안 된다.
8. 고단수 놀이에 속하고 끈기를 향상해주는 놀이다.
9. 두 팀으로 나누어 단체전으로 하면 좋다.
10. 작고 납작한 목 돌은 각자 하나씩 준비하면 자기 것을 써도 된다.

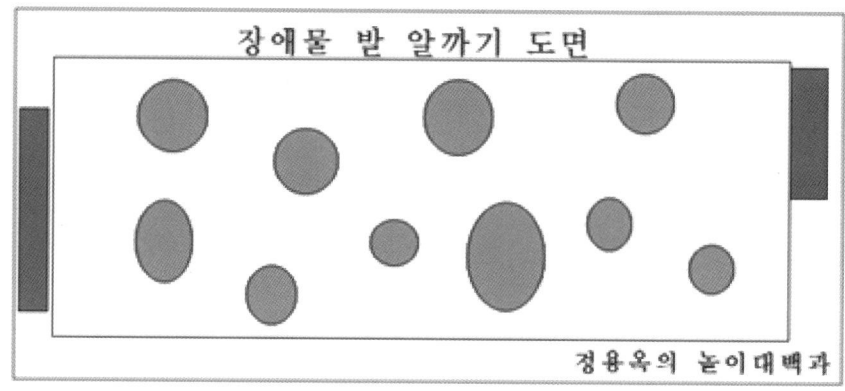

[놀이 173] **공예 수업**

○ 개요

전래놀이는 종합놀이에 속한다. 수업을 한 학기 혹은 1년을 하면서 프로그램에 한 번쯤 간단한 공예 시간을 갖는 것도 좋은 강사의 품위이다. 보통 복조리수업을 많이 하고 달걀 꾸러미 만들기도 많이 한다. 복조리는 끈이나 색종이로도 좋은 복조리를 탄생시킨다. 그리고 팔지, 목걸이, 바구니 등 다양한 종류도 수업 할 수 있다. 여치 집 만들기도 좋은 수업이다.

◯ 복 조리

조리는 밥을 지을 때 돌을 골라내는 도구이다. 대나무 중에서 작은 조릿대로 이용해서 만든다. 요즘은 쌀에 돌을 기계로 모두 골라내고 판매를 하니 조리의 사용이 없어져 조리도 자취를 감추게 되었는데 복을 가져다주는 물건이라는 이름으로 선물용으로 만들어지고 판매가 되기도 한다. 실기가 겸용되어야 하지만 간단히 기술해 보도록 한다. 첨부 사진을 자세히 보면 그냥 알 수도 있다.

◯ 옛날 복조리 만드는 방법

1. 작은 조릿대를 손질해서 한 방향으로 진열한다.
2. 세로로 다시 자른 조릿대를 넣고 직물을 짜듯이 엮어 나간다.
3. 엮으면서 양쪽 끝은 약간 잡아당기듯이 하면 중간이 오목하게 된다.
4. 일정한 크기가 되면 중간대 쪽으로 모아 세우듯이 당긴다.
5. 옆 부분도 같이 모아서 얇은 대나무 끈으로 묶는다.
6. 손잡이 길이를 생각하고 남는 끝부분을 잘라내면 완성이다.
7. 색종이로도 알록달록하게 색을 섞어서 엮듯이 조리를 만들 수 있다.

◯ 달걀 꾸러미 만드는 방법

1. 달걀판이 없던 옛날에는 달걀 꾸러미를 직접 만들었다.
2. 장에 내다 팔 때 사용했던 옛날 물건이다.
3. 볏짚을 물을 약간 축여서 촉촉하게 하면 만지기가 쉽다.
4. 볏짚을 가로로 길게 펴놓고 한쪽 끝을 짚으로 묶는다.
5. 묶은 곳에 달걀 한 개 놓고 양면의 짚을 싸듯이 덮은 다음 묶는다.
6. 묶은 다음 달걀을 다시 한 개 놓고 또 묶는다.
7. 같은 식으로 한 개 넣을 때마다 한 칸 형식으로 묶는다.

8. 열 개를 다 했으면 끝을 오므려 묶고 남는 짚을 잘라낸다.
9. 윗부분은 달걀이 보이게 양옆을 살짝 밀어서 마무리를 한다.

[놀이 174] 근접 투호

○ 개요

투호 놀이는 양반들만 했었다고 해서 양반 놀이라고 하고 조선 시대 궁중에서 시행되던 놀이이다. 근접 투호 놀이는 양반 놀이 투호와는 전연 다른, 의미의 고단수 투호 놀이이다. 거리를 잘 보고 손 감각도 익혀야 한다.

○ 놀이 방법

1. 단제경기로 하고 난 후에 개인 경기로 한다.
2. 3m 선상에 지름 3cm 되는 표시 돌을 놓는다.
3. 던지는 공은 조금 무게가 나가는 것으로 한다.
4. 알루미늄 공이나 스테인리스 공이면 적당하다.
5. 공의 크기는 지름 7cm 정도로 손안에 쥘 수 있으면 된다.
6. 공은 던지는 방식으로 던져야 한다.

7. 공을 쥘 때 손바닥이 위로 오면 안 된다.
8. 아래로 오게 공을 쥐고 내리꽂듯이 던져야 한다.
9. 정식은 그렇지만 위로 올려 던져도 된다.
10. 공을 던져서 3m 선상의 돌에 가장 근접한 투호가 이긴다.
11. 너무 가까이하려다 목표 돌을 맞추면 실격이다.
12. 가위 바위 보로 선후를 정한다.
13. 선은 한 번만 정하고 다음부터는 두 팀 서로 번갈아 가며 던진다.
14. 이 놀이는 프랑스에서도 한다.
15. 페탕크라는 놀이인데 던지는 순서 정하는 것부터 시작하기도 한다.
16. 먼저 작은 표시 돌도 일정한 위치에 던져야 한다.
17. 표시 돌 주위로 공을 던져서 제일 가깝게 던진 사람부터 한다.

[놀이 175] 나의 살던 고향

○ 개요

초등학생들에게 놀이 수업을 해보면 노래가 재잘재잘 아주 많이 나오는데 중학생들은 노래가 있어야만 하는 부분에도 모두 아는 노래가 없다. 나의 살던 고향은 그나마 좀 안다. 수업 전 몸풀기하면 좋다.

○ 행동 유희

1. 나의 살던 고향은 꽃 피는 산골 (머리 4+박수4 어깨, 무릎, 엉덩이)
2. 복숭아꽃 살구꽃 아기 진달래 (머리 2+박수2 어깨, 무릎, 엉덩이)

3. 울긋불긋 꽃 대궐 차린 동네 (머리 1+박수1 어깨, 무릎, 엉덩이)
4. 그 속에서 놀던 때가 그립습니다. (터치 4+박수4 어깨, 무릎, 엉덩이)
5. 다 같이 노래를 크게 하면서 손뼉을 치면 분위기가 아주 좋아진다.

[놀이 176] 떡방아 단체놀이

○ 개요

공동체, 친화력, 순발력을 돋아주는 놀이이다. 주로 중학교에서 기분을 좋게 해주는 손 유희로 놀이 시작 전에 하면 좋고 직장인 야유회에서도 금방 화기애애해지는 놀이로 모두 함께하면 좋은 놀이이다.

○ 놀이 방법

1. 쿵덕, 쿵덕, 찧어라. 아침먹이 찧어라.
2. 쿵덕, 쿵덕, 찧어라. 저녁먹이 찧어라.
3. 각자 혼자서 논 다음 하늘 땅 놀이를 한다.
4. 선생님의 구령에 따라서 해도 되고 둘씩 개별로 해도 된다.
5. 첫 번은 왼쪽 주먹 두 번째는 오른쪽 주먹이다.
6. 땅은 주먹을 아래로 내리고 하늘은 주먹을 위로 올린다.
7. 땅에 주먹이 위로, 하늘에 주먹이 아래로 오면 벌칙이다.
8. 선생님은 처음에는 천천히 나중에는 좀 빨리 구령을 한다.
9. 둘이서 하는 하늘 땅 놀이는 아이들이 아주 좋아하는 놀이이다.

[놀이 177] 구미호 꼬리

○ 개요

생각하는 놀이로 뇌가 강화된다. 다음에 이을 낱말을 생각하고 손뼉치고 이어간다. 다리 아홉 개는 무엇인지 생각하며 즐겁게 해보자.

○ 놀이 방법

1. 다리 하나, 다리 하나 (박수 4) 빗자루 다리, 두 번 (박수 4)
2. 다리 두 개, 다리 두 개 (박수 4) 닭 다리, 새 다리 (박수 4)
3. 다리 세 개, 다리 세 개 (박수 4) 지겟다리, 지겟다리
4. 다리에 개, 다리에 개 (박수 4) 책상다리, 밥상 다리
5. 다리 다섯 개, 다리 다섯 개 (박수 4) 불가사리, 두 번
6. 다리 여섯 개, 다리 여섯 개 (박수 4) 파리 다리, 두 번
7. 다리 일곱 개, 다리 일곱 개 (박수 4) 북두칠성, 두 번
8. 다리 여덟 개, 다리 여덟 개 (박수 4) 주꾸미 다리, 문어 다리
9. 다리 아홉 개, 다리 아홉 개 (박수 4) 구미호 꼬리. 두 번

[놀이 178] 나는 행복합니다.

○ 개요

중학생들이 딱 하나 안 하려고 하는 게 있다. 바로 노래이다. 노래는 우리의 생활에 리듬을 주고 활력을 주고 기분을 풀어주는 대단한 마력 덩어리이다. 이 노래는 가수에서 목사님이 되신 분의 노래인데 옛날 말에 말이 씨가 된다는 속담이 있다. 행복하다고, 행복하다고, 늘 외치면 정말 행복해진다.

○ 목욕하기 행동 유희 (노래하며)

1. 나는 행복합니다. (두 번) (머리 감기 시늉)
2. 나는 행복합니다. (두 번)
3. 기다리던 오늘, 그날이 왔어요. 즐거운 날이에요. (세수하기)
4. 움츠렸던 어깨, 답답한 가슴을 활짝 펴 봐요. (목 씻기)
5. 가벼운 옷차림에, 다정한 벗들과 즐거운 마음으로 (등 씻기)
6. 들과 산을 뛰며, 노래 불러요. 우리 모두 다 함께 (배 씻기)
7. 나는 행복합니다. (세 번) 정말, 정말 행복합니다. (손뼉치기)
8. 진달래 꽃피는 봄이 지나면 여름이 돌아와요. (물 붓고 헹구기)

9. 쏟아지는 태양 젊음이 있는 곳 우리들의 여름이죠. (로션 팔에 바르기)
10. 강에도 산에도 넓은 바다에도 우리들의 꿈이 있어요. (얼굴 로션)
11. 그곳으로 가요 노래를 불러요. 우리 모두 다 함께 (배에 로션 바르기)
12. 나는 행복합니다. 나는 행복합니다. (손뼉치기)
13. 나는 행복합니다. 정말, 정말 행복합니다. (손뼉치기)
14. 노래하더라고 강당이면 앰프를 가지고 가는 것이 좋다.
15. 중학교 교실 수업에서는 앰프나 마이크 사용은 거의 금지이다.

[놀이 179] 사물놀이

○ 개요

사물놀이는 1979년 김덕수 등 몇 사람의 연주로 30년의 짧은 역사를 갖고 있으면서도 세계적으로 유명하다. 농경을 주로 하는 곳에서는 농악이 유행한다. 힘듦을 풀어주기도 하고 쉬어가며 흥을 주고 일을 하면 더욱 효과가 있다. 농악과는 같으면서도 다르다. 사물놀이의 악기에서 북은 구름으로 징은 바람으로 꽹과리는 천둥과 번개로 장구는 비로 그 의미를 부여한다. 가족으로 표현하기도 하는데 꽹과리는 아버지로 징은 어머니로 북은 아들로 장구는 딸을 의미한다. 원래의 사물은 불교에서 사용하는 타악기 범종과 법고와 운판과 목어 네 가지를 이른다. 이후

목탁, 태평소, 북, 징으로 불리었는데 민속놀이로 변형되면서 꽹과리, 북, 징, 장구로 넝멍되어 지금까지 내려오게 되었디.

○ 놀이 방법

1. 사물놀이 기구는 꽹과리, 장구, 북, 징으로 이루어진다.
2. 전래놀이 수업에서 사람이 기구가 되어서 놀이할 수 있다.
4. 인원이 많아도 되고 네 팀으로 조를 짜면 네 가지 기구가 된다.

5. 한팀이 악기를 하나씩 맡게 되는 것이다.
6. 꽹과리는 깨갱깨갱 깽 께게갱, 손으로 꽹과리 치는 흉내 낸다.
7. 장구는 쿵 따리 닥닥 쿵 딱딱, 소리 내고 무릎을 친다.

8. 북은 두둥 두둥 둥두두둥, 소리 내고 배를 두드린다.
9. 징은 징이이잉, 소리 내며 손을 세워 징이 울리는 흉내 낸다.
10. 조의 팀원들이 내가 맡은 악기 소리를 내는 멋진 사물놀이이다.
11. 모두 합주를 하기도 하고 주장이 지목하는 팀만 연주해도 된다.

[놀이 180] 강강술래

○ 개요

강강술래는 1965년에 문화재로 지정되고 2009년 유네스코 세계 무형문화유산으로 등재되었다. 강한 오랑캐가 물을 건너온다는 뜻과 강은 원을, 술래는 수레를 뜻해서 둥글다는 설과 순찰을 뜻해서 도적을 잡는다는 설이 있다. 기원은 여러 가지로 나뉘는데 임진왜란 당시 이순신 장군이 마을 부녀자들을 모아 남자 차림으로 옥매산을 빙빙 돌도록 해서 군사가 많은 것처럼 보이게 했다는 것이 일반적으로 전해오는 설이기도 하다. 전라남도 해남에 강강술래 전수관이 있고 강강술래 기념비도 있다.

○ 놀이 방법

1. 박자에 맞추어 머리를 숙이고 오른발부터 딛는다.
2. 걷기로 시작해서 인사하고 보통 걷기. 빨리 걷기로 한다.
3. 둥그렇게 서서 남생이 놀이를 한다. 빨간 모자 나와 놀고, 하얀 운동화 나와

놀고, 선창하며 졸래 졸래 논다.
4. 고사리 뜯기는 고사리 뜯는 것처럼 하며 음악에 맞춘다.
5. 덕석몰기는 멍석을 말았다 풀었다 하는 식으로 한다.
6. 청어 엮기는 안으로 바깥으로 팔을 꼬고, 풀고, 재미있는 놀이가 된다.
7. 문지기 놀이는 문을 만들어 동대문 놀이처럼 이어간다.
8. 한 문으로 다 들어가면 끝내기도 하고 모두 문을 만들기도 한다.
9. 가마 태우기를 하는 지방도 있는데 두 사람이 한 사람을 가마 태운다.
10. 기와 밟기는 한 줄로 서서 앞사람의 허리를 잡고 등을 숙인다,
11. 양쪽에서 두 사람이 부축한, 한 사람이 모두 엎드린 등위를 걸어간다.
12. 이 외에 손 치기 발치기도 삽입하고 지방마다 약간씩 다르게 전개한다.
13. 발원지 전라도의 강강술래 창의 첫 구절은 전라도 우수영으로 시작한다.
14. 우리 장군 대첩지라, 장군의 높은 공은 천추만대 빛날세라.
15. 이순신 장군을 가사에 넣고 있다.
16. 각 지방으로 퍼지면서 지방마다 특색 있는 창으로 놀이를 하고 있다.

❍ 강강술래 중에서 고사리 뜯기와 청어 풀기

❍ 전라남도 해남의 강강술래 기념비

[놀이 181] **반지놀이**

○ 개요

실버 인지 놀이에는 필자의 창의 인지 놀이가 곳곳에 많이 포함되어 있다. 노년에 접어들면 할 일이 줄어들고 생각이 많아진다. 옛날 생각을 많이 하게 되는데 시집올 때가 제일 좋은 추억이 많이 간직되어있다. 특히 반지를 처음 손가락에 끼운 일은 일생에서 가장 큰 기쁨의 추억이라 할 수 있다.

○ 놀이 방법

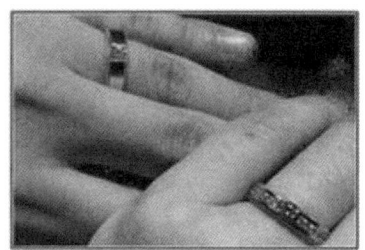

1. 8절 켄트지, 색연필, 가위, 송곳, 딱 풀 등을 준비한다.
2. 켄트지에 자기 손을 손목까지 그린다.
3. 손목에 팔찌, 약손가락에 반지를 그려 넣는다.
4. 다이아몬드 반지, 금반지, 은반지, 비취반지 등.
5. 손은 살구색으로 예쁘게 색칠을 한다.
6. 손톱도 매니큐어로 장식하고 손목엔 팔찌도 그려 넣는다.
7. 다 완성한 다음 가위로 잘 자른다.
8. 신혼여행 갔다 온 곳과 있지 못할 이야기를 한다.
9. 어떤 반지를 받았고 지금도 반지를 간직하고 있는지 발표한다.

[놀이 182] **고마운 발**

○ 개요

다리와 발의 중요성은 제일 크다고 하겠다. 출입을 못 하는 것은 치명적인 일이다. 마음대로 가고 싶은 곳 가고, 화장실 출입도 잘하고, 목욕도 스스로 하는 것은 노년의 아주 중요한 일이다.

○ 만들기

1. 켄트지에 발을 올려놓고 두 발을 다 그린다.
2. 반지놀이와 같은 준비물로 신발을 멋지게 색칠하고 장식한다.
3. 장식을 다 했으면 가위로 오린다.
4. 두 개를 붙여서 오려야 한다.
5. 가위를 사용하는 것은 좋은 인지 수업이니 스스로 하도록 지도한다.

○ 놀이 방법

1. 간 곳 중에 가장 좋은 곳이 어디인가를 발표한다.
2. 식구와 앞으로 가고 싶은 곳은 어디인가를 발표한다.
3. 꼭 가보고 싶은 곳은 어디인가를 이야기한다.
4. 식구와는 어디에 여행 가고 싶은지, 친구와는 어디에 여행 가고 싶은지 등 여러 가지 발표하는 시간을 갖는다.
5. 즐거웠던 젊은 날을 회상하며 "그래 그때 참 좋았지!" 하며 좋아한다.
6. 할 이야기가 무척이나 많으니 시간을 넉넉히 갖는다.

[놀이 183] 복 돼지 축원

○ 개요

새해가 되면 따뜻한 경로당에 앉아서 두런두런할 이야기가 참 많아진다. 아들이 온 이야기, 딸이 온 이야기, 등등. 복 돼지 축원으로 사연도 들어보고 더욱더 정을 두텁게 해보자.

○ 놀이 방법

1. 두 팀으로 나눈 다음 1.5m 간격을 두고 마주 보고 앉는다.
2. 뚱뚱하고 커다란 복 돼지 하나면 되는데 큰 것이 아주 좋다.
3. 앞에 상대편에게 복 돼지를 밀어주며 축원한다.

4. "새해에는 복 많이 받게나. 온 식구 모두 건강하시게나"
5. "스웨터가 멋진데 며느님이 사 왔는가?"
6. "용돈은 많이 주던가?"
7. 복 돼지가 오고 가며 할 이야기가 주렁주렁 열린다.
8. 수업하며 서로의 사정도 잘 알게 되고 정이 듬뿍 든다.
9. 학기 수업 초에 하면 선생님도 수강생 성격 파악에 도움이 된다.

[놀이 184] 치매 예방 인지 놀이

○ 개요

머리를 쓰는 것이 치매 예방에 뛰어난 효과가 있다. 숫자 게임으로 머리를 써보는 놀이는 좋은 뇌 건강 놀이이다.

○ 만들기

1. 켄트지를 가로 6cm, 세로 9cm로 자른다.
2. 한사람이 10장씩 준비한다.
3. 자른 것에 번호를 1부터 10까지 표기한다.
4. 칼라 시트 지를 위에 덧붙이면 오래 사용할 수 있다.
5. 문방구에서 숫자를 살 수 있는데 숫자가 큰 것을 사는 것이 좋다.

○ 놀이 방법

1. 팀을 나누지 않고 큰 책상이나 탁자에 마주 앉아서 한다.
2. 선생님의 지시로 "1부터 10까지 차례대로 진열하세요."
3. "10부터 1까지 거꾸로 진열하세요."
4. "두 개 합이 10이 되는 건 모두 진열하세요."
5. 즉 2와 8, 3과 7, 4와 6, 5와 5등이 된다.
6. 곱한 수, 뺀 수 등등 여러 가지를 도출해 낼 수 있다.
7. 서두르지 말고 천천히 계산하도록 기다린다.
8. 먼저 한 사람은 늦게 하는 사람에게 상관하지 말 것을 미리 말한다.
9. 선생님도 천천히 해도 된다고 안심을 주며 진행한다.
10. 곱셈을 유도할 때는 작은 숫자로 쉽게 한다.
11. 1부터 10까지 숫자를 가지고도 여러 가지 놀이가 된다.
12. 선생님의 창의도 덧붙여서 수업하면 보다 나은 진취적인 수업이 된다.

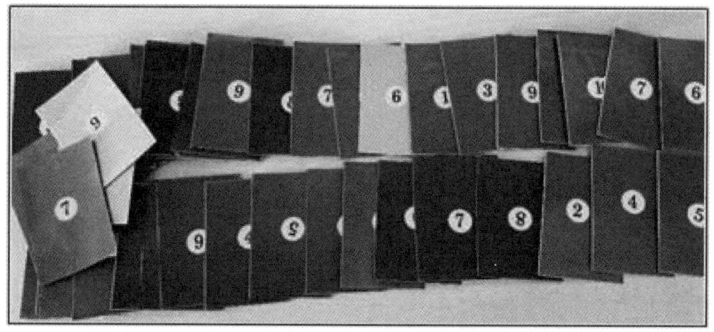

[놀이 185] **여행 심리치료**

○ 개요

여행이란 늘 기분을 설레게 한다. 전국 각 명승고적을 다 넣은 판을 이용해서 전국을 유람해 보자. 여행을 직접 한 것은 아니어도 효과는 만점이다.

○ 준비물

전국 명승고적 유람 판, 주사위, 말을 준비하는데 말은 색색으로 팀별 4개씩 준비한다. 말판은 이미지처럼 원단에 인쇄하면 실지로 각 명승고적을 사진처럼 볼 수도 있고 느낌도 다르며 반영구적이다. 그러나 일반 윷판에 칼라 시트지로 여행지를 적어 넣고 해도 된다.

○ 만들기

1. 흰 마분지에 윷판처럼 그려서 전국 명승고적을 표시한다.
2. 윷판이 있으면 위에 글씨로 표기해도 된다.
3. 북쪽에서 남쪽으로 순서를 정하고 한다.
4. 반대로 남쪽에서 북쪽으로 해도 상관없다.
5. 명승고적을 두루 찾아서 적는다.
6. 과속으로 걸린 표시와 기름이 떨어진 표시도 하고 벌칙을 적는다.
7. 윷판 하나로 아주 커다란 한 마당놀이가 연출된다.
8. 말은 3개를 쓰고 주사위로 한다.
9. 주사위는 두 개를 쓰고 굴린 합으로 가도 되고 빼기를 해서 가도 된다.
10. 간단하게 하려면 주사위 하나만 쓰도록 한다.

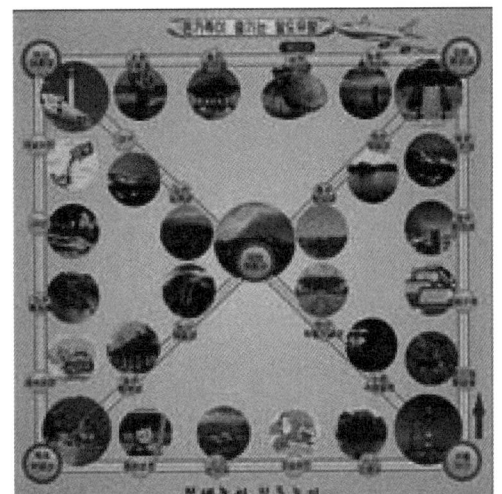

○ 놀이 방법

1. 주사위를 굴려 나온 숫자만큼 이동한다.
2. 잡을 수도 있고 여러 개를 포개서 함께 갈 수도 있다.
3. 주사위를 던져 5가 나오면 보통의 모의 자리여서 지름길로 갈 수 있다.
4. 두 번째 차례가 와서 3이 나왔다면 중심부에 좋게 안착이 된다.

5. 다음 차례가 왔을 때 주사위를 굴려 4가 나오면 한독이 난 것이다.
6. 다른 예를 들어보자.
7. 처음 주사위를 굴려 6이 나왔다면 보통 윷 치기의 모를 지나친다.
8. 외곽으로 돌아야 한다.
9. 차례가 되어 4가 나오면 지름길로 갈 기회인데 5가 나오면 또 돈다.
10. 이후부터는 지름길은 없으니 많이만 나오면 일찍 도착한다.
11. 먼저 3개가 다 돌아 나오면 이긴다.
12. 도착지마다 명승지가 골고루 나오니 심리적 여행의 효과가 크다.

[놀이 186] 이사하기

○ 개요

살면서 이사도 하면, 새로운 마음으로 정리정돈도 되곤 한다. 짐을 싸 들고 가는 것은 아니지만 이사 가고, 오고를 놀이에 접목해 잠시 기분을 전환한다.

○ 놀이 방법

1. 긴 책상에 마주 앉고 말은 2~4개씩 갖는다.
2. 가위 바위 보는 손으로 혹은 입으로 하고 각자 앞사람과 둘이 대결이다.

3. 종이에 그려서 해도 되고 긴 원단에 오목판처럼 인쇄한다.
4. 칸은 옆으로는 인원대로 길게 하고 건너가는 칸은 5칸 정도 한다.
5. 말은 두 팀이니 두 가지 색상의 색이 다른 컵으로 준비한다.
6. 입으로 할 경우에는 강사가 가위 바위 보 하면 전원이 입으로 가위 바위 보를 내는 데 이긴 사람은 말을 한 칸 옮기고 같은 것을 낸 사람은 움직이지 않는다.
7. 항상 선생님의 지시를 기다렸다가 동시에 가위 바위 보를 한다.
8. 말이 건너편까지 갔다가 내 집으로 다 돌아와야 한다.
9. 둘씩 대결인데 미리 승패가 난 팀은 다 끝날 때까지 잠시 기다린다.
10. 둘씩 대결에서 승자를 계산한다.
11. 앉은 줄대로 내 줄에 이긴 사람을 다 합해서 단체 승패를 낸다.
12. 한 번만 하는 것이 아니고 여러 번 다시 한다.
13. 처음 판만 단체 점수를 내고 다음부터는 둘씩 자유롭게 한다.

[놀이 187] 거꾸로 바로 인지 놀이

○ 놀이 방법

1. 수업 시간에 만들어서 해도 되지만 선생님이 미리 만들어 간다.
2. 켄트지를 가로 6cm 세로 12cm 정도로 50장 자른다. 많이 한다.
3. 사과, 호떡 등 여러 낱말을 적는다.
4. 치매 예방 인지 수업에 해당한다.
5. 두 자리부터 시작한다.

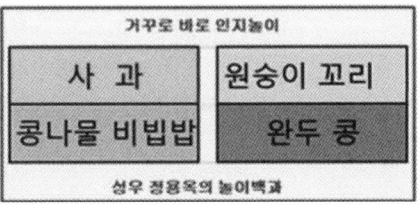

6. 선생님이 카드를 제시하고 실버는 거꾸로 읽는다.
7. 세 자리, 네 자리, 여섯 자리 낱말까지 순서대로 한다.
8. 여섯 자리까지가 좋고 너무 길게 하지 않도록 한다.
9. 거꾸로 읽는 것을 3초 안에 바로 읽도록 한다.
10. 마주 앉은 사람끼리 서로 해도 된다.

11. 순식간에 눈으로 보고, 머리로 생각하고, 말로 해야 한다.

[놀이 188] 짝홀 인지 놀이

○ 놀이 방법

1. 공깃돌, 바둑돌 등 손안에 쥘 수 있는 것을 준비한다.
2. 두 개를 쥐고 흔들다가 한 주먹을 아래로 하고 얍 소리를 낸다.
3. 상대는 주먹 안의 것이 짝수인지 홀수 인지 맞추어야 한다.
4. 몇 개인가는 안 맞추어도 된다.
5. 둘씩 하는 것이 좋다.
6. 맞추면 상대방의 손안의 돌을 다 갖는다.
7. 못 맞추면 못 맞춘 사람이 흔들고 상대방이 맞추면 된다.

8. 이 놀이는 유아부터 실버까지 다 적용되는 좋은 놀이이다.

9. 유아는 머리가 좋아지는 놀이이고 실버는 치매 예방 놀이이다

[놀이 189] 뇌 활성 속담 놀이

○ 놀이 방법

1. 직접 만들어서 수업해도 되고 강사가 미리 준비해도 된다.
2. 켄트지를 세로 3cm 가로 10cm로 100장 정도 준비한다.
3. 속담을 반으로 나누어 두 장으로 하나의 속담을 적는다.
4. 속담 적은 것을 다 섞어서 글씨가 보이게 흩어 놓는다.
5. 각자 두 장으로 된 속담을 보면서 찾아오는 놀이이다.
6. 자기 앞에 나란히 속담을 진열하고 많이 찾으면 이긴다.
7. 속담을 읽으며 좋은 지성과 아름다운 심성을 가꾸게 된다.

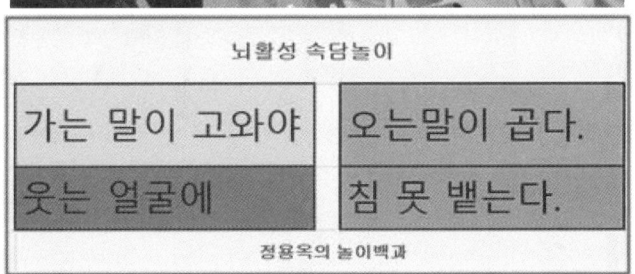

[놀이 19] 도깨비 놀이

○ 개요

도깨비는 악한 이미지는 아니다. 단지 좀 어둔하고 오히려 착한 편에 속한다. 도깨비의 이야기를 간단한 것으로 하나 하고, 놀이를 시작하면 더 의미 있고, 새롭고, 재미있다.

○ 깜빡깜빡 도깨비

옛날, 부모님 모두 일찍 돌아가시고 혼자 가난하게 살아가는 총각이 있었다. 어느 날 품팔이를 하고 서푼을 받아서 집으로 오는데 어떤 이와 딱 마주친 것이다. 그는 갑자기 "서푼만 꿔줘" 한다. 총각은 얼떨결에 "내가 무슨 돈이 있어?" "없어" 하며 보니 "어머나" 발이 없네. 그럼 도깨비? 총각은 덜컥 겁이 났다. 도깨비는 "아까 품값 받은 거 서푼 있잖아" 하며 계속 꿔달란다. 총각은 도깨비에게 안 꿔줬다가는 무슨 일을 당할지 몰라 주머니에서 서푼을 꺼내주며 "꼭 갚아" 하고 말했다.

다음날 총각은 일을 끝내고 집에 돌아와 저녁을 먹는데 "여기 어제 꿔간 돈 서푼 가져왔어!" 소리가 나서 보니 도깨비가 서푼을 던져놓고 간다. "도깨비는 깜빡깜빡한다는데 잊지 않고 가져왔네." 총각은 서푼을 챙겨 들고 신통해 했다. 그런데 담날 도깨비가 또 서푼을 가져와서는 "여기 어제 꿔간 돈 서푼 가져왔어!" 하는 게 아닌가? "어제 줬잖아" "내가 언제 줬어!" 하며 도깨비는 또 던져 주고 갔다.

그날부터 도깨비는 매일 매일 서푼을 가져와서는 "여기 어제 꿔간 돈 서푼 가져왔어!" "여기 어제 꿔간 돈 서푼 가져왔어!" 총각은 더 돈을 넣어둘 곳이 없을 정도로 집안에 돈이 철철 넘쳐흘렀다. 집을

더 크게 짓고 돈 창고도 더 크게 지어도 매일매일 돈이 쌓여서 "에구구" "이 돈을 다 어쩌누~~"

○ **놀이 방법**

1. 신문을 돌돌 말고 호일로 싸서 도깨비방망이를 만든다.
2. 도깨비, 방망이를 흔들며 도깨비 춤을 추어본다.
3. 돈이 많아졌을 때 어디에 어떻게 쓸 것인지 발표한다.
3. 방망이로 탁자를 치며 노래를 부른다.
4. 앞사람 어깨를 방망이로 살살 치며 노래한다.

○ **도깨비 노랫말**

1. 도깨비 빤스는 질기고요, 냄새나요.
2. 이천 년 동안이나 안 빨았데요.
3. 도깨비 빤스는 질기고요, 냄새나요.
4. 삼천 년 입으면 뒤집어 입어요.
5. 도깨비 빤스는 질기고요, 냄새나요.
6. 사천 년 입으면 바꿔 입어요.
7. 도깨비 빤스는 질기고요, 냄새나요.

[놀이 191] 열두 띠 놀이

○ **고양이와 12띠 이야기**

하늘의 사신이 옥황상제의 명을 받고 12띠를 뽑으러 세상으로 내려와서 고양이, 소, 호랑이, 토끼, 용, 뱀, 말, 양, 원숭이, 닭, 개, 돼지를 뽑아서 하늘로 올라가고 있었다. 쥐가 지나가다 보니 죽 하늘로 가고 있어서 무슨 일인가 하고 살금살금 따라가다 하늘까지 가게 되었는데 고양이가 배가 아파 화장실에 간 틈에 몰래 소귀에 앉아 따라간 쥐가 얼른 뛰어내려 1번 좌석에 앉게 되었다.

아무것도 모르는 옥황상제는 1등으로 들어온 쥐를 첫 번째, 쥐띠. 2등으로 들어온 소는 소띠, 3등으로 호랑이띠, 4등으로 토끼띠, 5등 용띠, 6등 뱀띠, 7등 말띠, 8등 양띠, 9등 원숭이띠, 10등 닭띠, 11등 개띠, 12등 돼지띠로 12띠를 들어 온대로 다 정했는데 고양이가 헐레벌떡 들어와 쥐가 아니고 자기라고 아무리 말해도 옥황상제는 내가 명색이 옥황상제인데 한번 말한 것은 번복할 수 없다고~~ 그때부터 고양이는 쥐만 보면 쫓아가 잡아먹는다는 얘기다. 동화 서너 개 외워두는 것은 상상외로 수업에 많은 도움이 된다.

○ 놀이 방법

1. 무릎 한번 손뼉 한번 치고 오른손 엄지 척 왼손 엄지 척이다.
2. 첫 번 사람은 쥐, 야옹. 두 번째 사람은 소, 야옹. 세 번째 사람은 호랑이, 야옹, 네 번째는 토끼, 야옹. 이렇게 12띠를 계속 돌아가며 가는데 실버 게임에서 너무 어려우면 쉽게 해도 된다.
3. 첫 번 사람 쥐, 야옹, 두 번째 사람 소, 야옹 세 번째 사람 호랑이, 야옹, 그다음 다시 쥐, 소, 호랑이, 이렇게 3개의 띠로만 해도 된다.
4. 순서를 쉽게 감지하도록 열두 띠를 나열한다.
5. 어른들은 거의 열두 띠는 다 외우고 있어서 수업이 된다.
6. 열두 띠는 쉽지만, 놀이는 약간 고단수 놀이다.

[놀이 192] 가을 트리

○ 만들기와 놀이 방법

1. 색 종이컵, 황토, 아이클레이, 솔방울을 준비한다.
2. 색이 있는 예쁜 종이컵에 황토를 반 넣고 솔방울을 얹는다.
3. 아이클레이를 색색으로 완두콩만 하게 동글동글 만든다.
4. 솔방울에 색색의 아이클레이 만들어 놓은 것을 끼운다.
5. 가을에 식구들과 다녀온 여행지를 발표한다.
6. 여행 장소와 여행에서의 에피소드 등을 이야기한다.

[놀이 193] 겨울 트리

○ 놀이 방법

1. 가을 트리와 똑같이 준비하고 아이클레이는 흰색만 준비한다.
2. 하얀 아이클레이를 완두콩만 하게 삐죽삐죽하게 만든다.

3. 솔방울에 만든 것을 끼우고 컵에 앉히면 완성이다.
4. 겨울눈에 관한 추억과 겨울에 다녀온 여행지를 발표한다.
5. 가을 트리와 겨울 트리 모두 솔방울은 큰 것이 어울린다.

[놀이 194] 그림 맞추기

○ 놀이 방법

1. A4용지 크기의 그림을 한 장씩 다 돌아가도록 준비한다.
2. 그림을 한 장씩 모두에게 나누어주고 잠시 감상하게 한다.
3. 다 같이 반으로 접어서 찢고 다시 반으로 접어서 찢는다.
4. 한 번 더 찢고 책상에 놓고 훌훌 섞는다.
5. 찢은 그림 위에 양손을 얹고 잠시 그림을 기억한다.
6. 그림을 원상태로 복귀하면서 조각 맞추기를 한다.
7. 옆 사람과 바꾸어서 한 번 더 한다.

[놀이 195] 실버 고누

○ 개요

고누는 실버 수업에서도 진행이 잘 된다. 고누 말은 바둑돌을 사용하고 과일 씨앗을 사용해도 된다. 과일 씨는 살구씨가 사용하기에 좋고, 휴가지 해변에서는 모랫바닥에 도형을 그리고 조개껍질로 해도 된다.

○ 고누 해설

돌을 옮겨서 상대의 돌을 떼어 내거나 가두어서 승패를 겨루는 놀이이다. 경기도에서는 고누·고니·꼬니, 전남에서는 꼰·꼬누, 경남에서는 꼰, 제주에서는 꼰자, 곤 저, 경남에서는 꼰 질이라 불렀다.

○ 놀이 방법

1. 고누놀이가 원래 머리를 써야 하는 놀이로 치매 예방 놀이에 속한다.
2. 쉬운 고누두기로는 호박 고누두기, 우물고누를 들 수 있다.
3. 재미를 더하는 고누두기로는 자동차 고누가 재미있다.

[놀이 196] 에헴 나야 나

○ 준비물

8절 켄트지, 가위, 색종이, 색연필, 풀을 준비한다.

○ 놀이방법

1. 켄트지에 얼굴 보이는 면만큼을 둥글게 잘라낸다.
2. 자르고 남은 면을 장식하면 된다.
3. 색종이로 아름답게 개성을 나타내도 되고 색연필로 그려도 된다.
4. 완성하면 화려한 장식이 얼굴 주위로 나타나게 되고 멋지다.
5. 앉은 순서대로 큰소리로 발표를 시작한다.
6. 에헴, 나야 나로 시작한다. 이름도 큰 소리로 말한다.
7. 좋은 곳과 자식 자랑 등, 들으면 좋은 이야기들이 많다.
8. 자기 이름을 크게 외치는 것 자체도 좋은 놀이라 할 수 있다.
9. 자신감을 넣어주는 놀이며 자기가 잘하는 것을 새삼 느끼게도 한다.

10. 만드는 것부터 수업하게 되면 발표하는 것까지 알맞게 마친다.
11. 얼굴이 보이는 것이 싫으면 눈, 코, 입만 보이게 해도 된다.

[놀이 197] 실버 달팽이 놀이

○ 개요

달팽이 놀이는 과격한 아이들 놀이다. 실버 놀이로는 감히 못 하는 놀이인데 몇 년 전 노인대학 수업을 하면서 실버 달팽이 놀이를 개발하고 전국에 유포했더니 아주 반응이 좋은 우수사례이다. 실버들은 가만히 서 있으면 오히려 다리가 아프니 다 함께 움직이게 했다. 꼭 무엇인가 잡아야 중심을 잡는 습관이 있어서 앞사람의 옷을 잡으니 옷이 늘어져 두 손에 솔방울을 쥐여 주었더니 솔방울이 지압 효과도 있었고 앞사람 스웨터도 늘어지지 않아서 성공적이었다.

○ 놀이 방법

1. 큰 돼지저금통, 긴 막대. 솔방울을 준비한다.
2. 달팽이 도면을 그릴 때 보통보다 3배 정도 넓게 그린다.
3. 한 팀은 안에 한 팀은 바깥에 자리한다.
4. 맨 앞사람만 긴 대를 잡고 돼지를 몰고 전체가 다 출발한다.

5. "돼지를 잡자" 구령을 하며 솔방울을 들고 뒤를 따라간다.
6. 중간에서 상대 팀을 만나면 칸이 넓으니 비켜 갈 수 있다.
7. 돼지를 모는 주자는 차례대로 한 번씩 다 해보도록 한다.
8. 달팽이를 동글동글하게 그려서 해도 되고, 직선으로 해도 된다.
9. 직선으로 할 때는 돼지를 모는 주자만 나가고 릴레이로 받는다.
10. 달팽이로 할 때는 다 같이 따라 나간다.

[놀이 198] 실버 굴렁쇠

○ 놀이 방법

1. A팀 B팀 두 팀으로 팀은 나누지만 마주 보는 짝과 한 팀이다.
2. 두 줄로 1.5m 넓이로 마주 보고 앉고 굴렁쇠 2개를 준비한다.
3. 거리를 넓게 앉으면 굴렁쇠가 오지 못하고 옆으로 굴러간다.

4. 양쪽 끝에서부터 굴렁쇠 두 개를 동시에 굴린다.
5. 채는 사용하지 말고 손으로 굴렁쇠를 굴려야 한다.
6. 하나는 A팀에서 B팀으로 하나는 B팀에서 A팀으로 굴린다.
7. 굴렁쇠를 받지 못하면 준 사람과 받지 못한 사람 둘이 벌칙이다.
8. 굴렁쇠 두 개를 한꺼번에 차지한 사람은 행운 상을 받는다.
9. 행운상은 노래하는 것으로 하면 좋다.

[놀이 199] 사랑해, 감사해, 미안해

○ 놀이 방법

1. 사진과 같은 놀이판을 준비하고 콩 주머니를 사용한다.
2. 큰 원단에 사랑해. 감사해, 미안해, 고마워, 를 인쇄한 놀이판이다.
3. 콩 주머니는 각각 4개 정도 들고 놀이한다.
4. 선생님의 지시로 놀이를 진행한다.
5. 모두 둥글게 판 주위로 서고 노래하면서 판을 빙빙 돈다.
6. 노래는 동요가 마땅하다.
7. 노래가 다 끝나기 전에 선생님은 사랑해, 라고 외친다.
8. 도는 것을 멈추고 '사랑해' 글씨가 쓰인 칸에 향해 콩 주머니를 던진다.

9. 선생님이 말한 칸 안에 들어가면 10점이다.

10. 던진 후 줍지 않고 다시 노래하며 판 주위를 돈다.

11. 선생님이 고마워를 외치면 아까와 같이 고마워 칸에 던진다.

12. 손에 있는 4개를 다 놀이하면 선생님이 점수를 확인한다.

13. 점수는 놀이하면서 본인이 계산하고 선생님은 확인만 한다.

14. 40점, 30점, 20점, 10점, 0점도 물론 있다.

15. 20점과 10점 0점은 벌칙을 주고 4개씩 갖고 다시 놀이를 이어간다.

16. 잘 넣은 죄가 있으니 성공한 사람을 벌칙을 주어도 좋다.

17. 유아부터 실버까지 다 어울리는 놀이이다.

[놀이 200] 판치기

〇 놀이 방법

1. 준비물이 많으면 각 각이 따로, 따로 다 갖고 놀면 좋다,

2. 하면 할수록 계속하게 만드는 마력이 있는 놀이이다.

3. 준비물은 달걀 빈 판과 탁구공이다.

4. 공을 살 때 색색으로 사면 좋으나 가격이 비싸니 흰색으로만 사도된다.

5. 탁구공 대신 수명을 다한 골프공도 된다.

6. 처음에는 달걀판에 공 하나만 놓고 연습한다.

7. 공을 한 칸씩 위쪽으로 옮겨 치면서 이동시키는 놀이이다.

8. 곡식을 까부르는 키질하는 형식으로 하면 된다.

9. 두 개, 세 개, 네 개, 다섯 개, 등 단수를 높여 가며 한다.

10. 단체전 개인전을 모두 하고 마치면 된다.

[놀이 201] 짚신과 삼태기

○ 개요

전래놀이란 옛 놀이를 의미함이 전부인데 도구가 옛날 도구이면 당연히 전래답다. 짚신의 이미지는 과거 보러 가는 선비의 봇짐에 몇 켤레가 대롱대롱 매달려 걷은 선비의 박자를 맞추어 주는 모습이 떠오른다.

○ 놀이 방법

1. 옛날 물건을 사용하는 전래놀이이다.
2. 짚신과 약간 큰 삼태기를 준비한다.
3. 두 팀으로 나누고 가위 바위 보로 선후를 정한다.
4. 삼태기는 두 팀 각각 따로 사용한다.
5. 삼태기를 든 두 사람은 2m밖에 선다.
6. 각각 자기 팀 것을 삼태기에 받는다.
7. 출발선을 긋고 차례대로 시작한다.
8. 짚신을 발에 걸어서 던지면 삼태기를 든 사람이 받으면 된다.
9. 받으면 10점을 획득하고 못 받으면 점수가 없다.
10. 팀원이 다 한 다음 합계점수로 등수 매김을 한다.

* 삼태기는 실외용 큰 쓰레받기이다. 옛날 마당을 쓸 때 사용되는 물건이다.

 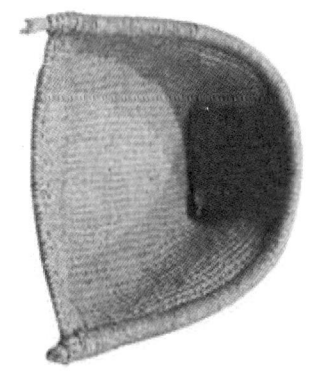

[놀이 202] 카드놀이

○ 놀이 방법

1. 놀이 인원이 많아도 진행이 되고 한 조의 인원은 5명이 좋다.
2. 사용 카드는 수업 시작하면서 직접 만들어서 해도 시간이 가능하다.
3. 준비물로는 켄트지와 찍찍 이가 부착된 작은 동물 모형을 준비한다.
4. 한 장에 여러 동물 모형이 있는 것을 문방구에서 살 수 있다.
5. 뒤의 얇은 종이를 떼고 켄트지에 붙이면 완성이다.
6. 켄트지는 조금 두꺼우면 좋고 가로 8cm 세로 6cm로 자른다.
7. 한 사람당 필요 개수는 4장이다.
8. 4장씩은 같은 스티커를 붙이고 5명이 서로 다른 것을 붙인다.
9. 예를 들면 고양이 4장, 강아지 4장, 고래 4장, 참새 4장, 붕어 4장 등
10. 내 팀은 같은 것은 안 되지만 다른 팀은 써도 상관없다.
11. 준비가 다 된 팀은 놀이로 들어가면 된다.
12. 5명이니 각 4장씩 20장을 모아서 잘 섞고 4장씩 나누어 갖는다.
13. 이것저것 섞여서 4장을 갖게 된다.
14. 그중에서 한 가지를 골라 빨리 같은 것을 4장을 맞추면 이긴다.
15. 아까 만든 내 것을 맞추는 건 아니고 유리한 것으로 맞추면 된다.
16. 놀이 방법은 하나, 둘, 셋에 한 장을 뽑아 오른쪽 사람에게 준다.
17. 왼쪽 사람에게서 온 것은 자기가 가지면 역시 4장이 된다.

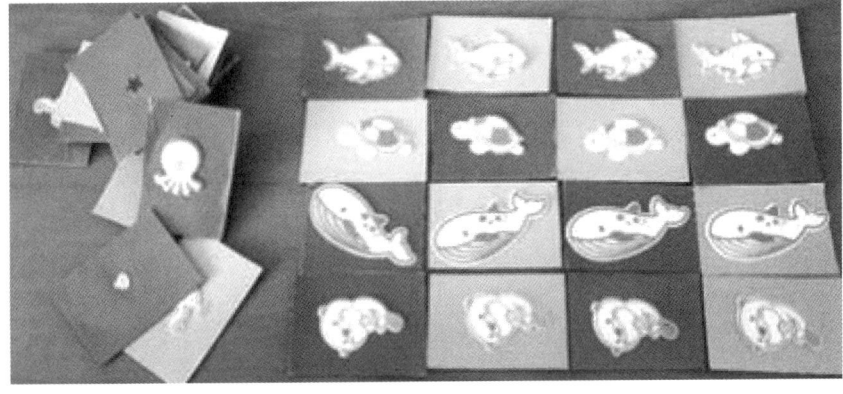

18. 모양을 보고 필요한 것은 갖고 필요 없는 것은 셋에 옆으로 돌린다.
19. 조마다 따로따로 5명씩 앉아서 카드가 맞을 때까지 한다.
20. 모양이 같은 것으로 먼저 4장을 맞추면 이긴다.

[놀이 203] 실버 주령구

○ 놀이 방법

1. 주령구와 주령구 놀이판, 과자를 준비한다.
2. 주령구와 주령구 놀이판은 중학생 놀이 [10] 번에 자세히 있다.
3. 실버 놀이에서는 주령구를 다르게 놀이 할 수 있다.
4. 칼라 스티커를 준비한다.
5. 칼라 스티커는 문방구에서 사면된다. 1m 단위로 판매한다.
6. 수성은 번지고 지워지니 유성 펜을 사용해야 한다.
7. 칼라 스티커를 잘라서 노래, 춤, 과자, 등등 여러 낱말을 적는다.
8. 세로 6cm 가로 9cm 정도로 14장을 적는다.
9. 주령구 놀이판에 적은 것을 번호대로 붙이고 놀이를 시작한다.
10. 가위 바위 보로 처음 굴릴 사람을 뽑고 오른쪽으로 차례대로 돌아간다.
11. 개별놀이로 하면 되고 주령구를 굴리기만 하면 된다.
12. 굴려서 나오는 번호의 지시에 따르는 놀이이다.

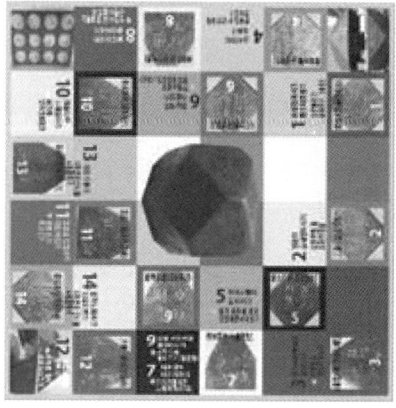

13. 굴려서 1번이 나왔고 1번에 노래가 적혀있으면 노래를 한다.
14. 다음 사람이 굴려서 2번이 나왔고 2번에 과자면 과자를 먹는다.
15. 주령구를 굴려서 숫자가 나오면 숫자에 적힌 대로 계속 놀면 된다.
16. 2017년에 노인대학 수업의 제일 좋은 놀이로 선정이 되기도 했다.

[놀이 204] 수학 인지 놀이

◯ 놀이 방법

1. 산가지 놀이는 다양한 놀이가 재구성된다.
2. 높이 쌓기도 하고 주사위로도 놀이가 되고 치매 예방 놀이도 좋다.
3. 산가지 수학인지 놀이는 뇌 활동을 유도하는 놀이이다.
4. 한 사람당 30개 정도의 산가지를 배분한다.
5. 예를 들어서 "두 개에서 한 개를 빼면 남는 개수는?"
6. 손에 들고 있던 산가지에서 한 개의 산가지를 탁자에 놓으면 된다.
7. "열 개에서 한 개를 빼면?" 하고 선생님이 말한다.
8. 아홉 개의 산가지를 탁자에 놓게 된다.
9. 머리를 쓰며 놀이를 하고 이어서 높이 쌓기나 주사위 산가지를 한다.
10. 산가지 집짓기도 여러 가지 인지 게임을 도출할 수 있다.
11. 유아 놀이나 실버 놀이에 같이 적용하면 좋다.

[놀이 205] 추장 모자 만들기

○ **놀이 방법**

1. 손을 움직이고 생각해서 만들고 하는 것들이 인지 놀이에 해당한다.
2. 완성된 것을 보고 직접 머리에 써보는 것은 일거양득의 효과가 있다.
3. 모자의 형태가 삐죽삐죽한 추장 모자 만들기는 여러 수업에 감초이다.
4. 참나무 잎을 채취해서 잘 세척하고 냉장고에 보관했다가 사용한다.
5. 둥글게 앉아서 참나무 잎과 요지를 가운데 쌓아놓고 공동 사용한다.
6. 잎은 물기를 제거하고 냉장 보관해야 한다.
7. 요지나 잔가지로 참나무 잎을 연결해서 머리둘레를 맞춘다.

8. 꽃은 물병에 꽂아두었다가 모자를 다 만들면 꽂도록 한다.
9. 완성해서 머리에 써보면 흡사 추장처럼 보인다.
10. 시간이 남으면 발표를 하는 시간도 갖는다.
11. 추장이 되었다고 생각하고 인사말을 돌아가며 해보는 것도 좋다.
12. 유아 수업, 초등수업, 중학교 수업, 실버 수업에 두루 유익하다.

[놀이 206] 쥘락 펼락

○ 놀이 방법

1. 아이클레이는 색색으로 준비한다.
2. 쥘락 펼락, 무엇이든 맘대로, 아무거나 만들어도 좋다.
3. 만들고 발표까지 한 시간 수업으로 거의 충분하다.
4. 발표는 전체 다 하도록 한다.
5. 쑥스러워 말을 잘 안 하려 하지만 빼놓으면 서운하게 생각한다.
6. 강아지, 고양이, 또는 과일까지도 똑같이 만들 수 있다.
7. 아름다운 마음을 갖게 되며 좋은 실버 놀이에 속한다.

[놀이 207] 손가락 인지 놀이 (동그랑땡 뒤집기)

○ 놀이 방법

1. 켄트지, 가위, 스티커, 스티커는 두 가지 색을 준비한다.
2. 약간 도톰한 켄트지를 지름 7cm 되게 둥글게 오린다.
3. 앞쪽은 빨강, 뒤쪽은 파랑 스티커를 붙인다.
4. 한 팀당 40개 정도 필요하다.
5. 전체 인원에서 조 편성을 한다.
6. 편성은 한 조를 4명~6명 하면 놀이하기 좋다.
7. 선생님의 지시에 따라야 하는데 시작과 끝을 잘 지켜야 한다.
8. 시작에 빨강은 파랑으로 파랑은 빨강으로 뒤집기를 한다.
9. 상대 팀이 방금 뒤집은 것을 다시 뒤집어도 된다.
10. 선생님이 끝! 하면 모두 손을 뗀다.
11. 빨강의 개수와 파랑의 개수를 세어서 승패를 가른다.
12. 다시 시작할 때는 위로 보이는 빨강, 파랑은 수가 같아야 한다.
13. 물론 처음 할 때도 같은 개수로 시작해야 함이 원칙이다.
14. 한 손으로만 할 건지 양손 다 사용해도 되는지는 정해서 하면 된다.
15. 놀이할 때 자기 앞에 수북이 끌어 다 놓으면 안 된다.

[놀이 208] 재기 인지 놀이

○ 놀이 방법

1. 재기라 하면 아이들만 하는 것으로 생각하기 쉽다.
2. 실버 수업에도 제기를 만들고 놀이도 여러 가지로 할 수 있다.
3. 와셔와 화선지를 준비한다.
4. 와셔는 철물점에서 살 수 있다.
5. 꼭 화선지로만 할 수 있는 것은 아니고 비닐도 사용할 수 있다.
6. 와셔를 화선지에 돌돌 말고 와셔 구멍에 화선지를 넣어서 빼고 수술을 찢어서 다듬고 하면서 손 운동 뇌 운동이 함께 이루어진다.
7. 이렇게 하면 재기가 뚝딱 만들어진다.
8. 두텁고 빳빳한 판을 준비하면 상대가 없어도 혼자 놀 수 있다.
9. 상대가 있다면 두 사람씩 짝이 되어 드려주고 받아치기를 한다.
10. 모두 한 마당으로 높이 치기를 하면 신나고 통쾌하다.

[놀이 209] 공기 인지놀이

○ 개요

친근한 놀이 수업이 공기이다. 어릴 때 공기를 해보지 않은 어른은 없다. 나이 들어 이제는 손도 유연하지 않고 홈에 넣고 받는 것도 안 된다. 위로 올린 돌을 받는 것도 안 되고 손등에 얹어 꺾기는 아예 안 된다. 그러나 실버도 공기로 놀 수 있다.

○ 놀이 방법

1. 둥글게 함께 앉고 그 자리에서 둘씩 짝을 한다.
2. 공깃돌은 가운데 수북이 모아놓고 공동 사용한다.
3. 두 사람이 짝이니 둘씩 가위 바위 보로 놀이를 시작한다.
4. 이기면 돌을 가져오는데 이길 때마다 돌의 수가 다르다.
5. 가위로 이기면 한 개 바위는 두 개 보는 세 개를 가져온다.
6. 공동으로 사용하는 돌이 모두 없어지면 계산을 한다.
7. 가져온 공깃돌의 수를 세어서 많이 가져온 사람이 이긴 것이다.
8. 다음은 상대와 돌을 합쳐서 똑같이 나누고 놀이를 계속한다.
9. 이번에는 가위 바위 보를 손으로 하는 것이 아니고 입으로 한다.
10. 입을 꼭 다물면 바위이고 혀를 내밀면 가위, 입을 크게 벌리면 보이다.
11. 아까와 똑같은 개수로 이기면 가운데에 가져다 놓으면 된다.
12. 즉 가위로 이기면 한 개 바위는 두 개 보는 세 개를 가져다 놓는다.
13. 먼저 가운데로 다 가져다 놓은 사람이 이기게 된다.
14. 남은 돌을 가운데로 가져다 놓고 처음처럼 가져오는 놀이를 하면 된다.
15. 이렇게 가져오고 가져다 놓고 연속으로 종일도 놀이가 된다.
16. 실버 수업에서 공기는 옛날 생각나는 추억의 놀이다.

[놀이 210] 실버 주사위 노래자랑

O 놀이 방법

1. 치매 예방으로 효과 있는 것 중의 하나는 노래이다.
2. 의학적으로 밝혀진 것을 인용하면 노래를 하면 건강해진다고 한다.
3. 주사위는 대형 주사위를 준비하고 인원에 따라 조를 편성한다.
4. 한마당으로 놀이를 해야 하니 인원이 많다면 5팀 정도 편성하면 좋다.
5. 예를 들어 50명이 놀이 인원이라면 한 팀을 10명씩 편성한다.
6. 칼라 스티커로 주사위에 민요 노래 제목을 많이 적어 붙인다.
7. 가위 바위 보로 첫 번 던질 조를 정하고 다음은 돌아가며 한다.
8. 한 팀 안에 인원이 많으니 주사위는 차례로 던진다.
9. 주사위를 던져서 적혀있는 노래를 한다.
10. 노래는 단체로 팀원 모두 함께 손뼉을 치며 부른다.
11. 흥이 있는 분은 일어나서 춤을 추어도 된다.
12. 인원이 적으면 두 팀으로 나누어도 된다.

[놀이 211] 이거리 저거리

O 가사

한 다리 두 다리 세 다리 너희 삼촌 어디 갔니?
자전거를 고치러 오꽁 조꽁 부지 깽.

고모네 집에 갔더니 암탉 수탉 잡아서 기름 동동 뜨는데,
나 한 숟갈 안 주고 저들끼리 먹더라.
우리 집에 와봐라. 밤 대추 안 준다. 땡.

○ 놀이 방법
1. 예전 농번기가 끝나고 겨울이 되면 삼삼오오 어른들도 모여 놀았다.
2. 겨울이라 밤에 모여 앉으면 늦도록 놀아도 시간이 많다.
3. 12달 내기 회투는 단골이고 600이라는 화투 놀이를 주로 많이 했다.
4. 한참을 놀다 보면 출출하기도 하고 목도 칼칼해지면 하는 놀이가 있다.
5. 이 거리 저 거리인데 놀기 위해 하는 것이 아니고 심부름용이다.
6. 인원을 보고 두 팀으로 나누고 마주 앉아서 시작한다.
7. 다리를 뻗어 앞사람의 다리 사이사이에 끼운다.
8. 정비가 다 되었으면 다리를 짚어가며 노래를 한다.
9. 이 거리 저 거리 각거리, ~~쥔 떼기 열 닷 냥, 까막 까오리 땡.
10. 땡에서 노래가 끝나면 그 다리는 뺀다.
11. 계속해서 이 거리 저 거리 각거리로 다리를 짚어가며 땡을 한다.
12. 땡에는 무조건 다리를 뺀다.
13. 나중에는 다리 하나만 남게 되는데 그 사람이 심부름하는 놀이이다.
14. 심부름은 주로 물 떠오기. 무 구덩이에서 무 꺼내오기 등이다.

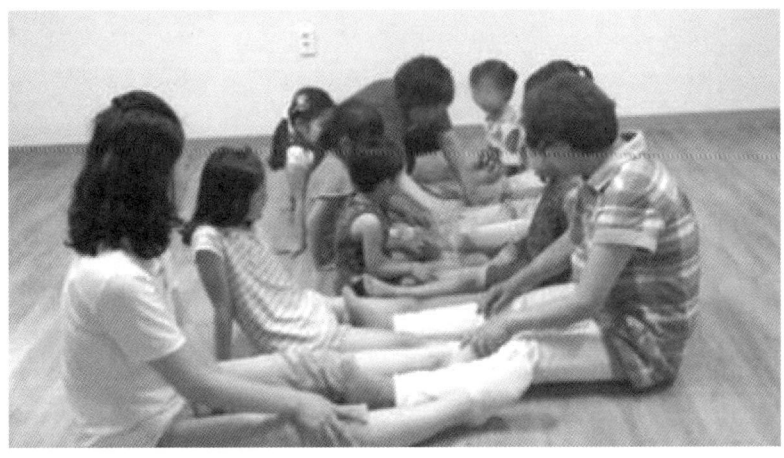

15. 옛날에는 가을에 땅을 파고 구덩이에 채소나 과일을 저장했다.
16. 무나 채소 혹은 사과 감들이 땅속에 잘 저장이 되었다.
17. 냉장고 역할을 하는 것이다.
18. 심부름하는 사람은 시키는 대로 원하는 것을 다 가져와야 한다.
19. 이제는 추억 속의 놀이가 되었다.

[놀이 212] 콕 콕 놀이

○ 준비물과 놀이방법

1. 4절 켄트지, 색연필을 준비하고 두 사람이 한 조가 되어 4절 켄트지에 가로 세로 5칸을 그린다.
2. 두 사람씩 마주 앉아서 가위 바위 보를 한다.
3. 동그라미와 별표를 정하고 이기면 한 칸씩 표시한다.
4. 칸이 다 차면 동그라미와 별표를 세어서 선후를 정한다.
5. 진 사람은 머리를 대고 이긴 사람은 손가락으로 콕 찌른다.
6. 어느 손가락인지 맞힐 때까지 하고 맞추면 다시 한다.
7. 경로당 수업으로 이 거리 저 거리 놀이처럼 심부름하기도 괜찮다.
8. 냉장고의 떡 찌기, 냉장고에 음료수 꺼내오기 등등.
9. 신형 이 거리 저 거리 효과 놀이가 될 수 있다.
10. 예전에 해본 놀이라서 무척 친근한 실버 놀이 수업이 된다.
11. 벌칙으로는 다양하게 여러 가지를 섞어서 하면 더 좋다.

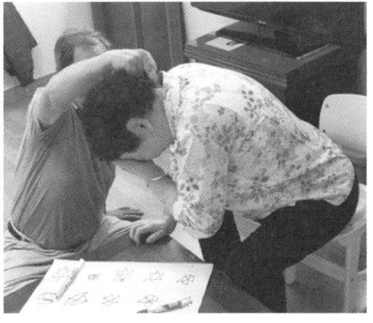

[놀이 213] 땅 차지하기

○ 놀이 방법

1. 흙에서 놀던 놀이이다.
2. 작대기나 사금 파리하나만 있어도 놀이가 이루어진다.
3. 집의 마당에서 주로 놀던 놀이다.
4. 인원은 많아도 되지만 두 명 이상이면 놀이가 된다.
5. 현대에서의 땅 차지하기 놀이는 큰 마분지와 연필이 있으면 된다.
6. 실내에서 하고 마분지는 한 장에 4명이 할 수 있다.
7. 마분지 각 네 개의 변에 한 사람씩 자리한다.
8. 시작부터 끝까지 가위 바위 보로 한다.
9. 가위 바위 보를 잘해야 이길 수 있다.
10. 가위 바위 보를 해서 이기면 세 번을 튕긴다.
11. 세 번째에는 집으로 돌이 들어와야 한다.
12. 세 번째 집으로 돌이 들어오지 못하면 땅은 차지하지 못한다.
13. 다시 가위 바위 보를 한다.
14. 매번 가위 바위 보를 하지 않고 서로 돌아가며 하는 것도 된다.

15. 시작 전에 규정을 정해서 하면 된다.
16. 더 그릴 곳이 없게 되면 계산을 한다.
17. 초등, 중등, 실버까지 같은 방법으로 놀이가 된다.

[놀이 214] 실버 종이 줄다리기

○ 놀이 방법

1. 두 사람씩 짝을 이루어 놀이한다.
2. 길게 책상을 놓고 두 줄로 마주 보고 앉는다.
3. 재활용 지나 A4용지, 신문지를 1cm 두께로 길게 잘라서 사용한다.
4. 중간점을 표시하고 종이를 정확하게 중간에 놓는다.
5. 둘이 검지를 종이 위에 놓고 시작 소리가 날 때까지 기다린다.
6. 선생님이 시작을 외치면 검지만 사용해서 종이를 당긴다.
7. 끌려서 중간선을 넘어오면 진다.
8. 종이가 끊어지면 종이가 긴 쪽이 이긴다.
9. 시작 전에 종이를 많이 잘라놓고 다 쓸 때까지 하면 된다.
10. 꼭 검지만 해야 하는 것은 아니고 중지, 약지, 새끼손가락도 된다.

[놀이 215] 꽃놀이 도안 색칠하기(화투)

○ 놀이 방법

1. 이 놀이는 수업하자면 만드는 작업이 거의 일주일 정도는 소요된다.
2. 그렇지만 모두 함께 작업해서 놀이하는 것을 권장한다.
3. 작업하는 과정 자체가 좋은 수업이기 때문이다.
4. 늘 가지고 놀던 물건이니 정감도 많고 색칠하는 과정도 인지 수업이다.
5. 화투 전체를 기존 화투보다 10배 정도 크게 인쇄한다.
6. 한 팀당 48장을 인쇄한다.
7. 한 팀당 놀이 인원은 5~6명 정도로 하면 좋다.
8. 예를 들어 6명으로 한 팀을 정한다면 6명이 48장을 함께 만들면 된다.
9. 인쇄물은 선생님이 준비하고 색칠하는 것부터 수업으로 하면 된다.
10. 수성펜을 번지니 반드시 유성 펜으로 색칠한다.
11. 뒷면에 두꺼운 켄트지를 붙인다.
12. 오래 사용하려면 코팅하면 반, 영구적법으로 사용할 수 있다.
13. 팀별로 48장씩 모두 완성되었으면 놀이를 시작해도 된다.
14. 간단한 화투 놀이 중에서 해도 되고 팀별로 서로 다르게 해도 된다.
15. 엎어놓고 돌아가며 한 사람씩 가져가서 점수가 많으면 이긴다.
16. 또 같은 것이 2개씩 쌍으로 4쌍이 먼저 와도 이긴다.
17. 놀이는 아는 대로 하면 된다. 놀이보다 만들기가 상수인 놀이이다.

[놀이 216] **밤 윷**

○ 놀이 방법

1. 윷은 박달나무 밤 윷이 제일 좋은 종류에 들어간다.
2. 보통 윷 크기의 평균은 대략 길이 1.8cm, 두께 1cm이다.
3. 아주 작아서 손안에 쏙 들어온다.
4. 말판을 그리고 말은 4개를 쓰며 한 팀은 4명이 적당하다.
5. 도구만 밤 윷이고 놀이 방법은 기존 윷놀이와 같다.
6. 밤 윷놀이는 종지에 담아 흔들어서 바닥에 뿌린다.
7. 말을 움직여서 먼저 오면 당연히 이긴다.
8. 나무를 사용해서 목공예 품으로 밤 윷이 나오니 살 수도 있다.
9. 사진은 목공 방을 운영하는 프르미어 킴 작가 작품이다.

[놀이 217] 방패연 놀이

○ 놀이 방법

1. 전래놀이의 모든 것을 실버 놀이에 다 수업이 된다.
2. 수업의 폭이 넓어지고 질도 향상되니 여러모로 이득이다.
3. 연으로는 실버 수업 연 놀이 유희를 한다.
4. 재료는 사서 하면 쉽게 만들고 문양도 멋지다.

5. 재료를 사면 만드는 방법에 자세히 적혀있다.
6. 실버 수업은 날릴 것은 아니니 좋은 형태가 나오도록 만 하면 된다.
7. 테이프와 풀을 사용해서 붙이면 뚝딱 완성이 된다.
8. 만들기부터 수업을 진행한다.
9. 만드는 시간이 오래 걸리면 하루는 만들고 다음 시간에 놀이하면 된다.
10. 방패연을 모두 손에 들고 박자에 맞추어 흥겨운 노래를 한다.
11. 처녀 뱃사공, 앵두나물 우물가에, 군밤타령 등 모두 흥이 나는 노래다.
12. 팀을 나누어 노래를 주고받으며 해도 되고 연달아 시작해도 재미있다.

[놀이 218] 콩 주머니 놀이

○ 놀이 방법

1. 옛날 놀이로 친근한 콩 주머니 놀이는 다양한 놀이 종류가 많다.
2. 놀이 인원도 혼자서도 놀고 친구와도 놀 수 있는 만만한 놀이이다.
3. 또 아무리 많아도 다 놀 수 있는 놀이이기도 하다.
4. 콩 주머니 놀이의 기본은 한 손으로 콩 주머니 두 개를 가지고 논다.
5. 손바닥에 콩 주머니를 두 개 놓고 시작하는데 하나 올리고 하나 받는다.
6. 콩 주머니 세 개로도 하고 노래하면서 박자에 맞춘다.
7. 단체게임도 훌륭하다.
8. 놀이의 방식은 같게 하고 재료는 어느 것이든 다 놀 수 있다.

9. 비석 치기 놀이를 콩 주머니를 사용해서 하면 완전 시리즈이다.
10. 5단부터 10단 떡장수까지 놀이를 변형시켜서 하면 된다.
11. 반환점에 반환 봉을 두고 돌아오는 놀이가 좋다.

[놀이 219] 인지 동전 놀이

○ 놀이 방법

1. 머리를 쓰는 인지 놀이로 치매 예방 놀이에 속한다.
2. 4절 마분지에 50칸을 균등하게 그리고 숫자를 적는다.
3. 이 판은 선생님이 만들어서 가지고 들어가 수업한다.
4. 인원이 많으면 판은 여러 개를 만들어야 한다.
5. 20명 정도면 단체놀이는 한판으로 놀이가 된다.
6. 그러나 개인전일 때는 5명에 놀이판 하나가 좋다.
7. 단체전일 때 먼저 두 팀으로 인원을 나눈다.
8. 가위 바위 보로 어느 팀이 먼저 할 건지를 정한다.
9. 가운데에 판을 놓고 자기 순서에 동전을 던진다.
10. 단체전이니 팀 것은 합산으로 한다.
11. 계산은 각자가 다 하도록 수업한다.
12. 5명이 놀이판 하나씩을 놓고 따로따로 시작한다.

13. 5명 중 누가 먼저 할 것인지 가위 바위 보로 정한다.
14. 먼저 던질 사람이 정해지면 오른쪽으로 돌아가며 하면 된다.
15. 숫자를 기억하고 던질 때마다 계속 더하기를 한다.
16. 서두르지 말고 계산을 본인이 하도록 천천히 진행한다.
17. 동전으로 해도 되지만 철물점에서 파는 와셔가 더 좋다.

[놀이 220] 귀요미 소원부채

○ 놀이 방법

1. 색종이와 풀, 테이프 그리고 볼펜을 준비한다.
2. 색종이 위쪽 끝 가장자리에 소원을 적는다.
3. 앞뒤로 주름 7mm 접기를 한다.

4. 아주 좁게 접어야 예쁘다.
5. 주름 접은 것을 반으로 접어서 밑면을 테이프로 마무리한다.
6. 테이프로 마무리하면 손으로 쥘 수 있다.
7. 살랑살랑 부치면서 원하는 소원을 빌어본다.
8. 접는 과정이 어렵지 않고 만들면 아주 예뻐서 모두 좋아하는 수업이다.
9. 인지 치매 예방 수업에 속한다.

[놀이 221] 교황 모자

○ 놀이 방법

1. 색종이, 풀, 가위, 매직펜, 신문을 큰 거로 준비한다.
2. 교황 모자 만들기는 제일 기본이어서 아주 쉽다.
3. 반으로 접고 가운데 중점으로 양쪽에서 안으로 마주 접는다.
4. 한쪽만 아랫단을 위로 두 번 올려 접는다.
5. 양옆은 뒤쪽으로 접는다.
6. 아랫단 하나 남은 것을 위로 접어 양옆 접은 것을 끼운다.
7. 벌려서 머리에 써보면 영락없는 교황 모자가 탄생이다.
8. 교황 모자는 머리에 쓰고, 다른 신문지로 교황 모자에서 주방 모자, 해군모자, 학사 모, 바구니, 등을 한 장으로 변형시켜가며 만든다.

9. 접기는 안 하면 금방 잊어버리니 견본을 상자에 담아 잘 보관하면 좋다.
10. 실버 수업에서 어른들이 좋아하는 수업 중의 하나이다.

[놀이 222] 화단 꾸미기

○ 놀이 방법

1. 놀이 수업에서는 재활용 물품이 많이 사용된다.
2. 휴지 심, 색종이, 풀, 가위를 넉넉하게 준비한다.
3. 휴지 심을 한 사람당 7mm 정도 되게 5개 자른다.
4. 색종이를 6mm로 좁게 앞뒤로 번갈아 접어서 부채처럼 만든다.
5. 꽃줄기를 만들고 휴지 심을 꽃자리에 놓고 심 안에 부채처럼 만든 색종이를 잘라서 끼워 넣는다.
6. 꽃을 여러 개 색색으로 하고 잎도 줄기에 붙인다.
7. 나비 벌도 붙이고 풀도 붙이면 멋들어진 화단이 탄생한다.

[놀이 223] 맴 맴 맴

○ 놀이 방법

1. 여름 수업으로 적당하다.
2. 매미접기 색종이는 단면 색종이가 예쁘다.
3. 우선 사선으로 접는다.
4. 접은 위 꼭짓점으로 밑면 꼭짓점 양쪽을 반으로 접어 올린다.
5. 접어 올린 두 개를 다시 반만 밑으로 접어 내린다.
6. 위쪽 꼭짓점을 아래로 접는다.
7. 이때 뒤엣것을 조금만 아래로 접는다.
8. 옆 부분을 뒤쪽으로 살짝 접어준다.
9. 예쁜 매미가 완성이다.
10. 매직펜으로 눈을 그려도 되고 인형 눈을 붙여도 된다.

11. 인형 눈이 훨씬 매미답다.

[놀이 224] 손 도깨비

O 놀이 방법

1. 전래놀이 수업에서 간간이 만들기 수업도 감초 역할을 한다.
2. 그중 색종이 수업이 간단하고 좋다.
3. 색종이를 넉넉하게 준비하고 인형 눈도 준비한다.
4. 접기 시작은 우선 색종이를 사선으로 반을 접는다.
5. 큰 삼각형이 되는데 밑면 꼭짓점 두 개를 반으로 접어 올린다.
6. 접어 올린 두 개를 다시 밑으로 반만 접어 내린다.
7. 처음 위쪽 꼭짓점을 아래로 앞쪽 뒤쪽으로 접는다.
8. 옆 부분을 뒤쪽으로 매미처럼 조금 접는다.
9. 여기까지가 완성이다.
10. 밑면을 벌리면 홈이 있고 손가락을 넣을 수 있다.
11. 두 개를 만들면 양손 검지에 끼울 수 있다.
12. 끝으로 인형 눈을 붙이면 뿔이 두 개 있는 도깨비가 된다.
13. 손가락에 끼우고 도깨비 놀이를 할 수 있다.

[놀이 225] 실버 볼링

○ 놀이 방법

1. 생활 주위에 놀이 물품도 구를 찾으면 많이 있다.
2. 꼭 돈을 주고 도구를 사야만 놀이를 할 수 있는 건 아니다.
3. 특히 전래놀이에서는 어느 것이든 다 놀잇감이 된다.
4. 우리가 늘 마시는 물병을 차곡차곡 모아두면 유용하게 쓰인다.
5. 물병으로 볼링 놀이를 해보자.
6. 생수 1.8 L 빈 병과 지름 15cm의 공을 준비한다.
7. 긴 책상 두 개를 놓고 위에 생수 빈 병을 10개 진열한다.
8. 책상 길이가 너무 길면 물건은 안쪽으로 배치한다.
9. 두 팀으로 나누고 가위 바위 보로 선후를 정한다.
10. 팀 중에서는 순서대로 하면 된다.
11. 책상 위에서 병을 향해 공을 굴린다.
12. 병이 넘어간 개수로 점수를 계산한다.
13. 두 팀이 교대로 차례로 공을 굴린다.
14. 생수병은 작은 것이나 큰 것이나 다 사용할 수 있다.
15. 단체전으로 먼저 하고 개인전으로 한다.

[놀이 226] 똥 만들기

○ 놀이 방법

1. 살아가는 생활 중에서 화장실 가는 것이 제일 중요하다고 본다.
2. 먹는 것은 굶어도 참을 수 있지만, 화장실은 그렇지 아니하다.
3. 찰흙과 일회용 비닐장갑을 준비하고 찰흙을 배분한다.
4. 문방구점에서 찰흙 큰 것은 작은 것과 비교할 때 싸게 구매된다.
5. 큰 것을 사면 마음대로 넉넉하게 수업이 된다.
6. 각자 똥 모양을 만들어 자기 켄트지 위에 놓는다.

7. 다 만들었으면 돌아가며 여러 가지 발표하는 시간을 갖는다.
8. 음식 이야기 건강식 이야기, 좋은 음식 이야기 등등이 등장한다.
9. 끝으로 위생에 관한 이야기도 곁들이고 수업을 마치면 된다.
10. 똥! 하면 더러운 이미지가 먼저 떠오르는데 수업은 진솔하다.

[놀이 227] 죽대 놀이

○ 놀이 방법

1. 무척 인기 있는 수업이고 급수로 치면 높은 급수의 수업이다.
2. 대결도 재미있고 던지면 잘 맞을 듯한데 그렇지 않아서 실망도 크다.
3. 단체전을 먼저 하고 나중에 개인전을 하도록 한다.
4. 대나무를 길이 20cm~ 30cm 정도 토막을 11개 준비한다.
5. 3m 선상에 점수를 매긴 대나무 9개를 세운다.
6. 일정한 형식이 있는 것은 아니고 모아서 세워두면 된다.
7. 두 팀으로 나누고 가위 바위 보로 선후를 정한다.
8. 팀당 던짐 대나무를 하나씩 갖는다.
9. 양 팀 교대로 던짐 대나무를 던져 세워둔 대나무를 쓰러트린다.
10. 쓰러진 대나무의 점수를 확인한다.
11. 점수만 보고 쓰러진 것은 세우지 않고 남아있는 것으로 계속한다.
12. 양쪽 팀원이 다 던지면 각 팀 점수를 합산해서 승패를 가룬다.
13. 단체전이 마무리되면 개인전을 하고 마치면 된다.
14. 개인전이 더 열기가 있다.
15. 계속 던지려고 해서 끝이 나지 않을 때도 많다.
16. 선생님은 한사람이 몇 번 던지는지 미리 정해준다.
17. 도구 준비도 어렵지 않고 수업의 호응도도 매우 높다.

[놀이 228] 실 풍선 치기

○ 놀이 방법

1. 풍선 놀이는 아이나 어른이나 다 즐거운 놀이이다.
2. 풍선으로는 아주 많은 놀이가 도출된다.
3. 여기에는 실버 놀이에 편한 풍선 놀이를 해보자.
4. 실과 풍선을 준비한다.
5. 풍선을 불어서 실로 잘 맨다.
6. 손바닥 치기, 손가락 치기를 한다.
7. 실의 길이에 따라 높게도 낮게도 오르고 내린다.
8. 풍선 끝에 실이 달려서 매번 줍지 않고 놀 수 있다.
9. 약간 넓게 서야 서로 실이 엉키지 않는다.

[놀이 229] 풍신 심리치료 놀이

○ 놀이 방법

1. 풍선은 여유 있게 좀 많이 준비한다.
2. 풍선을 불어서 잘 묶는다.
3. 풍선의 앞뒷면에 매직으로 이미지를 그린다.

4. 웃는 모습 우는 모습을 그리고 돌아가며 발표한다.
5. 강사의 질문으로 시작한다.
6. 웃는 이미지를 가리키며 "왜 이렇게 기분이 좋아요?"
7. 우는 이미지를 가리키며 "왜 이렇게 슬퍼요?"
8. 강사의 질문에 솔솔 이야기보따리가 나온다.
9. 아들이 용돈을 많이 준 이야기는 웃는 얼굴 이야기.
10. 우는 이야기는 자식들이 속 썩인 이야기들이다.
11. 이미지 그릴 때 펜을 살살 쓰도록 이야기를 해 둔다.
12. 손이 떨리는 어른들은 강사가 그려주고 이야기만 시킨다.

[놀이 23] 쥐잡기 놀이

○ 개요

예전에는 참 쥐도 많았다. 아주 오랜 옛날에는 얼마나 쥐가 많았는지 학교에서 아이들에게 쥐꼬리 10개씩 가져오라고 한 적도 많다. 쥐를 잡을 수는 없고 학교에서는 가지고 오라 하니 오징어 다리를 불려서 잿가루에 문질러서 가지고 오는 애들도 있었다.

○ 놀이 방법

1. 라면 상자 두 개를 윗면에 동그란 쥐구멍을 많이 낸다.
2. 두 팀으로 나누어 탱탱볼을 한 팀당 30개씩 배분한다.
3. 두 팀은 따로따로 상자를 가운데 두고 2m 정도에 선을 긋는다.
4. 다 같이 쥐구멍에 탱탱볼을 던진다.
5. 시간제한 없고 안 들어간 것은 다시 주워서 던지면 된다.
6. 아무 곳에서나 던지면 안 되고 던지는 선을 지켜야 한다.
7. 볼의 색상을 다르게 해서 남의 볼을 넣으면 상대점수에 가산한다.
8. 선생님이 끝! 할 때까지 던진다.
9. 두 상자의 탱탱볼 숫자로 각 팀의 승패를 가른다.

[놀이 231] **놀아보세, 놀아보세**

○ 놀이 방법

1. 즐거운 놀이마당 놀음이다.
2. 먼저 놀이 깃발을 만들어야 한다.
3. 화선지 두 가지 색, 가위, 풀, 긴 어묵 젓가락을 준비한다.
4. 화선지를 사선으로 반 가른다.
5. 반으로 가른 사선지 하나만 사용한다.
6. 다른 화선지도 반으로 가른다.
7. 여기서도 반 가른 한 장만 사용한다.
8. 옆 사람과 둘이서 하면 화선지 두 장으로 깃발 4개를 만든다.
9. 화선지 세로 면에 풀칠하고 어묵 젓가락을 돌돌 말아 둔다.

10. 두 개 똑같이 돌돌 만다.
11. 잠시 후에 젓가락을 들어보면 깃발 두 개가 동시에 탄생한다.
12. 한 손에 하나씩 들고 흔들면서 노래를 부른다.
13. 팀별로 노래를 받아 이어 부르기도 한다.

[놀이 232] 놀부와 흥부 노래

○ 개요

전래놀이 수업에서 선생님이나 생도들이나 기분을 전환하고 싶을 때가 있게 된다. 흥부와 놀부 노래는 중간에 기름을 돌게 하는 역할을 한다. PPT 화면에 가사를 띄우고 이 노래를 하면 좋다. 한 단락 수업과 두 단락 수업 사이에 하면 된다. 손 율동도 함께 섞어서 하면 더 좋다. 내꺼는 내꺼 할 때는 내 가슴에 손은 얹고 니꺼도 내꺼 할 때는 상대를 가리켰다가 내 가슴에 손을 얹으면 된다. 놀부 버전으로 한번, 흥부 버전으로 한번, 손 유희는 가사대로 율동하면 무리가 없다.

○ 놀부 버전

내꺼는 내꺼 니꺼도 내꺼. 니꺼도 내꺼 내꺼도 내꺼
내꺼는 내거 니꺼도 내꺼. 내꺼는 내꺼 니꺼도 내꺼

○ 흥부 버전

니꺼는 니꺼 내꺼도 니꺼. 내꺼는 니꺼 니꺼도 니꺼
니꺼는 니꺼 내꺼도 니꺼. 내꺼는 니꺼 니꺼도 니꺼

[놀이 233] 접시 치기

○ 놀이 방법

1. 일회용 접시와 칼라 시트지, 빨강과 파랑을 준비한다.
2. 접시 가운데 부분에 칼라 시트지를 동그랗게 오려서 붙이면 된다.

3. 아래 이미지처럼 앞면에는 빨강, 뒤에는 파랑을 붙인다.
4. 모두 둥글게 앉아서 접시를 치면서 놀이를 시작한다.
5. 각자 접시를 두 개씩 손에 들고 마주치며 노래를 부른다.
6. 팔을 위로 뻗어 흔들기도 하고 앉아서도 운동이 된다.
7. 뛰지 않고도 운동 효과를 얼마든지 낼 수 있다.
8. 실버 수업으로 권장하는 수업이다.
9. 노래는 민요가 어울린다.
10. 접시 치기 노래 한마당 시간을 많이 기다리기도 한다.

[놀이 234] **별 차지하기**

○ 놀이 방법

1. 두 사람씩 짝이 되어서 놀이를 한다.
2. 한 팀당 켄트지 한 장과 연필 두 개씩 배분한다.
3. 켄트지에 별을 10개 크게 그리도록 한다.
4. 별 하나에 6개의 칸이 생긴다.
5. 켄트지를 책상 위에 놓고 두 사람이 놀이하면 된다.
6. 가위 바위 보는 손으로 하지 않고 입으로 한다.
7. 가위 바위 보를 해서 이기면 별에 내 이름을 쓴다.
8. 별 하나에 다 쓰는 것이 아니고 별 하나의 6칸 중 한 칸에 쓴다.

9. 점차 가위 바위 보에서 이기게 되면 6칸 다 이름을 쓰게 된다.
10. 별 하나를 독차지한 것이고 다시 또 이기면 다른 별에 칸을 차지한다.
11. 켄트지에 내 별이 가득하면 상당히 기분이 좋아진다.
12. 기분 좋아진 별이 많은 사람이 노래를 시키면 된다.
13. 꿈을 갖는 놀이에 분류되며 심성이 고와지는 놀이에 포함된다.

[놀이 235] 실버 죽방울 놀이

○ 놀이 방법

1. 종이컵과 솔방울 실 나무젓가락 테이프를 준비한다.
2. 나무젓가락에 실을 매고 다른 쪽 실 끝에는 솔방울을 단다.
3. 종이컵에 나무젓가락을 테이프로 잘 붙인다.
4. 아주 여러 번 단단하게 테이프로 붙여야만 놀이가 된다.
5. 헐렁하면 놀이가 되지 않는다.
6. 젓가락을 쥐고 솔방울을 흔들다가 종이컵에 들어가게 하는 놀이다.
7. 잘 흔들어서 가름하고 힘을 너무 주지 말고 살짝 올렸다가 받아야 한다.
8. 두 팀이 마주 앉아서 경주도 할 수 있다.
9. 어느 쪽이 먼저 할지 가위 바위 보로 정한 다음 시작한다.
10. A팀 한 줄, B팀 한 줄이라고 가정하면,
11. A팀 첫 번째 사람이 시도하고 솔방울이 종이컵에 들어가면?

12. A팀의 두 번째 사람 차례가 된다.
13. 솔방울이 종이컵에 안 들어가고 실패하면 B팀으로 넘어간다.
14. B팀에서 바로 실패하면 다시 A팀으로 온다.
14. B팀이 실패하면 A팀으로 오지만 성공하면 B팀의 두 번째로 간다.
15. 계속해서 오고, 가고 진행하고 먼저 끝까지 가면 이기는 경기이다.
16. 단체로 해도 좋고 혼자 놀아도 컵에 솔방울 넣는 재미가 크다.

[놀이 236] 물러가라

○ 놀이 방법

1. 아픈 곳을 물리치는 놀이이다.
2. 말이 씨가 된다는 말이 있다.
3. 물러가라고 외치면 말이 씨가 되어서 정말 물러갈지도 모른다.
4. 콜라, 사이다, 맥주 등의 빈 깡통과 공을 준비한다.
5. 칼라 시트지를 준비하고 여러 가지 아픈 이름을 적는다.
6. 빈 깡통 둘레에 모두 붙인다.
7. 긴 책상 끝에 깡통을 세워놓고 공을 굴리면 된다.
8. 가위 바위 보 없이 앉은 순서대로 던진다.
9. 볼링공 굴리듯이 굴리면 빈 깡통이 맞고 떨어진다.
9. 치매 타파! 어깨통증 타파! 허리 아픔 타파! 골 아픔 타파!
10. 손 율동을 함께 곁들이면 운동 되고 재미있는 유익한 수업이 된다.

[놀이 237] 솔방울 건강 투호

○ 놀이 방법

1. 투호는 던지는 놀이에 속한다.
2. 거리와 손의 힘 조절이 필요하다.
3. 투호 통은 화려하고 멋지면 역시 더 좋다.

4. 솔방울은 깨끗이 씻어서 잘 말렸다가 사용한다.
5. 약간 붉은 색이 도는 것이 새로운 솔방울이다.
6. 소나무가 많은 솔숲에서 눈이 오기 전에 채취하면 된다.
7. 새 솔방울은 향긋해서 기분도 상쾌하다.
8. 손안에서 만지면 지압 효과도 있다.
9. 3m 선상에 통을 놓고 순서대로 솔방울을 투척한다.
10. 솔방울은 만지는 것만도 건강 놀이다.

[놀이 238] 매화 꽃나무

○ 놀이 방법

1. 실버 수업에서는 놀이 수업을 연달아 할 수는 없다.
2. 만드는 수업이 간간이 좋은데 매화 꽃나무 수업은 권장하는 수업이다.
3. 팝콘 한 봉지, 나뭇가지, 컵, 황토를 준비한다.
4. 컵에 황토를 채우고 잔가지가 많은 나뭇가지를 꽂는다.
5. 잔가지는 끝이 뾰족하게 칼로 손질하면 좋다.

6. 컵에 황토를 채우고 나뭇가지를 꽂는다.
7. 팝콘을 잔가지에 많이 끼우면 매화 꽃나무가 탄생한다.
8. 팝콘 외에 그냥 꽂을 수 있는 꼬깔콘 과자도 좋다.
9. 과자도 먹어가며 수업을 하면 일거양득이다.

[놀이 239] 실버 솔방울 릴레이

○ 놀이 방법

1. 인원을 보고 맞게 두 팀으로 나누어서 마주 보고 앉는다.
2. 솔방울은 약간 많은 양을 준비한다.
3. 바구니는 4개를 준비해서 한 팀이 2개씩 쓴다.
4. 앞의 바구니는 솔방울을 담고 끝의 바구니는 빈 채로 둔다.
5. 맨 앞에 두 개의 바구니에 솔방울을 같은 개수로 채운다.
6. 맨 앞에 바구니의 솔방울을 맨 뒤의 바구니에 모두 옮기는 놀이이다.
7. 걸어가서 옮겨 넣는 것이 아니고 앉아서 전달로 옮긴다.
8. 강사의 시작 소리에 옆 사람에게 솔방울을 하나씩 집어서 전달한다.
9. 옆 사람은 또 옆 사람에게 전달한다.
10. 계속 집어서 전달로 끝에 있는 바구니에 솔방울을 넣는다.
11. 앞의 바구니의 솔방울이 뒤의 바구니에 먼저 다 채우면 이긴다.
12. 승패를 확인하고 다시 놀이를 계속해서 한다.
13. 이번에는 뒤에서 앞으로 전달하면 된다.
14. 다 옮겨졌으면 역시 승패를 확인하고 다시 한다.
15. 앞으로, 뒤로, 얼마든지 가만히 앉아서 놀이가 된다.
16. 솔방울도 향긋하고 지압 효과도 있고 실버 놀이로 아주 좋다.

[놀이 240] 내 띠 만들기

○ 놀이 방법

1. 황토와 일회용 비닐장갑, 켄트지를 준비한다.
2. 각자 자기의 띠를 황토로 만든다.
3. 생각하는 추상으로 만들어도 된다.
4. 흙이 여분이 된다면 식구들 띠를 만들어도 된다.
5. 내 띠를 만들며 말랑말랑한 감촉도 느끼고 살아온 세월도 반추한다.
6. 시비가 걸렸던 일도 세월이 지나며 참으로 아무것도 아닌 일을 느낀다.
7. 그러게, 그때 왜 그리 화를 냈을까? 반성도 하게 된다.
8. 남편이나 아이들 어른들 모습을 만들어도 된다.
9. 심리치료 놀이에 포함되기도 한다.

[놀이 241] 곰돌이

○ 만드는 방법

1. 솔방울, 글루건, 호박씨, 도토리 껍질, 작은 판자를 준비한다.
2. 솔방울은 큰 것과 작은 것으로 준비한다.
3. 큰 솔방울 위에 작은 솔방울을 먼저 글루건으로 붙인다.
4. 귀는 호박씨, 입은 도토리 겉껍질, 넥타이와 눈도 붙인다.
5. 딱딱한 판지에 잘 안착시키면 간단하고 장식용으로도 훌륭하다.

[놀이 242] 따리 풍선

○ 놀이 방법

1. 솔방울, 글루건, 호박씨, 도토리 껍질, 작은 판자를 준비한다.
2. 솔방울은 큰 것과 작은 것으로 준비한다.
3. 큰 솔방울 위에 작은 솔방울을 먼저 글루건으로 붙인다.
4. 귀는 호박씨, 입은 도토리 겉껍질, 넥타이와 눈도 붙인다.
5. 딱딱한 판지에 잘 안착시키면 장식용으로도 훌륭하다.
6. 따리와 풍선을 준비하고 두 팀으로 나눈다.
7. 풍선을 불어서 잘 매고 따리를 각자 한 개씩 배분한다.
8. 풍선은 출발지점에 바구니에 모두 담아 논다.
9. 따리에 풍선을 담아 옆 사람 따리에 풍선을 얹어준다.
10. 풍선이 계속 날아가니 대책을 세워서 한다.
11. 따리를 한 개만 가지고 풍선을 얹어 따리 전달을 해도 된다.

[놀이 243] 가족

○ 놀이 방법

1. 큰 원단 가로 1.2m 세로 1.8m를 준비한다.
2. 시아버지 시어머니 아들 며느리 손자를 그리고 적어 넣는다.

3. 사이사이에는 시기, 질투, 구박 등을 적고 가위로 자른다.
4. 원단을 함께 들고 솔방울을 굴려서 1번부터 시기, 질투, 구박은 안 하는 거야 하며 소리치고 8번까지 돌아온다.
5. 가위로 자른 부분에 빠지지 않게 합동으로 굴려서 무사히 8번까지 가야 하는데 여러 명이 잘 맞추어야 성공할 수 있다.
6. 자른 부분에 빠지면 1번에 놓고 다시 한다.
7. 판은 6명~ 8명이 함께 들고 놀이를 할 수 있다.
8. 인쇄하면 반, 영구적으로 사용할 수 있다.
9. 이 원리를 이용해서 여러 다른 창의 놀이를 도출해 낼 수 있다.
10. 이런 판의 놀이로 애들아, 놀자, 삶, 우리 친구 좋은 친구 등이 있다.

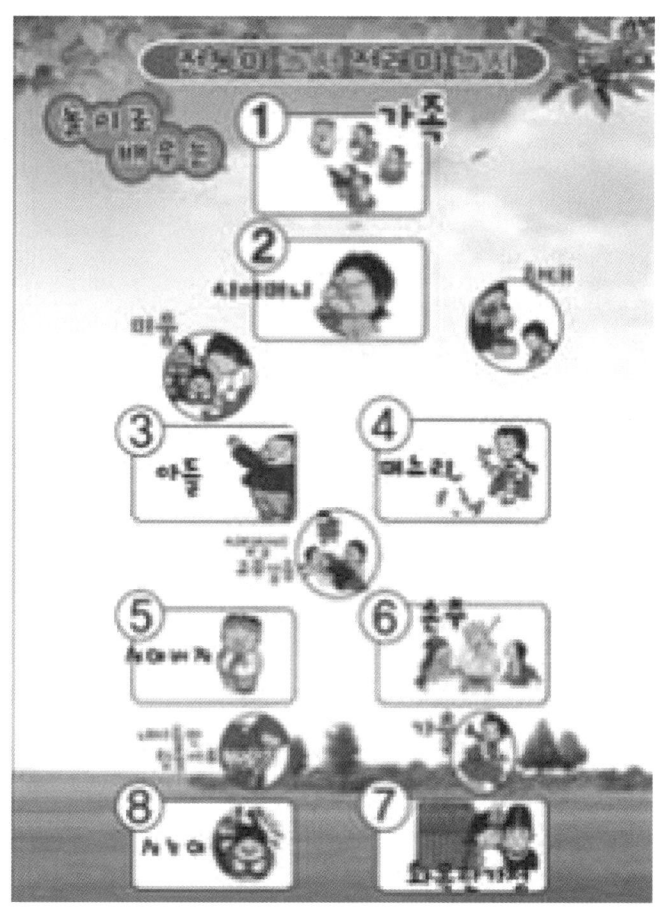

[놀이 244] 손수건 물들이기

○ 놀이 방법

1. 가을이면 울긋불긋 잎이 떨어진다.
2. 수집하면 좋은 학습 놀이재료로 쓸 수 있다.
3. 낙엽과 OHP 필름, 손수건을 준비한다.
4. 낙엽 위에 손수건을 놓고 OHP 필름을 얹고 동전으로 문지르면 아름답게 똑같은 낙엽이, 똑같은 색으로 손수건에 물들어져 나온다.
5. 교실 수업도 되고 야외 수업 때 해도 좋다.
6. 예쁜 손수건을 하나씩 가져가게 되니 모두 너무 좋아하는 수업이다.

[놀이 245] 액자 놓고 감상하기

○ 놀이 방법

1. 켄트지를 안쪽으로 사각으로 오려내면 켄트지 액자가 된다.
2. 낙엽을 가운데 수북이 놓고 공동 사용한다.
3. 책상에 원하는 모양을 낙엽으로 만들고 켄트지 액자를 놓아본다.
4. 수준 높은 작품이 펼쳐진다.
5. 야외의 들꽃이나 들풀에 켄트지 액자를 살포시 얹어본다.
6. 아름다운 자연 그림 액자이다.
7. 저학년 야외 수업으로 훌륭하다.
8. 집에서도 화초에 켄트지 액자를 대어보면 또 다른 감상을 할 수 있다.

[놀이 246] 냉이 악기

○ 놀이 방법

1. 이 꽃이 지면 2cm 길이의 대롱에 씨가 맺힌다.
2. 냉이 대공을 두 사람이 한 조가 되어 놀이한다.

3. 이기면 2cm의 대롱을 살짝 밑으로 내려 준다.
4. 아주 뜯으면 안 되고 붙어 있게 밑으로 살짝만 꺾어 내린다.
5. 보통 18~20개의 대롱이 있다.
6. 이겨서 씨 열매 대롱을 다 내리면 냉이 악기가 된다.
7. 귀에 대고 흔들면 미세하게 나는 경쾌한 소리가 아름답다.

[놀이 247] 인형극 놀이

○ 놀이 방법

1. 하얀 켄트지보다 검은 켄트지가 더 좋다.
2. 인형극을 할 이야기를 정해서 이야기 수업을 먼저 한다.
3. 동물이 나오는 이야기 중에서 택하는 것이 좋다.
4. 다 같이 책도 보고 맘에 드는 동물을 켄트지에 그린다.
5. 검은 켄트지는 색칠할 필요가 없고 흰 켄트지는 색칠해도 된다.
6. 등장인물이 어떠한 말을 했는지 이야기도 나누면서 한다.
7. 하얀 켄트지는 색칠하면 정말 예쁘다.
8. 다 그렸으면 가위를 사용해서 잘 오린다.
9. 나무젓가락을 뒷면에 대고 테이프로 고정한다.
10. 나무젓가락을 쥐고 연기를 하면 된다.
11. 시간이 되면 두 개씩 만들어도 좋다.

12. 대사는 한 줄 정도 외워서 하고 적어서 읽어도 된다.
13. 유아부터 실버까지 두루 다 적용하면 좋은 놀이이다.
14. 유아 놀이, 실버 놀이는 재미있고 쉬운 것으로 하면 좋다.

[놀이 248] 동화 놀이

○ 놀이 방법

1. 동화 놀이가 치매 예방에 좋다는 의학 실험도 나와 있다.
2. 선생님은 동화책을 선정해서 한 권을 수업할 때 가지고 간다.
3. 선생님이 외워서 이야기해도 되고 책을 들고 수업해도 괜찮다.
4. 이야기 수업을 한 다음 그 내용으로 동화 놀이를 하면 된다.
5. 동화를 한 줄 외우는 시간도 갖고 돌아가며 연기한다.
6. 인지프로그램으로 훌륭한 놀이이며 아름다운 심성 가꾸기에 좋다.
7. 동화 놀이는 실버 독서 치료 수업으로도 활용 할 수 있다.

[놀이 249] 개구리 이야기

○ 개요

실버 수업으로 놀이를 하는 중간에 가끔 이야기를 들려주는 시간을 가지면 심성을 좋게 하거나 생각을 바르게 하는 좋은 수업이 된다. 이야기를 들려주며 잠시 쉬어가기도 된다. 놀이는 너무 힘이 들도록 하지 않아도 된다. 놀이란 말 그대로 노는 것이니 전래놀이 역시 그러하다.

○ 개구리 이야기

1. 개구리 세 마리가 놀고 있었다.
2. 펄쩍펄쩍 뛰어놀다가 그만 우유 통에 빠지고 말았다.
3. 아~ 어떻게 하지? 개구리 세 마리는 허둥대기 시작했다. 그러나 우유 통은 깊고 나올 방법이 없었다. 세 마리의 개구리는 나오려고 무진 애를 썼지만, 소용이 없었다. 차츰차츰 세 마리의 개구리는 힘이 빠지기 시작했다.
4. "아 ~ "애를 써도 소용이 없을 거야" "나가지 못할 거야" 첫 번째 개구리는 나가려는 것을 포기하고 꼬르륵 가라앉고 말았다.
5. "아니야!" "나갈 수 있어." 두 번째 개구리는 더 힘껏 열심히 온 힘을 다해서 뛰어오르려고 노력했다. 그러나 통이 깊어 나갈 수가 없었다. 힘이 다 빠지고 지쳐버린 두 번째 개구리도 "아~ 안 되는구나!" "노력해도 안 되는구나!" 포기하고 꼬르륵 가라앉고 말았다.
6. 세 번째 개구리는 서두르지 않고 계속 앞발과 뒷발로 저으면서 밖으로 나가기 위해 시도했다. 한번, 두 번, 세 번, 네 번, 열 번 스무 번, 천천히, 천천히 계속했다. 힘을 아끼고 천천히 했지만 세 번째 개구리도 차츰 힘이 빠지기 시작했다. 그러나 여전히, 나가기 위해 노력했다. "나는 나갈 수 있어." "꼭" "나갈 수 있어." 그러나 세 번째 개구리도 점점 지치기 시작했지만 나가려는 시도는 멈추지 않았다. 간신히 앞발로 젓고 뒷발로 젓고~ 그러나 시간이 오래되어지자 힘이 다 빠져 뒷발이 스르르 내려앉는데? "오잉?" 무언가 발에 딱딱한 것이 걸렸다. "이건 뭐지?" 계속 쉬지 않고 앞발과 뒷발로 천천히 저

었더니 우유가 치즈로 변한 것이다. 세 번째 개구리는 딱딱하게 된 치즈를 뒷발로 밟고 힘껏 뛰어올라 통 밖으로 나올 수 있었다.
7. 좋은 이야기를 몇 개정도 외워두면 아주 활용성이 크다.

[놀이 250] 장명루

○ 개요

오방색을 이용하여 만든 팔찌로써 오래 살고 건강하다는 뜻이 있다. 오방은 다섯 가지의 방위를 의미하는데, 청색(동 청룡), 흰색(서 백호), 빨강(남 주작), 검정(북 현무), 황색(중앙 황룡)이 그것이다. 몸에 지니면 어느 방향에 있든지 신들의 보호 아래 무병장수한다고 한다.

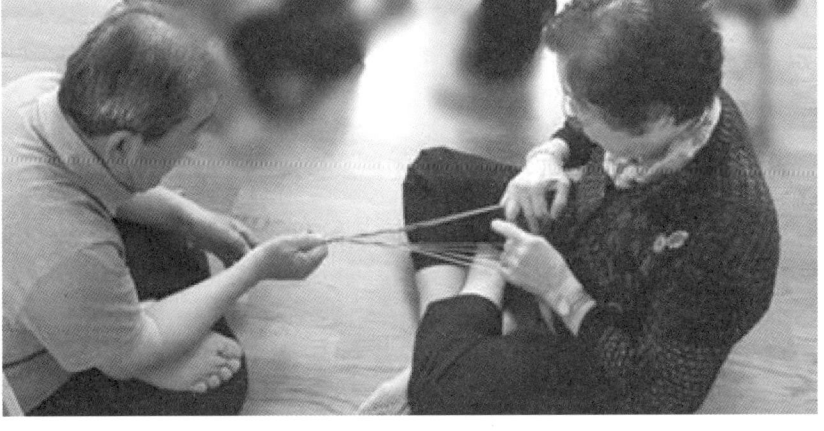

○ **만드는 방법**

1. 오방색 실 (청색, 흰색, 빨강, 검정, 황색)을 준비한다.
2. 80cm로 자른다.
3. 두 사람이 잡아주고 메고 하면 쉽고 문고리에 달고 혼자 할 수도 있다.
4. 오방색 실을 묶어서 오른손, 왼손 3, 2로 나눈다.
5. 3,2로 나눈 것을 집게손가락으로 올리고 내리고 직조 짜기처럼 마지막 실을 가져온다. 손가락을 바꾸어 똑같이 계속한다.
6. 마무리되면 구멍 뚫린 구슬을 넣고 끝을 묶는다.
7. 하나를 완성하면 반대로 잡아주어서 하나를 더 만든다.
8. 부부가 똑같이 하나씩 해서 손목에 팔찌 하면 더 보기 좋다.

[놀이 251] 뽕 대참 놀이

○ **개요**

옛날이야기, 뽕나무가 뽕하고 방귀를 뀌니 대나무가 대끼놈 하고 참나무가 참아라. 했다는 이야기가 있다. 머리 쓰는 놀이이며 필자가 만들고 필자가 필자를 칭찬하는 놀이 중의 하나이다.

○ **놀이 방법**

1. 둥그렇게 앉아서 놀이한다. 말은 혼자, 짝짝은 단체로 친다.
2. 순서는 '뽕, 대, 끼, 놈, 참, 아, 라'로 돌아가며 한다.
3. 중학생 놀이나 대학생 놀이에 활용하려면 단어 연달기로 한다.
4. 첫 사람이 뽕 짝짝 다음 사람 뽕대 짝짝, 그다음 뽕대끼 짝짝.
5. 뽕대끼놈 짝짝, 뽕대끼놈참짝짝, 뽕대끼놈참아짝짝.
6. 뽕대끼놈참아라짝짝까지 하면 다시 뽕짝짝으로 가면 된다.
7. 틀리면 벌칙 해가며 계속 참아라, 까지 이어서 하면 너무 재미있다.
8. 실버 놀이에서는 연달지 말고 순서대로 말하며 손뼉친다.
9. 뽕 짝짝, 대 짝짝, 끼 짝짝. 이런 식으로 돌아가며 간단히 하면 된다.

[놀이 252] 영국 전래놀이

O 개요

세계놀이에 소개한 영국 놀이다. 파이프를 물고 담배를 피우는 듯하다. 문구사에서 세트 포장해서 파니 전래놀이 체험 부스의 행사용으로 좋다.

O 놀이 방법

1. 세트 포장한 것을 사지 못한 때는 따로따로 사서 해도 된다.
2. 주름이 있는 빨대와 지름 1.5cm의 스티로폼 공만 있으면 된다.
3. 빨대에 윗부분을 가위로 여러 갈래 자른 후 공이 올라앉으면 된다.
4. 공을 올려놓고 살살 불어주면 공은 떨어지지 않고 춤춘다.

[놀이 253] 미국 전래놀이

○ 개요

실버 놀이에서 매번 다시 주워서 놀이하는 것은 다리도 아프고 구부려서 주워오기도 잘 안 된다. 미국에 주우러 가지 않아도 되는 놀이가 있다.

○ 만드는 방법과 놀이 방법

1. 손바닥 크기의 두꺼운 판지와 실, 솔방울만 있으면 된다.
2. 판지는 손으로 쥘 수 있을 정도면 되고 딱딱한 것이어야 한다.
3. 판지에 송곳으로 구멍을 두 개 내고 실을 맨다.
4. 실 끝에는 솔방울을 맨다. 실은 60cm 정도가 적당하다.
5. 판을 쥐고 하늘을 향해 솔방울을 친다.

6. 솔방울에 실이 판에 달려 있으니 주우러 가지 않아도 된다.
7. 위로 치면 올라간 높이에 따라 시간을 주고 내려온다.
8. 내려오면 계속 치고 실이 달려 있으니 땅에 떨어지지 않아 너무 편하다.
9. 재미도 나고 운동도 된다.

[놀이 254] 솔방울 넘겨주기

○ 놀이 방법

1. 보자기를 두 명당 하나씩 준비하고 솔방울도 준비한다.
2. 두 줄로 종렬로 선다.
3. 앞사람과 보자기를 마주 잡는다.
4. 첫 팀에게 솔방울을 50개 정도 얹어준다.
5. 첫 팀은 두 번째 팀에게 넘긴다.
6. 두 번째 팀은 세 번째로 넘기고 세 번째는 네 번째로 연속 넘긴다.
7. 끝까지 다 가면 끝에서부터 다시 하면서 온다.
8. 솔 향기가 그득하고 향기롭다.
9. 합심하고 같은 순간에 같이 던져야 흘리지 않고 잘 넘길 수 있다.

[놀이 255] 푸른 하늘 은하수 (손 유희)

○ 놀이 방법

1. 한 학기 내내 해도 잘 안 되지만 엄청 열심이다.
2. 푸른 하늘 은하수 하얀 쪽배에 (두 사람이 자기 손 합장치고 오른손끼리 상대방과 손등치고, 손바닥 친다)
3. 계수나무 한 나무 토끼 한 마리 (다음 각기 자기 손 합장치고 왼손을 같은 방법으로 손등치고, 손바닥 친다)
4. 돛대도 아니 달고 삿대도 없이 (두 사람이 엇갈리게 손바닥을 위로 아래로 놓는다)

5. 가기도 잘도 간다. 서쪽 나라로 (두 사람이 엇갈리게 손바닥을 아래로 위로 반대로 한 번 더 놓는다)
6. 반대편 사람도 엇갈리게 손바닥을 위로 아래로 놓는다.

[놀이 256] **가마솥에 누룽지 (손 유희)**

○ 놀이 방법

1. 일자로 앉거나 둥글게 앉아서 한다.
2. 뒤에서 등을 두드려 주면 무척 시원하다.
3. 돌아앉아 바로 갚을 수도 있다.

4. 천자문에서 첫 번 소절로 시작한다,
5. 하늘 천 따지 가마솥에 누룽지 (어깨를 주무르며)
6. 벅벅 긁어서 (등을 긁는다) 이 집주고 (왼쪽 허리 콕콕 찌른다)
7. 저 집주고 (오른쪽 허리 콕콕 찌른다)
8. 같이 먹자 (양쪽 허리 동시에 콕콕 찌른다)
9. 두 번 하고 처지 바꿔 돌아앉아서 다시 한다.
10. 서먹한 기운이 순식간에 사라지는 유희이다.
11. 그뿐만 아니라 즐겁기까지 하다.

[놀이 257] 갑순이와 갑돌이

○ 개요

갑돌이와 갑순이가 연애하기도 전에 애만 태우다가 갑순이가 시집을 가는 가사로 노래이다. 노랫말 그대로 해보면 상상외로 재미가 있다.

○ 놀이 방법

1. 엄지는 갑들이 표시이고 새끼손가락은 갑순이 표시이다
2. 노랫말대로 손 유희를 하면 어떤 노래도 수업에 응용된다.
3. 다른 사람 것을 외워서 하려면 힘들고 본인이 만들면 쉽다.
4. 노래 가사 따라서 행동을 만들어 수업에 임하면 늘 새롭다.

○ 노랫말

1. 갑돌이와 갑순이는 한마을에 살았더래요.
2. 둘이는 서로서로 사랑을 했더래요.

3. 그러나 둘이는 마음뿐이래요.
5. 겉으로는 음~모르는 척했더래요.
6. 그러다가 갑순이는 시집을 갔더래요.
7. 시집간 날 첫날밤에 한없이 울었더래요.
8. 갑순 이 마음은 갑들이 뿐이래요.
9. 겉으로는 음~안 그런 척했더래요.
10. 갑돌이도 화가 나서 장가를 갔더래요.
11. 장가간 날 첫날밤에 달 보고 울었더래요.
12. 갑들이 마음도 갑순 이뿐이래요.
13. 겉으로는 음~고까짓 꺼 했더래요.
14. 고까짓 꺼 했더래요. 고까짓 꺼 했더래요.

[놀이 258] 촐래 촐래

○ 놀이 방법

1. 이 놀이는 다리 아픈 실버를 위한 놀이이다.
2. 걷거나 뛸 수 없으니 앉아서 놀이한다.
3. 깃발이 필요한 놀이이니 먼저 깃발을 만드는 수업부터 한다.
4. 재료는 선생님이 준비해서 가지고 가고 만드는 것만 하도록 한다.
5. 깃발은 화선지를 색색으로 준비하고 삼각으로 반으로 사선 자른 다음 직선 부분에 풀칠하고 어묵 젓가락에 돌돌 말면 된다.
6. 깃발 준비가 다 되었으면 놀이로 들어간다.
7. 앉은 상태에서 "남생아, 놀아라."를 주장이 선창하면 모두 함께 "촐래 촐래가 잘 논다."로 두 번 큰 소리로 받는다.
8. 주장이 "파마머리 놀아라." 하면 파마머리들은 모두 깃발을 흔들면서 앉은 채로 "촐래 촐래가 잘 논다."를 두 번 한다.
9. 파마머리 아닌 실버들은 "촐래 촐래가 잘 논다." 깃발 없이 말만 받는다.
10. 주장의 선창에 따라 놀이가 이어진다.

11. 젊은이들만 하는 놀이를 실버도 앉은 채로 아주 신나게 할 수 있다.
12. 걷지 못해도 깃발만으로도 남생이 놀이를 너끈히 할 수 있다.

[놀이 259] 천재 고양이 (손 유희)

○ 개요

옛날 천재 고양이가 길을 가는데 발바리가 왈왈 짖어댔다. 천재 고양이가 "왈?" 나도 해 볼까? "왈!" 했더니 천재라서인지 고양이 입에서 "왈?" 소리가 나왔더라는 이야기이다. 그러나 실버 수업에서 한 학기 내내 해도 영 틀리는 손 유희가 바로 천재 고양이이다. 그러나 매시간 하자고 한다.

○ 놀이 방법

1. 내 손뼉 한 번, 앞사람 손뼉 한번 치면서 동시에 둘 다 (왈)
2. 내 손뼉 한 번, 앞사람 손뼉 두 번(왈 왈)
3. 내 손뼉 한 번, 앞사람 손뼉 세 번(왈 왈 왈)
4. 내 손뼉 한 번, 앞사람 손뼉 세 번(왈 왈 왈)
5. 내 손뼉 한 번, 앞사람 손뼉 두 번(왈 왈)
6. 내 손뼉 한 번, 앞사람 손뼉 한번(왈)
7. 내 손뼉 한 번, 앞사람 손뼉 한번(왈)

8. 1.2.3.3.2.1.1.2.3 법칙이다.

[놀이 26] 실버 운동 놀이 (뱃노래)

O 개요

배를 저을 때는 손을 앞으로 뻗어 배를 젓고, 파도 소리가 나면 손바닥을 펴서 물결처럼 일렁이며 노래와 동작을 한다.

O 뱃노래 가사

1. 어기야 디여어차 어기야 디여 어기 여차 뱃놀이 가잔다.

2. 부딪치는 파도 소리 잠을 깨우니

3. 들려오는 노 소리, 처량도 하구나.

4. 어기야, 디여 차 어기야 디여 어기여차 뱃놀이 가잔다.

5. 부딪히는 파도 소리 단잠을 깨우니 들려오는 노 소리 처량도 하구나

6. 사람이 살면 백 년을 사나요.

7. 덧없어라. 인생살이 한도 많구나.

8. 낙조 청강에 배를 띄우니 술렁술렁 노 저어라. 달구경 갈거나,

9. 어기야 디여 차, 어야 디여 어기 여차, 뱃노래 갈거나.

[놀이 261] 실버 생각놀이 (잘잘잘)

○ 놀이 방법

1. 하나 하면, (할머니가 지팡이를 짚는다고 잘 잘 잘)

2. 둘 하면, (두부 장수 두부를 판다고 잘 잘 잘)

3. 셋 하면, (새색시가 거울을 본다고 잘 잘 잘)

4. 넷 하면, (냇가에서 빨래한다고 잘 잘 잘)

5. 다섯 하면, (다람쥐가 도토리를 줍는다고 잘 잘 잘)

6. 여섯 하면, (여학생이 공부한다고 잘 잘 잘)

7. 일곱 하면, (일꾼들이 나무를 벤다고 잘 잘 잘)

8. 여덟 하면, (엿장수가 호박엿을 판다고 잘 잘 잘)

9. 아홉 하면, (아버지가 신문을 본다고 잘 잘 잘)

10. 열 하면, (열무 장수 열무가 왔다고 잘 잘 잘)

11. 함께 율동도 하고 기시대로 손 유희는 하면 된다.

12. 하나 할 때는 손가락 1을 하고 지팡이 짚을 때는 짚으면 된다.

13. 열까지는 연극처럼 손 유희를 할 수 있다.

[놀이 262] 건강 박수

○ 놀이 방법

1. 손바닥 박수, 내장기능 향상 (두 손을 펴서 친다)
2. 주먹 박수, 치매 예방 (두 주먹을 쥐고 친다)
3. 손등 박수, 요통 예방 (한 손 한 손 교대로 손등을 친다)
4. 손목 박수, 두통에 효과 (주먹 쥐고 양쪽 손목 안쪽을 친다)
5. 손날 박수, 신장 건강 (두 손을 펼치고 손날을 친다)
6. 손끝 박수, 혈관 염증 제거 (두 손의 끝을 맞붙여 친다)
7. 손은 우리 몸의 모든 기관의 축소판이다.
8. 손 운동을 꾸준히 하면 앉아서도 운동 효과도 본다.
9. 걷지 못하더라도 열심히 손뼉을 치면 건강해질 수 있다.

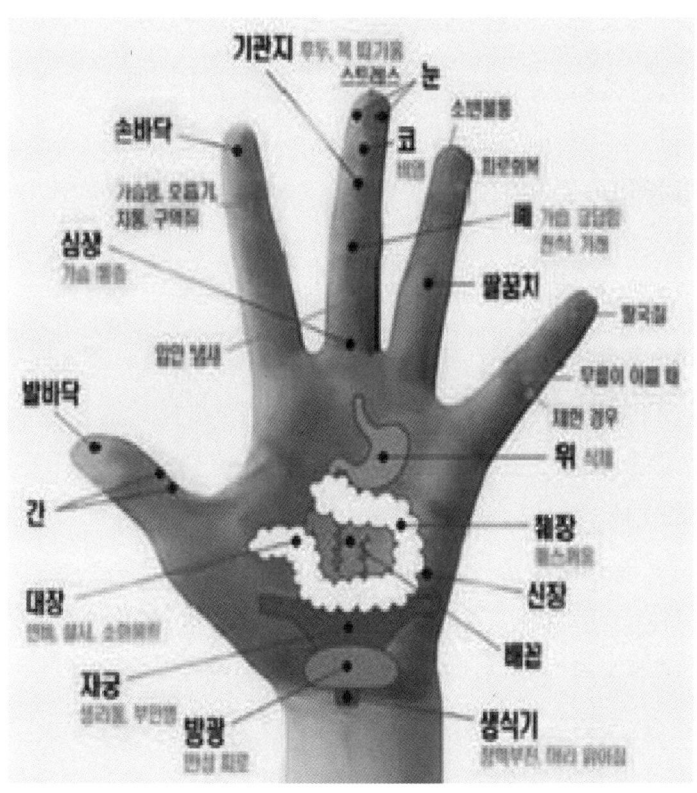

[놀이 263] 나무와 송충이 (행동 놀이)

○ 놀이 방법

1. 단체로 하지만 둘씩 짝을 이루어서 한다.
2. 짝과 가위 바위 보를 한다.
3. 이긴 사람이 송충이, 진 사람이 나무 역할을 한다.
4. 송충이는 나무를 기어 다니면서 간지럼을 태운다.
5. 다시 가위 바위 보로 나무와 송충이를 정해서 계속한다.

[놀이 264] 사랑해 (율동 놀이)

○ 놀이 방법

1. 사랑해 (양손 검지로 하트 표를 한다)
2. 당신을 (양손으로 상대방을 가리킨다)
3. 정말로 (양손 가슴에 X로 댄 후 몸을 흔든다)
4. 사랑해 (1번과 동일) 당신이(2번과 동일)
5. 내 곁을 (오른손 엄지로 자신을 가리킨다)
6. 떠나간 뒤에(오른손을 젓는다.) 얼마나(손가락을 하나씩 접는다)
7. 눈물을 (오른손에 눈에 댔다가 털고 왼손을 눈에 댔다가 턴다)
8. 흘렸는지 (손가락을 눈에서부터 흔들며 내린다)
9. 모른다오. (오른손 검지로 물음표를 크게 그린다)

10. 예예예예. 예예예예 (오른쪽 왼쪽 사람을 어깨를 잡고 흔든다)

11. 사랑해 당신을 정말로 사랑해 (1~4번 동작을 반복한다)

[놀이 265] 뇌 활성 악기 놀이

○ 동물 소리, 악기 소리

1. 닭 (꼬~끼요, 꼬~끼요.)

2. 뱀 (쉭~, 쉭~.)

3. 고양이 (야옹야옹, 야옹야옹.)

4. 강아지 (왈왈왈, 왈왈왈)

○ 놀이 방법

1. 첫 번 사람이 닭을 정하고 (꼬~끼요, 꼬~끼요) 시작한다.

2. 손뼉을 치면서 맡은 동물 소리를 순서가 오면 계속 낸다.

3. 꼬~끼요, 꼬~끼요 짝짝. 쉭~, 쉭~ 짝짝.

4. 야옹야옹 짝짝, 왈왈왈왈 짝짝.

5. 돌아가며 하니 순서가 계속 바뀐다.

6. 다시 차례가 오면 꼬~끼요, 꼬~끼요 짝짝. 쉭~, 쉭~ 짝짝.

7. 야옹야옹 짝짝, 왈왈 왈왈 짝짝. 으로 돌아가면서 한다.

8. 실버는 건강 뇌 활성 놀이이니 천천히 틀리지 않게 한다.

<꼬~끼요, 꼬~끼요 짝짝. 쉭~, 쉭~ 짝짝>

<야옹야옹 짝짝, 왈왈왈왈 짝짝>

제3부
유아와 초등 전래놀이

[놀이 266] 꽃반지 놀이

○ 개요

낮은 산이나 들녘에 보라색 반지꽃이 피는데 꽃의 아랫부분에 고리를 조금 자르고 꽃줄기를 손가락에 맞게 잘라 고리에 끼우면 반지 꽃 하나로 뚝딱 반지가 만들어진다. 너무 사랑스러운, 아름다운 반지가 약손가락에 살포시 자리하게 된다.

○ 놀이 방법

1. 토끼풀꽃은 대공이 조금 굵은 것이 좋다.
2. 꽃 바로 아래 대공에 작은 구멍을 내고 다른 하나를 꼽는다.
3. 당기면 두 개의 꽃이 나란히 있게 되고 꽃의 줄기는 끈이 된다.
4. 손가락에 메면 예쁜 꽃반지가 된다.
5. 토끼풀꽃 대공 줄기가 길어서 손목에도 멜 수 있는데 멋진 시계가 된다.
6. 잎으로는 클로버 시계를 만들어 찰 수 있다.
7. 꽃을 많이 채취하면 엮어서 화관도 만드는 데 아주 훌륭하다.

[놀이 267] 풀피리

○ 개요

아이들이 다니는 밭둑이나 산길, 들길에는 이름 없는 들풀들이 그 자리에서 늘 아이들을 반긴다. 조잘조잘 이야기하며 좁을 길을 기우뚱, 기우뚱 한 줄로 가면서도 작을 풀잎 하나를 빠르게 똑 따서 입에 문다.

○ 놀이 방법

1. 풀잎을 두 겹으로 접어서 살짝 불면 삘릴리 피리 소리가 난다.
2. 그냥 불어도 되지만 만들어서 불어보는 재미도 있다.
3. 긴 풀잎을 끝에서부터 돌돌 말아서 첫 부분을 입에 대고 분다.
4. 짧은 잎은 말 때 새잎을 넣어가며 말면 길이가 긴 피리도 된다.

[놀이 268] **묵찌빠 놀이**

○ 개요

옛날이 툭하면 하는 놀이, 묵 찌 빠! 이 놀이는 놀이가 상수가 아니라 벌칙이 상수이다. 아이들이 벌칙을 즐기기 위해 했던 놀이다. 심부름도 시키고 놀려도 주고 마냥 신나게 했던 놀이이다.

○ 놀이 방법

1. 묵, 찌, 빠에서 묵은 바위, 주먹이고 찌는 가위, 빠는 보이다.
2. 가위 바위 보를 해서 이긴 사람이 먼저 묵! 찌! 빠!를 한다.

3. 묵찌빠 중에서 묵! 하면서 주먹을 앞으로 내민다. 상대도 동시에 손을 내밀어야 하는데 묵 말고 다른 것을 내야 이긴다.
4. 똑같이 내면 지는 것이 되어서 지정한 벌칙을 하고 놀이한다.
5. 벌칙은 진 사람이 손을 모으면 이긴 사람이 두 손을 벌렸다가 상대의 손을 세게 친다. 이때 잘 피하면 이긴 사람이 자기 손바닥끼리 부딪쳐서 진 사람의 재미를 더하게 된다.
6. 벌칙 종류로는 손목 때리기, 목덜미에 찌른 손가락 맞추기, 이마 때리기, 심부름시키기, 등이다.

[놀이 269] 똬리 놀이

○ 개요

수도시설이 없던 옛날 옛적 여자들은 물동이를 이고 물을 길어 날랐다. 똬리를 머리에 얹고 물동이를 머리에 이면 수평이 맞아 손을 놓고도 물을 흘리지 않고 걸을 수가 있다.

○ 놀이 방법

1. 두 팀으로 나누고 5m 선상에 반환 봉을 놓는다.
2. 두 팀 동시에 똬리를 머리에 얹고 출발한다.
3. 저학년은 똬리만 고학년은 똬리 위에 공을 얹어서 놀이한다.

[놀이 270] 짚신 멀리 던지기

○ 놀이 방법

1. 짚신을 준비하고 두 팀으로 나눈다.
2. 1m, 2m, 3m, 4m 거리에 테이프로 선을 표시한다.
3. 선에 점수를 쓰고 짚신을 발에 걸어서 던진다.
4. 던진 점수를 팀끼리 모두 합산해서 승패를 가른다.
5. 짚신 놀이는 중등, 실버, 초등까지 어디에나 다 해도 좋다.

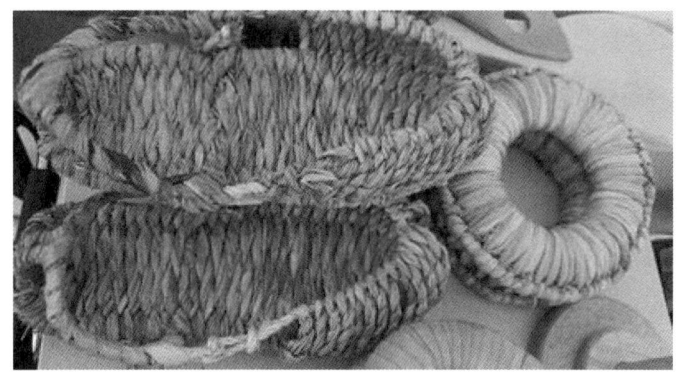

[놀이 271] 양궁 딱지놀이

○ 개요

양궁 판을 전래놀이에 써보면 훌륭하다. 둥글게 판을 만들고 점수도 넣으면 놀이의 계산도 저절로 된다.

○ 놀이 방법

1. 먼저 딱지를 접는 수업부터 한다.
2. 빈 우유팩으로 딱지를 한 사람당 5개씩 만든다.
3. 출발선에서 2m 거리에 양궁 판을 놓는다.

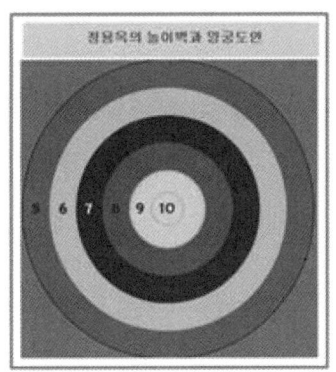 

4. 두 팀으로 나누고 가위 바위 보로 선후를 정한다.
5. 순서대로 딱지를 양궁 판 10점을 향해 던진다.
6. 양궁 판의 점수는 5점부터 10점까지이고 벗어난 것은 2점을 준다.
7. 10점이 쉽게 잘 들어가지 않아서 아주 몰입하게 된다.
8. 정신집중과 거리 조정, 그리고 팔 힘이 잘 맞아야 한다.
9. 사용하는 딱지는 색종이나 재활용 지로 만들어도 된다.

[놀이 272] 들것 놀이

○ 놀이 방법

1. 두 팀으로 나누고 1m 막대 4개를 준비한다.
2. 4m 거리에 반환 봉을 두 개 놓는다.
3. 양 팀 두 명씩 막대 들것을 들고 진행한다.

4. 사람을 태우는 것이 아니고 막대만 둘이 들고 놀이한다.
5. 두 사람이 호흡을 맞추어 막대를 양손에 들고 반환 봉을 돌아온다.
6. 돌아오면 터치하고 내 팀 다음 주자가 나간다.
7. 세 사람은 막대를 들면 반환 봉 돌기가 힘들고 두 사람이 적당하다.
8. 내 팀과 마음과 호흡을 맞춘다는, 의미가 큰 놀이라고 할 수 있다.
9. 놀이 속에서 마음이 넓어지고 이해력이 향상되며 배려심이 고조된다.
10. 막대 두 개를 같이 들었을 뿐인데 효과는 엄청나다.

[놀이 273] 징검다리

○ 놀이 방법

1. A4용지 (재활용 종이 이용 가능) 30장 정도 준비한다.
2. 두 팀으로 나누어 6m 선상에 테이프로 도착점을 표시한다.
3. 출발선에 종이를 가지고 선다.
4. 출발 신호에 젤 앞사람이 자기의 종이를 한 장 놓고 올라서면 뒤의 사람이 종이를 주고 그 종이로 다리를 놓고 앞으로 간다.

5. 계속 뒤에서 연달아 종이를 전해주고 두 번째도 나가고 이어서 전 대원이 다 종이를 전달받아 밟고 나간다.
6. 원단에 징검다리를 인쇄해서 놀이하면 또 다른 실감이 난다.

[놀이 274] **안대 놀이**

○ 놀이 방법

1. 두 팀으로 나누어 놀이한다.
2. 한 조를 두 명으로 하고 한 조 중에서 역할을 지정해야 한다.
3. 가위 바위 보로 안대를 쓸 사람 길 안내를 할 사람을 정한다.
4. 6m 거리에 반환 봉을 각각 2개 놓는다.
5. 장애물은 모두 치우고 시작한다.
6. 한 사람은 안대를 하고 한 사람은 안내하며 두 팀 같이 출발한다.
7. 직접 붙잡고 안내하면 안 되고 말이나 박수로 안내해야 한다.
8. 눈을 가리고 있으니 안전에 주의하고 보호해줘야 한다.
9. 전체 팀원이 먼저 다 돌아오면 이긴다.

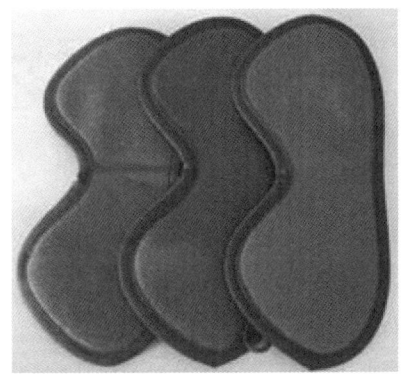

[놀이 275] **엄마 장화**

○ 놀이 방법

1. 엄마 장화와 과자를 준비한다.
2. 4m 거리에 과자 책상을 두 개 놓는다.
3. 두 팀으로 나누고 시작 신호에 똑같이 출발하도록 한다.
4. 큰 장화를 신고 반환점 책상의 과자를 가지고 오는 놀이이다.
5. 응원점수도 가산해서 하면 열기도 높고 더 신나는 놀이가 된다.
6. 돌아와서 다음 사람과 터치하고 먼저 다 돌아온 팀이 이긴다.
7. 의외로 아이들은 큰 신을 신는 것을 좋아한다.

8. 볼거리가 많은 퍽 재미있는 놀이가 연출된다.
9. 장화는 두 팀이 색이 서로 다른 것을 준비하는 것이 좋다.
10. 유아원 수업, 유치원 수업, 초등 저학년 수업에 모두 적용된다.

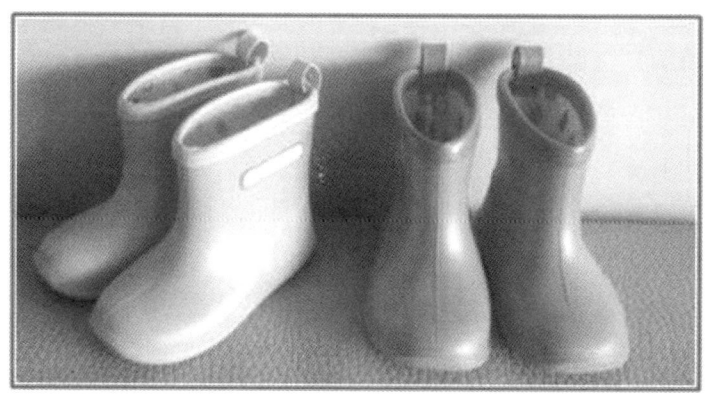

[놀이 276] 가제 놀이

○ 놀이 방법

1. 솔방울과 바구니 세 개를 준비한다.
2. 바구니 하나는 출발지점에 솔방울을 가득 담아 놓는다.
3. 6m 거리에 사이를 뛰어서 바구니 두 개를 알맞게 놓는다.
4. 두 팀의 선수는 서로 마주 보고 선다.
5. 준비 신호에 가제처럼 엎드리고 출발 신호에 게걸음으로 간다.
6. 양손에는 솔방울을 하나씩 가지고 출발한다.
7. 종점의 바구니에 솔방울을 던지면 안 된다.
8. 가까이 가서 바구니에 담는다.
9. 돌아올 때도 게걸음으로 돌아와 내 팀에게 터치한다.
10. 선생님은 준비 신호와 출발 신호를 매번 해준다.
11. 먼저 돌아올 때마다 점수가 가산된다.
12. 그때, 그때 점수를 체크하고 다 한 다음 합산해서 승패를 가른다.
13. 규칙을 꼭 지키도록 미리 말하고 놀이를 시작한다.

14. 게걸음 걸을 것, 돌아와서 터치할 것, 던져서 넣지 말 것 등등.

[놀이 277] 터널 놀이

○ 놀이 방법

1. 훌라후프는 인원수대로 준비한다.
2. 도착 종점을 표시한다.
3. 두 팀으로 나누어서 훌라후프를 하나씩 들고 선다.
4. 시작 소리에 두 팀 동시에 출발한다.
5. 모두 훌라후프를 들고 있으니 터널이 형성되어 있다.
6. 시작 소리에 잡고 있던 훌라후프는 옆 사람에게 주고 터널을 나간다.
7. 먼저 터널을 통과하면 1점을 얻게 된다.
8. 훌라후프를 전달로 이어 잡고 서면 원래대로의 줄이 된다.
9. 다시 출발 신호에 젤 아랫사람이 먼저 사람처럼 이어서 하면 된다.
10. 먼저 도착 되면 다시 1점을 획득하고 훌라후프를 이어받는다.
11. 출발지점에서 도착지점까지 릴레이 터널 빠져나오는 놀이다.
12. 한 명씩 나올 때마다 도착지점에 가까이 가게 된다.
13. 도착지점에 닿게 되면 반대로 돌아서서 다시 한다.
14. 점수를 합산해서 어느 팀이 이겼는지 승패를 보고 다시 한다.
15. 빠르게 훌라후프를 전달로 이어받기로 하면 릴레이로 승패를 가른다.

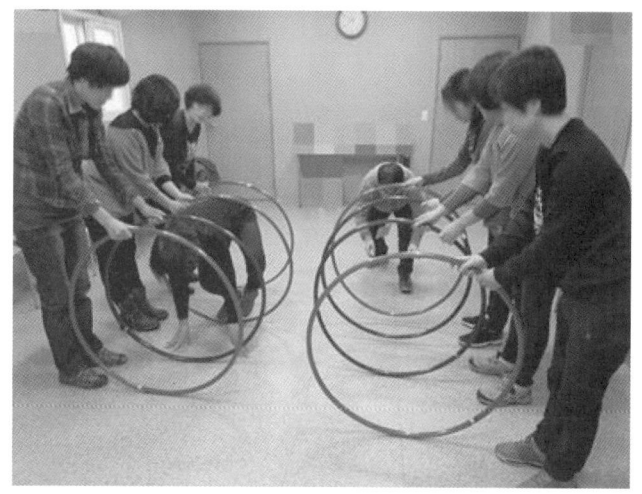

[놀이 278] 빙고

○ 놀이 방법

1. 두 팀으로 나누고 훌라후프 9개와 재기 10개를 준비한다.
2. 두 팀의 재기가 서로 색이 달라야 한다.
3. 예를 들면 노랑 재기 5개 빨강 재기 5개여야 한다.
4. 딱지나 원단도 된다. 이때에도 두 팀이 서로 다른 것을 쓴다.
5. 훌라후프 9개를 5m 선상에 세 줄로 놓는다.
6. 모두 세줄 세 칸이므로 9칸이 만들어지게 된다.

7. 출발선을 정하고 선수는 재기를 하나씩 갖는다.
8. 매번 출발 신호에 맞추어 나가서 훌라후프 안에 재기를 놓는다.
9. 가로, 세로, 사선으로 재기를 3개를 먼저 놓으면 이긴다.
10. 던져도 되지만 안 들어갈 확률도 있으니 가까이 가서 놓는다.

[놀이 279] 훌라후프 줄넘기

○ 놀이 방법

1. 훌라후프 두 개만 준비하면 된다.
2. 두 팀으로 나누고 8m 선상에 반환 봉을 두 개 놓는다.
3. 출발 신호에 두 팀 동시에 훌라후프로 줄넘기를 하며 출발한다.
4. 반환점을 돌아오면 훌라후프를 받아서 내 팀이 나간다.
5. 팀원이 먼저 다 돌아오면 이긴다.
6. 작은 훌라후프는 줄넘기가 안 되고 큰 것으로 준비해야 한다.
7. 4개를 준비해서 미리 대기하고 있다가 터치로 나가도 된다.
8. 선생님은 훌라후프로 장난을 치지 않도록 주의를 시키어야 한다.

[놀이 280] 풍선이랑 집게랑

○ 놀이 방법

1. 화려하고 활달한 단체놀이이다.
2. 풍선과 끈 그리고 빨래집게를 준비한다.

3. 풍선을 불어서 묶은 다음 50cm 끈을 단다.
4. 끈의 끝에 빨래집게를 단다.
5. 그러면 한쪽은 풍선, 한쪽은 빨래집게가 달려 있게 된다.
6. 빨래집게를 뒷부분 허리의 옷에 집어서 단다.
7. 자기 뒤에 풍선이 모두 팔랑이게 된다.
8. 선생님의 시작 소리에 맞추어 서로의 풍선을 따온다.
9. 자기 풍선이 없어도 계속하도록 정한다.
10. 너무 멀리 가면 안 되니 놀이반경을 정해주는 것이 좋다.
11. 일정 시간 후에 중지시키고 풍선 수로 계산한다.
12. 이때 자기 풍선이 뒤에 달려 있으면 10점을 더 준다.
13. 서류 집게도 되고 빨래집게도 된다.
14. 서류 집게는 빨래집게보다 더 잘 떼어진다.

[놀이 281] 주걱과 비치 볼

○ 놀이 방법

1. 여름이 좋고 두 팀으로 나누어서 해야 더 열기가 있다.
2. 6m 거리에 반환 봉을 두 개 놓고 비취 볼과 밀대를 준비한다.
3. 옛날 고추장 만들 때 쓰는 커다란 주걱을 밀대로 써도 된다.
4. 비치 볼은 색상도 화려해서 놀이도 화려해 보인다.

5. 밀대로 비치 볼을 굴여서 반환 봉을 돌아온다.
6. 돌아와서 내 팀 다음 사람에게 밀대와 볼을 넘겨준다.
7. 발로 차거나 손으로 굴리면 안 된다.

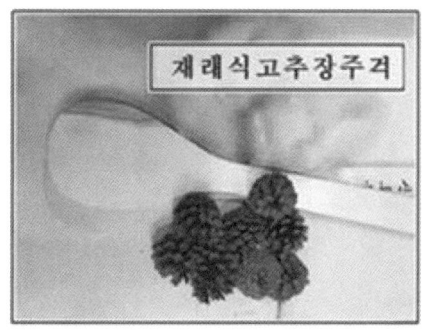 

[놀이 282] **방석 놀이**

○ **놀이 방법**

1. 방석을 전체 인원보다 하나 적게 놓는다.
2. 노래하면서 원을 돌다가 "앉아" 소리에 모두 방석에 앉는다.
3. 방석을 하나 뺏으니 한사람이 못 앉고, 탈락이다.
4. 계속 방석을 하나씩 빼게 되면 그때마다 탈락하는 팀원이 나온다.
5. 노래는 동요가 어울리고 노래 끝나기 전에라도 '앉아' 할 수 있다.
6. 못 앉는 사람은 제외하고 세 사람이 남을 때까지 한다.

[놀이 283] **슛 골인**

○ 놀이 방법

1. 작은 공을 넉넉히 준비한다.
2. 아이들의 팀을 나눌 때는 키와 몸무게 정도를 대충 봐가며 나눈다.
3. 던질 선을 표시하고 선 안에서 던지기를 한다.
4. 알맞은 거리에 바구니를 두 개를 놓는다.
5. 보통은 3m~4m 정도의 거리가 적다.
6. 아이들에 따라서 약간 멀리 혹은 조금 가까이 놓아둔다.
7. 준비가 다 되었으면 두 팀으로 나누고 공을 바구니에 던지기를 한다.
8. 두 팀 같이 공을 차례대로 바구니에 던져 넣는다.
9. 던지는 선 앞에 두 팀원이 서면 선생님이 던져!를 외친다.
10. 한 명씩 계속 던져서 바구니에 공을 많이 넣은 팀이 이긴다.
11. 공 외에 콩 주머니나 솔방울도 사용할 수 있다.
12. 항상 놀이할 때 놀이 규칙을 잘 지키도록 이야기해 준다.
13. 차례 지키기, 선 밟지 않고 하기, 아무 때나 던지지 않기 등등.

[놀이 284] **요구르트 볼링**

○ 놀이 방법

1. 요구르트병 15개와 긴 탁자, 그리고 공을 준비한다.
2. 두 팀으로 나누고 긴 책상에 요구르트병 15개를 배치한다.

3. 지름 10cm의 고무공을 책상 위로 굴리는 볼링이다.
4. 똑바로 굴러가야 맞출 수 있다.
5. 쓰러뜨린 병의 개수가 많은 팀이 이긴다.
6. 병에 벌칙을 적어서 떨어트린 병의 벌칙을 하며 해도 된다.
7. 떨어트린 사람이 춤추기, 맘에 드는 사람 노래 듣기 등등.
8. 이 놀이는 변형도 많이 도출할 수 있다.
9. 실버로 가면 요구르트 병에 아픈 곳을 적고 타파하는 놀이도 좋다.

[놀이 285] 여자아이들 술래 찾기

○ 놀이 방법

1. 예전은 숨을 곳도 많아서 술래 찾기가 아이들 전용놀이였다.
2. 술래를 한 명 정하고 술래는 정해진 숫자를 센다.
3. 보통 1부터 20까지 세고 찾으러 간다.
4. 가서 데려오는 것이 아니고 눈에 보이기만 하면 찾은 것이 된다.
5. 다리는 다 보이는데 머리만 숨는 경우도 많다.
6. 한 명이라도 찾으면 다 나오고 다시 시작한다.
7. 그 한 명이 술래가 되고 20까지 세는 동안 숨어야 한다.
8. 술래가 바로바로 교체되어서 지루하지 않고 좋다.
9. 어려운 곳에 숨기도 하고 숨어 있다가 잠이 드는 일도 있다.
10. 놀이를 끝낼 때는 인원을 잘 점검해야 한다.

[놀이 286] 남자아이들 술래 찾기

○ 놀이 방법

1. 큰 원과 작은 원, 두 개의 진지를 그린다.
2. 큰 원은 포로를 잡아놓는 진이고 작은 원은 깡통을 놓아둔다.
3. 술래를 정하고 한 명이 깡통을 두 번 차는 사이에 모두 숨는다.

4. 술래는 깡통을 주워 다 진에 놓고 대원들을 찾아 나선다.
5. 발견하면 누가 어디에 있다고 크게 말하고 진을 밟으면 그 팀원은 포로를 잡아놓는 원으로 자발적으로 가야 한다.
6. 술래 몰래 진의 깡통을 팀원이 차면 포로는 도망칠 수 있다.
7. 술래는 깡통을 도로 가져다 놓은 후에야 찾으러 갈 수 있기 때문이다.
8. 포로는 술래 진지의 깡통을 찰 수 없다.
9. 숨어 있던 대원이 나와서 차야 포로를 탈출시킬 수 있다.
10. 술래가 팀원을 다 찾으면 다시 놀이를 계속한다.
11. 포로 칸에 잡아놓은 대원들끼리 가위 바위 보로 술래를 다시 정한다.
12. 또는 제일 처음에 찾은 대원이 자동으로 술래가 되기도 한다.

[놀이 287] 계단 오르기

○ 놀이 방법

1. 지금은 아이들에게서 거의 볼 수 없는 옛날 놀이이다.
2. 두 명씩 놀이한다.
3. 가위 바위 보로 한 칸씩 한 칸씩 오르고 내리기를 한다.
4. 계단 제일 아래부터 이기면 한 계단씩 오르는 놀이이다.
5. 처음부터 끝까지 가위 바위 보로 하는 놀이이다.
6. 많이 하던 추억 속의 전래놀이이다.
7. 친구끼리 주로 많이 하고 사진에는 아빠와도 놀이하며 내려간다.

8. 요즘은 학교 버스나 학원버스로 이동을 하니 계단에서 놀 사이가 없다.

[놀이 288] 얼음 까막잡기

○ 놀이 방법

1. 눈을 가릴 안대를 준비한다.
2. 가위 바위 보로 술래를 정하고 술래는 눈을 가린다.
3. 원을 그리고 원안에서 손뼉을 치며 술래에게 위치를 알린다.
4. 술래에게 잡히면 바로 술래가 된다.
5. 잡히는 대원이 없을 때 술래는 얼음을 외칠 수 있다.
6. 술래가 얼음을 하면 대원들은 모두 그 자리에 멈추어야 한다.
7. 대원이 움직이면 바로 술래가 된다.
8. 얼음을 외친 술래만 움직인다.
9. 술래가 손을 저으며 가다가 술래 손에 닿은 대원은 술래가 된다.

[놀이 289] 유아 돌 치기

○ 놀이 방법

1. 사방치기의 일종으로 편하게 할 수 있다.
2. 3칸씩 아홉 칸을 그리고 도구로는 납작한 돌 하나만 있으면 된다.
3. 아홉 칸에 1부터 9까지의 수를 적고 중앙에 한 칸은 쉼터 정한다.
4. 돌을 놓고 1번부터 9번까지 한 발로 돌을 차면서 나간다.
5. 하트 표시에서 시작해서 별 표시 쪽으로 나오면 된다.
6. 발은 금을 밟아도 되는데 돌이 금에 닿으면 죽는다.
7. 한 칸을 한 번에 지나가야 한다.
8. 틀리면 순서가 상대에게 넘어간다.
9. 내 차례가 왔을 때 좀 전에 틀린 곳부터 한다.
10. 다 나와서 던지는 것은 없고 9까지 나가면 한판이 난 것으로 본다.
11. 돌아가면서 계속하다가 누가 몇 판이 났는가로 승패를 정한다.
12. 선생님은 한번을 나올 때마다 손등에 별을 붙여준다.
13. 유치원 아동들도 사방치기보다 이 놀이가 쉽다.
14. 아주 어린 유아들에게는 돌을 한 손에 얹고 돌아오는 방법이 좋다.
15. 대신 중간지점에서 쉴 때 손을 바꾸어서 돌을 들고 들어와야 한다.
16. 한 칸을 한 걸음으로 걸어야 한다.

유아돌치기			
3	2	1	♥
4	5	6	
★ 9	8	7	

[놀이 290] 숟가락 공기

○ 놀이 방법

1. 플라스틱 숟가락과 공깃돌, 바구니 두 개를 준비한다.
2. 4m 거리에 책상을 놓고 공깃돌을 수북이 놓는다.
3. 두 팀으로 나누어 플라스틱 숟가락을 들고 한다.
4. 출발 신호에 한 명씩 동시에 출발하고 릴레이로 진행한다.
5. 숟가락으로 공깃돌을 가져와 출발지점의 바구니에 담는다.
6. 마음껏 담아 와도 되는데 중간에 흘리면 다 주워 와야 한다.
7. 릴레이 게임이니 돌아와야 내 팀이 나갈 수 있다.
8. 먼저 다 돌아와도 공깃돌 수가 적으면 이긴 것이 아니다.
9. 승패는 공깃돌 수에 있다.

[놀이 291] 숟가락 물놀이

○ 놀이 방법

1. 플라스틱 숟가락과 물, 유리컵 두 개를 준비한다.
2. 2m 거리에 책상을 놓고 물을 대접에 담아 놓는다.
3. 신호에 한 명씩 동시에 출발하고 릴레이로 한다.
4. 숟가락으로 물을 퍼와 출발지점의 유리컵에 담는다.
5. 많이 담아도 되는데 중간에 흘리면 감점이 있다.
6. 조심성을 길러주는 놀이에 속한다.

7. 실내에서는 하지 말고 실외에서 하도록 권장한다.

8. 물을 흘리는 것도 문제이지만 실내화가 물이 묻으면 미끄럽다.

[놀이 292] 공 건지기

○ 놀이 방법

1. 여름에 하면 좋은 놀이이다.
2. 사진과 같은 지름 1cm 되는 작은 스티로폼 공을 사용한다.
3. 높이가 낮고 넓은 통을 준비한다.
4. 통에 물을 담고 공을 넣어서 3m 선상에 둔다.
5. 두 팀으로 나누어서 경기한다.
6. 선생님의 신호에 출발하고 두 손으로 건져오기를 한다.
7. 중간에 공을 흘리면 반드시 주워 와야 한다.
8. 유아원, 유치원 아동 놀이이며 야외놀이로 좋다,
9. 옷을 버리니 여벌 옷을 가져오라고 전날 안내해야 한다.

[놀이 293] 빼빼로 놀이

○ 놀이 방법

1. 과자 양파링 한 봉지와 빼빼로 한 봉지를 준비한다.

2. 두 편으로 나누고 양 팀 모두 한 줄로 앉는다.
3. 시작 소리에 빼빼로를 입에 문다.
4. 선두가 양파링을 걸어서 두 번째 팀원의 빼빼로에 걸어준다.
5. 끝까지 한 다음 거꾸로 첫 번 선두에게 양파링이 와야 한다.
6. 중간에 양파링이 떨어지거나 깨어지면 그 자리부터 다시 한다.
7. 넉넉히 준비해서 놀이 후에 과자 파티도 하면 좋다.
8. 실내놀이나 야유회 때의 놀이로도 어울린다.
9. 유아원, 유치원, 초등학교, 중학교, 등등 다 해도 좋다.

[놀이 294] 우리 함께

○ 놀이 방법

1. 신문지를 준비한다.
2. 두 사람이 한 조로 둥그렇게 서서 놀이한다.
3. 선생님의 지시에 따라서 행동한다.
4. "신문지를 펴고 올라서세요." 하면 두 사람이 신문지 위에 올라선다.
5. "신문지를 반 접어서 올라서세요. 하면 신문지를 반 접고 올라선다.
6. 계속해서 신문지를 반 접고 또 반 접고 두 사람이 올라선다.
7. 올라서지 못하는 팀은 탈락시키고 계속한다.
8. 한 사람 업고 한 발로 서면 결국 다 못 버티는데 그래도 1등은 있다.
9. 이 놀이는 '[놀이 295] 지구는 만원' 놀이에서 창의 도출된 놀이이다.

10. 오래된 전래놀이 속에 포함되며 친밀감을 더해 주는 놀이다.
11. 다리 수 줄이기 놀이와도 같은 성격이다.

[놀이 295] 지구는 만원

○ 놀이 방법

1. 한 모둠을 5명으로 하고 가로세로 1m 되는 원단을 배분한다.
2. 예를 들어 20명 놀이 인원이면 모두 4팀이 각 원단 하나씩을 차지한다.
3. 각 원단을 팀원들 앞에 펴놓고 시작한다.
4. 강사의 지시대로 하고 원단을 지구라 칭한다.
5. "지구에 모두 올라서세요. 하면 5명이 모두 지구에 올라선다.
6. "지구가 반으로 줄었어요. 하면 지구를 반으로 접고 다시 올라선다.
7. "지구가 반으로 더 줄었어요. 하면 반으로 접고 다시 올라선다.
8. 계속 반으로 줄이고 발이 지구 위에 있지 않은 팀은 탈락이다.
9. 끝까지 발이 지구 위에 있으면 성공하는 것으로 본다.
10. 지구에서 안거나, 업거나, 목말을 타거나 자유이다.

11. 발이 지구 밖으로 나오지 않은 팀이 이긴다.
12. 목말로 하나 태우고 등에, 양팔에 매달리고, 한 다리를 들고도 선다.

[놀이 296] 빨강 파랑 놀이

○ 만들기와 놀이 방법

1. 빨강과 파랑 두꺼운 켄트지 두 종류를 사서 딱 풀로 맞붙인다.
2. 4등분으로 네 장이 나오는데 60장 정도 만들면 된다.
3. 30장은 빨강이 위로 30장은 파랑이 위로 오게 놓고 시작한다.
4. 다 만들었으며 놀이를 시작한다.
5. 빨강 팀 파랑 팀 두 팀으로 나누어서 한다.
6. 빨강 팀은 빨강을 파랑 팀은 파랑이 위로 오게 뒤집는다.
7. 방금 상대편이 뒤집어 놓은 것을 다시 뒤집어도 된다.
8. 얼마나 빨리 뒤집는지 사진이 흔들릴 정도이다.
9. 중지 신호가 나면 모두 손을 머리 위로 얹는다.
10. 주장이 나와서 빨강과 파랑을 모은다.
11. 숫자를 세어서 많은 팀이 승리한 것으로 보고 다시 놀이한다.
12. 중지하면 숫자를 세어서 많은 팀이 이긴다.

[놀이 297] 두 탕 던지기

○ 놀이 방법

1. 볼을 바구니에 직접 넣는 것이 아니다.
2. 볼을 던지고 바닥에 닿은 볼이 튀어 올라 바구니에 들어가야 한다.
3. 거리 계산과 튕기는 힘 조절이 필요하다.
4. 두 팀으로 나누어서 일정한 거리에 바구니를 두 개 놓는다.
5. 단체팀 경기로 바구니는 1.5m 거리에 놓는다.
6. 던지는 선을 표시하고 던질 때 선을 밟으면 탈락이다.
7. 선에 서서 탱탱볼을 앞부분 바닥에 던진다.
8. 탱탱볼이 바닥을 한번 치고 튀어서 바구니로 넣는다.
9. 바닥을 치지 않고 바로 바구니에 들어가면 무효이다.
10. 바구니에 각각 많이 들어간 탱탱볼 수로 승패를 가른다.

[놀이 298] **비행기 날리기**

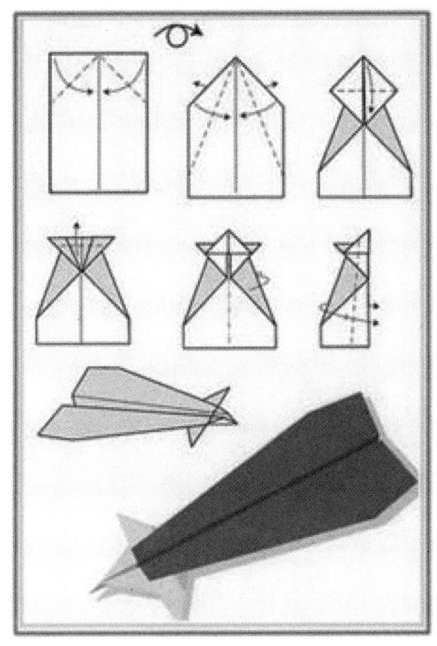 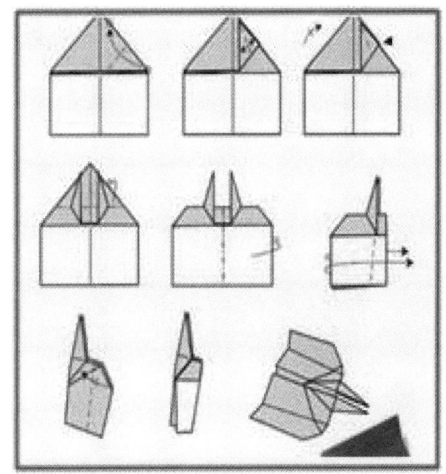

○ 놀이 방법

1. 놀이 수업에서의 즐거움은 도구를 직접 만드는 것에 있다고 하겠다.
2. 종이를 넉넉히 준비하고 비행기를 많이 만든다.
3. 재활용 용지도 가능하고 알고 있는 방법대로 마음대로 접는다.
4. 인원을 점검하고 두 팀으로 나눈다.
5. 비행기를 5개 이상씩 접어야 놀이하기 수월하다.
6. 실내에서 종이비행기 놀이하는 방법을 먼저 해보자.
7. 2m 거리의 책상 위에 종이컵을 20개 정도 엎어둔다.
8. 종이컵에 점수를 적으면 더 좋은 놀이가 도출된다.
9. 점수가 안 보이게 돌려놓는다.
10. 팀별로, 순서대로 접은 종이비행기를 탁자의 컵을 향해 날린다.
11. 종이비행기에 맞아서 떨어진 컵의 점수로 승패를 가른다.
12. 비행기를 던질 때는 차례대로 던진다.

13. 떨어진 컵의 점수도 계산해야 하니 순서대로 질서 있게 한다.
14. 실외에서 할 때는 여러 가지 방법으로 마음대로 활용이 된다.
15. 멀리 보내기, 돌아오게 보내기, 또는 교실에서처럼 컵 맞추기도 좋다.
16. 아이들이 좋아하는 신나는 놀이이고 스트레스 해소에 힘을 발휘한다.

[놀이 299] 숟가락 대포 놀이

○ 놀이 방법

1. 플라스틱 숟가락과 작은 솔방울을 준비한다.
2. 두 팀으로 나누고 긴 책상 끝에 종이컵을 15개 쌓는다.
3. 종이컵에는 점수를 적어놓는다.
4. 책상 끝에서 숟가락으로 솔방울을 튕겨 컵을 쓰러트린다.
5. 솔방울에 맞고 떨어진 컵의 점수로 승패를 가른다.
6. 손힘 조절과 거리감 각이 필요한 놀이이다.

[놀이 300] 공 대포 놀이

○ 놀이 방법

1. 지름 15cm 정도 되는 고무공을 준비한다.
2. 팀을 나누고 긴 책상 끝에 종이컵을 15개 쌓는다.

3. 종이컵에는 각각 점수를 적어놓는다.
4. 책상 끝에서 공을 굴려 컵을 쓰러트린다.
5. 공에 맞고 떨어진 컵의 점수로 승패를 가른다.
6. 손으로 직접 공을 굴려서 컵을 맞추어야 하는 놀이이다.

[놀이 301] 콩 놀이

O 놀이 방법

1. 두 팀으로 나누고 콩과 탁자, 접시, 나무젓가락을 준비한다.
2. 4m 선상에 탁자를 놓고 콩 접시와 나무젓가락을 놓아둔다.
3. 출발 신호에 두 팀에서 한 사람씩 콩 접시를 향해 달려간다.
4. 콩 10개를 옮기고 돌아와 터치하면 내 팀이 다시 출발한다.
5. 릴레이로 하고 먼저 콩을 다 옮긴 팀이 이기는 놀이이다.
6. 머리가 좋아지는 전래놀이에 분류가 되는 놀이이다.

[놀이 302] 땅 차지하기

O 놀이 방법

1. A4용지에 50칸을 인쇄한다.
2. 색연필이나 사인펜 혹은 연필도 무방하다.

3. 두 사람씩 짝이 되어 가위 바위 보로 게임을 한다.
4. 색연필은 서로 다른 것으로 하고 이기면 한 칸씩 색칠한다.
5. 내 칸이 많으면 이기는데 재미있는 벌칙을 미리 정하고 하면 더 좋다.
6. 인쇄 칸수는 더 적게 더 많이 가감해서 해도 된다.
7. 실버에 사용할 때는 종이를 큼직하게 하는 것이 바람직하다.

[놀이 303] 초등 콩 주머니 놀이

○ 놀이 방법

1. 초등 콩 주머니로는 여러 가지 방법의 놀이가 많다.
2. 첫 번째로 콩 주머니 두 개로 오른손 왼손 이동 놀이를 한다.
3. 두 번째로 두 사람씩 짝이 되어 서로 주고받기를 한다.
4. 세 번째로는 한사람이 주장이 되고 팀원들 앞에 앉는다.
5. 주장이 한 사람에게 던지고 그 사람은 주장에게 다시 던진다.
6. 주장이 받아서 다른 사람에게 던지면 그 사람도 주장에게 던진다.
7. 돌아가며 팀원들에게 다 던지고, 받고, 연속으로 놀이한다.
8. 즉 모든 사람이 주장에게만 보내는 놀이이다.
9. 이외에 선 그리고 던지기, 양궁 판에 던지기, 삼태기로 받기 등이 있다.

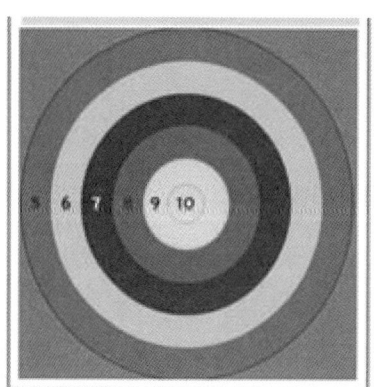

[놀이 304] 막대 넘어트리기

○ 놀이 방법

1. 모래와 나무막대를 준비한다.
2. 한 모둠은 5명 정도로 하고 선후를 정한다.
3. 5명이 둘러앉고 모래를 가운데 놓은 다음 나무막대를 꽂는다.
4. 내 차례가 왔을 때 두 손으로 모래를 가져온다.
5. 모래를 가져올 때 막대가 안 넘어가게 잘 가져와야 한다.
6. 처음엔 안전하니 많이 가져오고 갈수록 조금씩 가져온다.
7. 막대를 넘어뜨린 사람은 벌칙을 해야 한다.
8. 넘어지면 다시 모래를 모아 막대를 꽂고 놀이가 이어진다.
9. 시간 가는 줄 모르고 하염없이 노는 놀이가 이 놀이이다.
10. 오래된 전래놀이 중 하나이며 머리가 좋아지는 놀이로 분류된다.

[놀이 305] 쌍쌍 놀이

○ 놀이 방법

1. 두 사람이 짝이 되어서 한다고 해서 쌍쌍 놀이이다.
2. 두 팀으로 나누고 팀 안에서 둘씩 짝이 된다.
3. 4m 거리에 반환 봉 두 개를 놓는다.
4. 도구로는 콩 주머니를 사용한다.
5. 둘씩 짝이 되어 콩 주머니를 주고받고 하면서 반환 봉을 돌아온다.
6. 두 팀으로 나누고 팀 경기를 해야 재미있다.
7. 콩 주머니가 땅에 떨어지지 않게 잘 던지고 잘 받아야 한다.
8. 앞으로 나아가면서 던지고 나아가면서 받아야 한다.
9. 고난도 놀이 중의 하나이다.
10. 땅에 떨어지는 횟수대로 감점이 있다.
11. 팀원이 먼저 다 돌아왔다고 이기는 것이 아니고 감점이 적어야 이긴다.

12. 빨리 서두르지 말고 정확하게 던지고 받고 하면서 돌아와야 한다.
13. 콩 주머니는 여러 놀이에 두루 쓰이니 많이 준비하면 유용하다.
14. 만들기는 가로세로 원단을 8cm 정도 잘라서 3면을 박고 콩을 넣는다.
15. 콩을 넣은 부분을 막고 네 귀퉁이를 두 개씩 잡아 꿰매면 된다.
16. 원단은 헌 옷 등을 이용하면 된다. 콩은 비싸니 옥수수를 넣어도 된다.

[놀이 306] 공 안고 뛰기

○ 놀이 방법

1. 두 팀으로 나누어서 두 줄로 선다.
2. 큰 비치 볼 두 개를 준비하고 두 팀에 각각 준다.
3. 4m~5m 정도에 반환 봉 두 개를 넓이를 잘 보고 놓는다.
4. 선생님의 신호가 나면 두 팀 동시에 출발한다.
5. 공을 안고 반환 봉을 돌아온다.
6. 공이 커서 앞이 잘 안 보이는 유아도 있다.
7. 릴레이 게임으로 팀원이 오면 공을 받아서 나간다.
8. 공을 들어오기도 전에 던져서 주면 안 된다.
9. 유아 놀이로 추천하는 놀이인데 보는 사람이 더 즐거운 놀이이다.
10. 앙증맞게 공을 안고 뛰는 유아는 참으로 천사처럼 아름답다.
11. 어려도 반환점은 정확하게 돌아서 들어온다.

12. 간혹 넘어질 때도 있는데 천천히 하라고 미리 일러두어도 좋다.

[놀이 307] 시냇물 놀이

○ 놀이 방법

1. 냇물 놀이는 체험학습용으로 좋다.
2. 지금은 사라진 놀이지만 옛날 아이들이 무척 즐겁게 놀던 놀이이다.
3. 인원이 적으면 적은 대로 많으면 많은 대로 두 편으로 나눈다.
4. 가위 바위 보로 위에 자리할 건지 아래에 자리할 건지 정한다.
5. 시작과 동시에 위와 아래에서 각각 보를 쌓아 물을 막는다.
6. 보는 돌이나 모래, 흙으로 가로질러 물이 못 내려가게 막는 것이다.
7. 어느 정도 높이로 쌓아졌으면 선생님은 중지 신호를 한다.
8. 중지 신호에 모두 손을 멈추고 다음 신호를 기다린다.

9. 터트려! 소리가 나면 위쪽의 보를 일시에 풀어 물을 내려보낸다.
10. 아래의 보가 터지면 위편이 이긴 것이고 안 터지면 아래편이 이긴다.
11. 돌을 날라 오고 흙을 퍼서 둑을 만들고 모두가 한마음으로 놀이한다.
12. 큰 냇물은 할 수 없고 작은 냇물 즉 도랑 정도의 냇물 놀이이다.
13. 우정을 돈독히 쌓아가는 좋은 놀이라고 볼 수 있다.

[놀이 308] 낙엽으로 그림 그리기

○ 놀이 방법

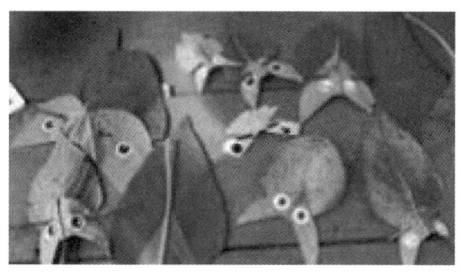

1. 전래놀이 수업을 하면서 자연물을 접하게 되는 것은 아이들은 일석 삼조로 효과가 크다.
2. 길이나 산에 떨어진 고운 낙엽을 모아서 잘 씻어 깨끗하게 한 다음 수업한다.
3. 낙엽과 딱 풀, 켄트지를 준비한다.
4. 둥그렇게 둘러앉아서 가운데 낙엽을 놓고 공동 사용한다.
5. 낙엽으로 켄트지에 원하는 그림을 그려보도록 한다.
6. 켄트지에 낙엽을 얹어놓기만 해도 저절로 그림이 연출된다.
7. 인형 눈을 붙이면 올빼미도 되고 나비도 된다.
8. 인형 눈은 문방구점에서 살 수 있다.

[놀이 309] 고무줄놀이

○ 놀이 방법

1. 기본 동작은 땅을 오른발로 한번 찍고 고무줄을 넘는다.
2. 오른발이 고무줄 너머에 있을 때 왼발도 오른발 뒤에 놓는다.
3. 왼발이 뒤에 오면 오른발은 고무줄을 넘어 왼쪽으로 온다.

4. 오른발을 따라서 왼발도 고무줄을 넘어서 제자리로 온다.
5. 변형이 크고 뛰기도 하는데 고무줄 왼쪽에서 두 발로 한번 뛴다.
6. 왼발은 찍고 오른발은 건너뛰고 왼발도 따라 넘는다.
7. 오른발을 들었다가 놓으면서 줄을 넘어 찍고 처음 상태로 돌아와 뛴다.
8. 줄을 밟았다가 놓으면서 다시 폴 삭 뛰고 오른발로 줄을 넘고 돌아섰다가 왼발을 넘으며 다시 원상태로 돌아선다.
9. 백두산 뻗어나려 반도 삼천리, 금강산 찾아가자 일만 이천 봉.
10. 한 꼬마 두 꼬마 세 꼬마 인디언, 하얀 눈 위에 구두 발자국.
11. 월계, 화계, 수수, 목단, 금단, 초단일, 공주마마 납시오.
12. 샘물이 솟는다, 퐁퐁퐁. 이런 노래를 사용하면 좋다.

[놀이 31이] 합동 제기차기

○ 놀이 방법

1. 놀이 전에 도구를 다 함께 만드는 수업부터 한다.
2. 제기를 만드는 재료는 여러 가지가 많은데 그중에서 와셔와 화선지를 사용해 보자.

3. 와셔를 화선지 가운데 놓고 돌돌 말아서 와셔의 구멍으로 수술을 빼낸다.
4. 수술을 잘 찢으면 제기가 완성된다.
5. 화선지는 색색으로 있어서 여러 가지 화려한 제기를 만들 수 있다.
6. 제기놀이는 혼자 차기, 드려주기, 양발 차기, 헐렁이 등으로 구분한다.
7. 여기에서는 큰 보에 얹어서 합동으로 치기로 한다.
8. 큰 보에 만든 제기를 모두 담고 떨어뜨리지 않고 위로 높이 친다.
9. 단체 협동심이 좋아지는 놀이로 분류할 수 있다.
10. 팀별로 보위의 제기를 넘겨주고 넘겨받는 놀이도 할 만하다.

11. 잘 주고 잘 받아야 하는 공동체의 교육이 숨어 있는 놀이이다.
12. 전래놀이는 몸이 협동과 배려를 스스로 기억하는 좋은 교육이다.

[놀이 311] 망 줍기

○ 놀이 방법

1. 돌을 1에 놓고 1의 칸은 밟지 않고 하늘까지 갔다 온다.
2. 다음은 2에 놓고 2의 칸을 역시 안 밟고 하늘까지 갔다 온다.

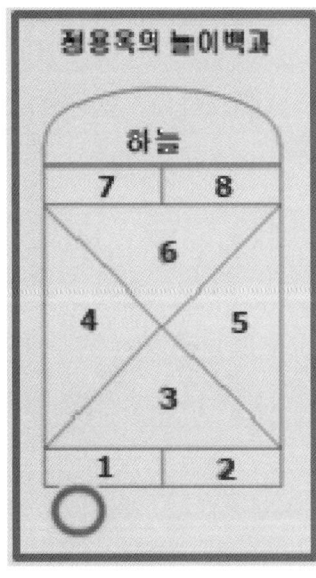 

3. 계속 8까지 한 다음 출발점에 서서 뒤로 돌을 던진다.

4. 돌이 들어가면 그 칸은 내 터가 되고 한번을 더 한다.

5. 뒤로 던졌을 때 내 돌이 금에 걸리면 차례가 상대에게 넘어간다.

6. 상대 터가 너무 많아 가지 못하면 지는 것이고 다시 한다.

[놀이 312] 고백신

O 놀이 방법

1. 둥근 원을 그리고 인원은 모두 세 팀으로 나눈다.
2. 밖에 쉼터를 두고 원은 세 칸으로 나누어서 각각 보물을 둔다.
3. 고는 고구려, 백은 백제, 신은 신라를 뜻한다.
4. 가위 바위 보로 각 땅을 나누고 쉼터에서는 공격 안 한다.
5. 상대 영토와 원 밖은 깨금발이다.
6. 발이 내려오면 죽고 금을 밟아도 죽는다.
7. 두 나라가 연합할 수도 있고 두 나라만 남으면 다시 싸워서 보물 세 개를 모두 차지하면 이긴 것으로 본다.

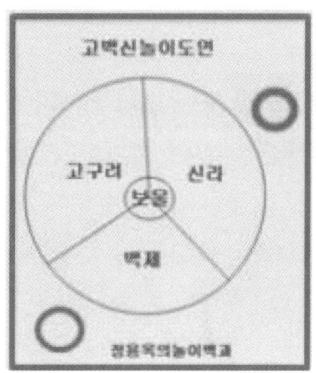

8. 고난도의 놀이이고 운동량이 많은 놀이이다.
9. 상대 진영에 깨금발로 들어가서 보물을 꺼내오기란 쉬운 일이 아니다.
10. 상대는 자기 진영이니 두 발을 내려놓은 상황이니 혼자만 깨금발로 들어가서 상대의 보물을 꺼내오는 것은 더 어렵다고 할 수 있다.
11. 상대 팀 수가 적을 때 내 팀끼리 단합해서 함께 들어가면 승산이 있다.
12. 고백신 놀이와 똑같이 판을 그리고 육군, 해군 공군, 놀이로 하기도 하는데 누가 만들었는지는 전해오지 않는다.

[놀이 313] **뒷도는 6**

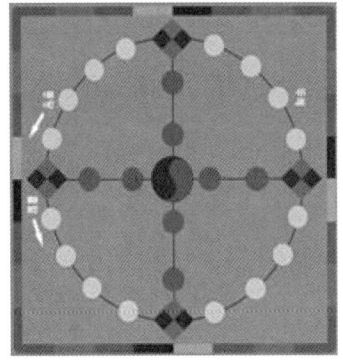 

○ 놀이 방법

1. 윷판과 주사위를 준비한다.
2. 두 편으로 나누고 선후를 정한다.
3. 주사위 숫자 5까지는 앞으로 가고 6은 여섯 칸 뒤로 간다.
4. 두 편 차례대로 번갈아 가며 주사위를 굴린다.
5. 세 판을 먼저 나면 이긴다.
6. 보통 윷판을 사용하는 데 없으면 윷판을 그려서 한다.
7. 주사위도 없다면 종이접기로 주사위를 만들어도 된다.
8. 놀이만 알면 재료는 주위에 있는 것으로 놀면 된다.
9. 윷가락으로 노는 것과는 또 다른 재미가 있다.
10. 6이 나와 뒤로 갈 때 더는 뒤로 갈 것이 없으면 갈 때까지만 간다.

[놀이 314] **팽이치기**

○ 놀이 방법

1. 소나무나 박달나무를 이용해서 팽이를 만든다.
2. 팽이의 기본형은 말 팽이인데 끝을 뾰족하게 깎아 잘 돌아가도록 한다.

3. 끝부분에 쇠 구슬이나 못을 박으면 더 잘 돈다.
4. 너무 가벼우면 안 되고 조금 무거워야 쓰러지지 않는다.
5. 치는 채는 30cm의 곧은 막대기로 끝에 40cm 실이나 천을 멘다.
6. 잘 치려면 측면을 연속으로 치면 죽지 않고 오래 돈다.
7. 제일 고난도의 팽이치기는 반환점을 치면서 돌아오기이다.
8. 넓은 터에 각자 하나씩 팽이를 차지하고 치면서 놀면 된다.
9. 얼음판은 아주 좋은 팽이치기 장소이다.
10. 제일 고난도의 팽이치기는 반환점을 치면서 돌아오기이다.
11. 어렵지만 팽이치기 경주에서 내기로 하는 종류이기도 하다.
12. 수업은 만든 팽이를 사서 매끄러운 바닥에서 할 수 있다.
13. 팽이 도는 원리는 비행기와 배의 수평 장치에도 응용되었다.
14. 미국인 과학자 엘머 앰브로스 스페리이다.
15. 쓰러지지 않고 도는 팽이에서 수평 장치의 논리에 착안한 것이다.

[놀이 315] 훌라후프 기차놀이

○ 놀이 방법

1. 훌라후프를 두 개를 겹치면 가운데 한 칸이 생겨서 세 칸이 된다.
2. 연달아 계속 겹치면 계속 가운데 하나의 칸이 생성된다.
3. 칸만 생기는 것이 아니라 길게 자동으로 이어진다.
4. 모두 들어가서 길게 멋진 기차놀이를 할 수 있다.

5. 아주 길게 할 수도 있지만 두 개를 겹쳐서 3명씩만 하는 것이 알맞다.

[놀이 316] 봉 말타기

○ 놀이 방법

1. 두 팀으로 나누고 긴 봉을 준비한다.
2. 신호에 3명~5명씩 타고 출발한다.
3. 발을 잘 맞추고 천천히 나아가야 한다.
4. 릴레이 게임으로 돌아와 터치하면 내 팀이 바로 나간다.
5. 뛰거나 걸어야 하니 발 박자를 잘 맞추어야 한다.
6. 앞의 주자는 뒷사람을 배려해서 너무 빨리 가지 않도록 한다.
7. 뒷사람은 앞사람의 발이 걸려 빨리 가지 못한다.
8. 반환 봉 돌 때 앞 주자는 제자리걸음을 해야 뒷사람이 돌 수 있다.
9. 여러 명이 봉을 함께 타도되고 3명씩 간단히 해도 된다.

[놀이 317] 풍선 달리기

○ 놀이 방법

1. 풍선만 준비하면 된다.
2. 두 팀으로 나누고 팀 중에서 다시 두 사람씩 짝이 된다.
3. 풍선을 불어서 묶고 끝을 단다.

4. 풍선을 묶은 끈을 한 사람은 오른쪽 한 사람은 왼쪽 발목에 묶는다.
5. 풍선을 대칭으로 묶은 두 명이 손을 잡고 반환 봉을 돌아온다.
6. 두 팀이니 두 명씩 네 명이 출발하는 것이다.
7. 초등수업으로 적합하다.
8. 응용으로 안쪽의 발목을 둘이 묶고 바깥쪽 발목에 풍선을 달아도 된다.
9. 발목을 둘이 묶고 달리는 것은 약간 고난도 놀이가 된다.

[놀이 318] 솔방울 이동 놀이

○ 놀이 방법

1. 플라스틱 숟가락과 솔방울을 준비한다.
2. 두 팀으로 나누어 마주 보고 두 줄로 앉는다.
3. 숟가락에 솔방울을 얹어서 옆 사람의 숟가락에 옮겨주는 놀이이다. 손을 쓰면 안 되고 숟가락 손잡이를 입에 물고 해야 한다.
4. 젤 끝의 내 팀까지 전달로 갔다가 오면 된다.

[놀이 319] **우리 집에 왜 왔니?**

○ 놀이 방법

1. 먼저 두 팀으로 나눈다.
2. 선후를 정하고 손을 잡고 마주 보고 선다.
3. 선이 먼저 우리 집에 왜 왔니 왜 왔니? 선창하며 앞으로 간다.
4. 후 팀이 '꽃 찾으러 왔단다. 왔단다' 하며 앞으로 나아간다.

5. 같은 형식으로 반복하며 앞으로 뒤로 이동한다.
6. 무슨 꽃을 찾으러 왔느냐, 에서 상대 팀의 한 사람을 지목한다.
7. 지목한 상대의 팀과 가위 바위 보를 한다.
8. 이기면 상대 팀이 오고, 지면 상대 팀으로 합류된다.
9. 계속 팀원이 오고 가고 하지만 끝은 난다.
10. 한쪽으로 다 모이게 되면 동대문 놀이나 꼬리잡기를 한다.
11. 꼬리잡기는 과격한 놀이이니 선생님의 세심한 주의가 필요하다.
12. 잡을 때까지 하지 말고 적당한 선에서 멈추게 하는 것이 좋다.

[놀이 320] 인간 줄 당기기

○ 놀이 방법

1. 줄은 없이 사람으로 줄 당기기를 한다.
2. 인원을 같게 하고 두 편으로 나누어서 한다.
3. 중앙에 선을 긋고 주장 두 명이 마주 보고 손을 마주 잡는다.
4. 두 팀 주장은 손을 공평하게 깍지를 끼고 마주 잡는다.
5. 주장이 힘을 잘 써야 유리하다.
6. 팀원들이 주장 뒤로 앞사람의 허리를 잡는데 안 빠지게 꽉 잡는다.
7. 선생님이 3.2.1 초읽기를 하고 시작을 외친다.
8. 모두 힘을 합쳐 내 쪽으로 당기기를 한다.
9. 상대편이 금을 넘어 내 쪽으로 오면 이긴다.

[놀이 321] 낱말 쓰기 빙고

○ 놀이 방법

1. A4용지와 연필을 준비한다.
2. 모두에게 나누어주고 시작한다. (3개씩 써야 한다.)
3. 자음으로 놀이를 한다. (ㄱㄴㄷㄹㅁㅂㅅㅇㅈㅊㅋㅌㅍㅎ)
4. ㅂ 하면 ㅂ으로 시작하는 말을 써야 한다. (바가지, 박사, 바늘.)
5. 다 쓴 사람은 자기 이름을 대고 빙고를 외친다. (영희, 빙고)
6. 개인전 단체전으로 두 가지를 다 할 수 있다.
7. 빙고를 외치면 10점이다.
8. 남보다 빨리하면서 자신감이 늘어나는 장점이 있다.
9. 초등학교, 중학교 수업으로 좋다.

[놀이 322] 뽕 망치

○ 놀이 방법

1. 뽕 망치와 소쿠리를 준비하고 두 사람씩 짝이 되어 놀이한다.
2. 뽕 망치와 소쿠리를 나란히 놓고 가위 바위 보를 한다.
3. 이기면 뽕, 망치를 빨리 들고 진 사람의 머리를 친다.
4. 진 사람은 맞기 전에 빨리 소쿠리로 머리를 막는다.
5. 연속으로 가위 바위 보를 하면서 계속 진행한다.
6. 놀이 중에 제일 바쁜 놀이가 뽕망치 놀이이다.
7. 아주 빠르게 행동해야 하는 놀이이다.

[놀이 323] 윷놀이

○ 놀이 방법

1. 윷판과 윷가락을 준비하고 말도 준비한다.
2. 두 편, 세 편, 혹은 네 편으로 나누어서 한다.
3. 말은 정식으로 4개로 한다.
4. 먼저 윷을 던져서 선후를 정한다.
5. 순서가 정해지면 윷놀이가 시작된다.
6. 차례대로 돌아가며 윷을 던져 말을 둔다.
7. 던져서 나오는 도, 개, 걸, 윷 모로 말판을 옮겨 간나.
8. 잡기도 하고 잡히기도 한다.
9. 도는 1칸을 옮기고 개는 2칸을 옮긴다.
10. 걸은 양이고 3칸을 옮긴다.
11. 윷은 소이고 4칸을 옮기고 한번 더할 수 있다.
12. 모는 말이고 5칸을 옮기고 한번 더할 수 있다.

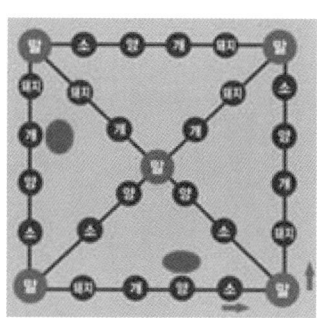

13. 네 개의 말이 모두 먼저 나오면 이긴다.

[놀이 324] 산가지

○ 놀이 방법

1. 나뭇가지나 나무젓가락을 준비하고 책상에 앉아서 한다.
2. 4명이 한 조로 한 책상에 나뭇가지 40개 정도씩 배분한다.
3. 알맞게 두 손으로 나뭇가지를 잡아서 책상에 퍼트린다.
4. 하나를 다른 것을 건드리지 말고 살짝 집는다.
5. 안 건드렸으면 계속해서 하나씩 집어간다.
6. 이때 다른 것을 건드리면 차례가 상대에게 넘어간다.
7. 한사람이 산가지가 다 떨어지면 등수를 내고 다시 한다.

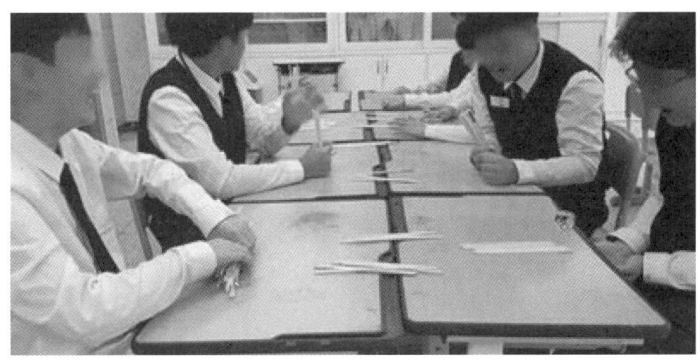

[놀이 325] 통 굴리기

○ 놀이 방법

1. 지름 30cm 길이 1.5m 정도 되는 통이나 나무를 준비한다.
2. 두 팀으로 나누고 팀 중에서 다시 3명씩 나눈다.
3. 8m 거리에 반환점을 표시한다.
4. 넘어질 수 있으니 반환 봉은 설치하지 않는다.
5. 3명이 통을 합심해서 굴려야 한다.
6. 아무렇게나 굴리면 안 되고 여기에서도 박자가 맞아야 잘 굴러간다.
7. 3명이 밀 때 함께 미는 힘을 써야 한다.
8. 시작 소리에 출발하고 먼저 다 돌아오는 팀이 이긴다.
9. 특히 반환점에서는 조심히 천천히 돌아와야 한다.
10. 수업으로 할 때는 지름이나 길이를 알맞게 조절해서 하면 된다.
11. 야외 수업이 어울리는 놀이이다.

[놀이 326] 성 쌓기

○ 놀이 방법

1. 종이컵을 많이 준비한다.
2. 두 팀으로 나누고 6m 선상에 탁자를 놓는다.
3. 탁자에는 각 팀 주장이 자리한다.
4. 어디든 한 개만 안착하고 옮길 수 있다.
5. 머리에 하나 얹어도 되고 입에 하나 물고, 양손에 하나씩 그리고 주머니가 있다면 주머니에도 하나를 담아서 옮길 수 있다.
6. 내 옷에 주머니가 없으면 다른 사람 옷을 입어도 된다.
7. 많이 가져가려고 컵을 구겨서 가져가면 안 된다.
8. 탁자까지 가면 내 팀 주장이 받아서 성을 쌓는다.
9. 먼저 더 높이 성을 쌓은 팀이 이긴다.

10. 더 높이 쌓으면 10점이고 다시 가져오는 놀이로 이어서 한다.
11. 가져왔을 때는 최소한 컵의 높이가 낮아야 이긴다.
12. 놀이 전에 몇 줄로 할 것인지는 정해서 한다.
13. 놀이하는 컵의 양에 따라 달라진다.

[놀이 327] 자리 차지하기

○ 놀이 방법

1. 한 팀으로 단체 놀이이다.
2. 모두 의자 뒤에 서서 빙빙 돌아가며 노래를 부른다.
3. 주장의 "앉아" 소리에 모두 의자에 앉는다.
4. 주장도 들어가서 의자에 앉는다.
5. 그러면 의자가 하나 모자라서 한 명이 못 앉는다.
6. 못 앉은 사람은 의자를 하나 가지고 퇴장한다.
7. 노래하면서 처음과 같이 놀이하고 "앉아" 소리에 모두 앉는다.
8. 의자 하나를 뺏으니 또 한 명이 못 앉게 된다.
9. 연속으로 같은 방법으로 한다.
10. 세 명이 남으면 상을 주고 다시 이어서 놀이한다.

[놀이 328] 짝짓기

○ 놀이 방법

1. 인원수를 셀 때 하면 쉽게 인원 점검이 된다.
2. 선생님의 지시로 놀이가 이루어진다.
3. 순발력을 키워주는 놀이이다.
4. 단체놀이로 모두 다 서서 손뼉을 치며 노래를 부른다.
5. 노래 한 소절이 거의 끝나갈 무렵 선생님이 외친다.
6. 넷! 하면 네 명만 한군데 모여 선다.
7. 넷이 안 된 사람들은 벌칙을 받고 놀이를 이어간다.

8. 다시 손뼉 치며 노래하다가 선생님이 일곱 하면 일곱이 모여 선다.
9. 짝을 찾지 못한 사람들은 역시 벌칙을 하고 계속한다.
10. 눈치도 잘 봐야 하고 발 빠르게 움직여야 살아남을 수 있다.

[놀이 329] 꽃놀이

○ 놀이 방법

1. 바닥에 테이프로 지름 70cm 둥근 원을 5개 그린다.
2. 5개의 둥근 원을 모두 꽃 이름으로 지정한다.
3. 진달래, 개나리, 무궁화, 벚꽃, 수선화.
4. 놀이는 선생님의 지시에 따라서 움직인다.
5. 선생님이 진달래 하면 진달래 칸에 들어가야 산다.
6. 칸이 작아서 금을 밟으면 죽는다. 한발을 들고 있어도 된다.
7. 탈락한 사람은 제외하고 계속한다.
8. 인원에 따라 칸의 크기를 조절한다.
9. 놀이 중에 줄여가며 해도 된다.

[놀이 330] 유아 그림 깜냥 놀이

○ 놀이 방법

1. 깜냥은 할 수 있다는 긍정의 이미지, 순수 우리말이다.
2. 중학생 깜냥 놀이와 조금 다르다.
3. 4장이 짝인데 유아 편에서는 조금 쉽게 2장을 짝으로 한다.
4. 종류가 다양하게 두 장씩만을 똑같게 그린 그림을 준비한다.
5. 새, 곤충, 강아지, 꽃 등 그림은 많이 준비하는 것이 좋다.
6. 한 팀은 4명 이내로 그림을 모두 엎어놓고 시작한다.
7. 차례에 두 장을 집어서 맞으면 가져와서 앞에 나란히 놓는다.
8. 순서대로 하는데 가장 많이 맞는 것을 가져온 사람이 이긴다.

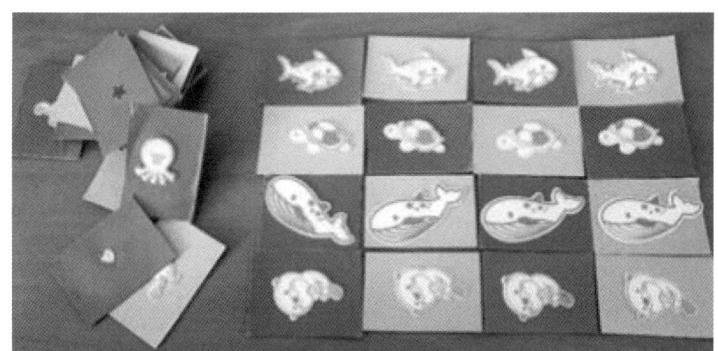

[놀이 331] 퍼즐

○ 놀이 방법

1. 그림을 한 장씩 나누어 주고 감상하게 한다.
2. 감상 후 그림을 반으로 찢도록 한다.
3. 두 조각을 함께 다시 더 찢도록 한다.
4. 네 조각을 다시 더 찢도록 한다.
5. 학년이 낮으면 멈추고 학년이 높으면 한 번 더 찢는다.
6. 찢은 조각을 원래의 그림대로 퍼즐 맞추기를 한다.
7. 옆 사람과 섞이지 않도록 조심을 시킨다.
8. 옆 사람과 바꾸어서 한 번 더 한다.
9. 그림을 수업용으로 할 때는 뒷면에 같이 그림이 있으면 하기 힘들다.
10. 뒷면은 무색이어야 한다.

[놀이 332] 칠교놀이

○ 놀이 방법

1. 칠교판은 색종이로 만들어서 해도 되지만 사서 놀이한다.
2. 문방구점에서 판을 사면 여러 가지 문양도 함께 들어있다.
3. 다양한 것을 보고 만들 수 있다.
4. 유아원부터 실버에 이르기까지 두루 다 놀이가 된다.
5. 꽃이나 동물 등도 같은 이미지가 드러나도록 만들어진다.
6. 반드시 일곱 조각을 다 사용해서 만들어야 한다.
7. 중국에서 전해온 놀이이며 손님 접대용 놀이였다.
8. 나폴레옹이 즐겨 했다고 한다.
9. 머리가 좋아지는 놀이에 분류가 된다.

[놀이 333] **용호 쌍육**

○ 놀이 방법

1. 둘이 말을 한 칸에 1개씩 6개를 놓고 한다.
2. 판은 가로로 1부터 6까지 그리고 세로도 같이 그린다.
3. 가로의 돌은 건너편 가로에 모두 가고 세로의 돌은 세로에 간다.
4. 처음에 주사위 하나씩을 던져서 많은 숫자가 나오면 먼저 한다.
5. 주사위 두 개를 던져서 나온 수만큼 판에서 이동한다.
6. 한 칸에 있는 말을 같이 옮겨도 되고 따로따로 옮겨도 된다.
7. 두수의 합이 7이 넘으면 말 하나로 7칸을 가지 못한다.
8. 옮기려는 곳에 상대의 말이 내 말보다 많을 때 놓을 수 없다.
9. 상대의 말이 있는 곳에 내 말이 도착 되면 상내의 말을 출발점으로 보낼 수 있다. 그러나 내 말보다 상대의 말이 더 많이 있으면 돌려보내지 못할 뿐만 아니라 나도 못 들어간다.
10. 말이 다 도착 되면 따내기를 하는데 아무렇게나 빼내는 것이 아니고 주사위가 나온 번호대로 빼낸다.
11. 6번 칸의 말은 주사위가 6이, 3번 칸에 있는 말은 3이 나와야 뺀다.

12. 판에서 말을 먼저 다 빼내면 이긴다.
13. 빼내는 것 없이 건너편에 도착이 다 되면 이기는 것으로 해도 된다.
14. 쉬운 쌍육 놀이로 유아나 유치 아동이 하면 좋다.

용호쌍육판

[놀이 334] 보물찾기

○ 놀이 방법

1. 추억이 있는 옛날 놀이이다.
2. 소풍 가면 꼭 하는 것이 보물찾기 놀이이다.
3. 선생님은 학생들 모르게 상품이 적힌 종이를 숨긴다.
4. 나무 위에도, 돌 밑에도 숨기고 소풍이 더 기다려지는 이유가 된다.
5. 학생이 많으니 다 찾게 할 수는 없으니 귀해서 더 관심이 많다.
6. 찾으면 그날 소풍은 정말 더 즐거운 소풍이 된다.
7. 체험학습 때 하면 재미있는 체험학습이 될 수 있다.

[놀이 335] 전화 놀이

○ 놀이 방법

1. 실을 통해서 전화처럼 말이 들린다.

2. 종이컵 두 개와 4m 정도의 실, 송곳, 테이프를 준비한다.
3. 종이컵 바닥 가운데에 구멍을 뚫는다.
4. 실을 안에서 바깥으로 넣고 안의 실에 요지를 묶어 고정한다.
5. 양쪽에서 팽팽하게 당겨질 정도의 거리에 선다.
6. 실이 팽팽해야 말 전달이 잘 된다.
7. 종이컵에 입을 대고 이야기하고, 들을 때는 귀에 대고 듣는다.
8. 내가 이야기할 때는 입에 종이컵을 댄다.
9. 반대로 들을 때는 종이컵을 귀에 대면 된다.
10. 서로서로 반대로 바꿔서 이야기하고 듣는다.

[놀이 336] 생활 그림 그리기

○ 놀이 방법

1. 흰색 켄트지, 연필, 크레파스를 준비한다.
2. 식구들과 놀러 갔거나 체험 간 곳의 재미있었던 점들을 이야기한다.
3. 그중에서 제일 좋았던 곳을 그리기로 한다.
4. 다 그리면 한 사람씩 앞으로 나와서 발표한다.
5. 그린 곳은 어디고, 누구와 갔고, 무엇이 좋았는지 나눔 활동을 한다.
6. 머리가 좋아지는 놀이 속에 분류된다.

[놀이 337] 스무고개

○ 놀이 방법

1. 한 사람이 문제를 생각하면 맞힐 사람은 질문을 20번 하는 놀이이다.
2. 마음속의 어떠한 것을 생각하고 질문을 받는다.
3. 질문은 '예, 아니오'로 대답할 수 있는 질문이라야 한다.
4. 질문의 대답도 예, '아니요'로만 대답한다.
5. 20번의 질문이 끝나면 정답을 맞히어야 한다.
6. 놀이로 스무고개를 할 때는 벌칙을 정하고 한다.
7. 못 맞추면 질문하는 사람들이 벌칙을 받아야 한다.
8. 반대로 맞추면 문제를 낸 사람이 벌칙을 받고 스무고개를 이어간다.

[놀이 338] 뽑기 놀이

○ 놀이 방법

1. 한 시간 내내 재미있게 놀 수 있는 놀이이다.
2. 한 조를 4명으로 하고 전체 모두 둥그렇게 둘러앉는다.
3. 한 팀당 종이 3장을 주고 종이에 놀이나 벌칙을 적는다.
4. 글씨가 안 보이게 접고 각 조의 것을 모두 걷어서 가운데 수북이 놓는다.
5. 가위 바위 보로 놀이를 시작한다.
6. 이기면 한 장을 집어서 그 내용으로 팀 인원 모두 함께 놀이를 한다.
7. 예로 코끼리 세바퀴 돌고 '춤추기'를 집었다면 모두 같이 해야 한다.
8. 종이를 뽑아서 적혀있는 대로 놀이를 하는 것이다.
9. 한 팀당 인원을 많게 하면 쑥스럽지 않아서 더 좋다.
10. 한 팀을 10명으로 한다면 100명이 놀이해도 '열팀'이 놀이를 한다.

[놀이 339] **소리맞추기**

○ 놀이 방법

1. 작은 사각 통과 안에 넣을 물건을 준비한다.
2. 상자 안의 넣을 물건은 한 상자에 4개 정도면 된다.
3. 선생님이 미리 준비해서 가져가야 한다.
4. 교실에서 담으면 다 보이니 상자에 담아서 이동한다.
5. 한 팀을 4명으로 한다.
6. 예로 20명이면 5팀을 해야 하니 5상자를 준비해야 한다.
7. 놀이가 시작되면 한 팀당 상자를 하나씩 준다.
8. 상자를 열어보면 안 되고 흔들어서 소리로 안의 물건을 맞춘다.
9. 물건은 돌, 과일 씨, 열쇠, 요지, 밤 등을 선생님 재량으로 넣는다.
10. 다 맞추면 안의 내용물의 생태를 알아보는 시간을 가지면 좋다.
11. 예를 들어 대추를 넣었다면 열매는 언제 익는지, 어디에 좋은지 등등.

[놀이 340] **만져보기**

○ 놀이 방법

1. 한 팀을 4명으로 한다.
2. 큰 상자에 물건을 넣어 놓고 한 팀씩 만져보게 한다.
3. 팀원이 다 안의 물건을 만져보고 의논해서 맞춘다.
4. 물건을 맞추고 그 물건의 여러 가지 상태도 설명하도록 한다.

[놀이 341] **탱탱볼 넣기**

○ 놀이 방법

1. 던질 거리에 바구니를 바닥에 놓고 두 팀으로 놀이한다.
2. 가위 바위 보로 선후를 한 번만 정하면 연속으로 돌아가면 된다.

3. 한팀, 한팀 번갈아 가며 한다.
4. 처음엔 1m에 놓고 두 번째는 2m에 놓아두고 한다.
5. 거리를 점차 늘려가며 할 수 있다.
6. 1m 놀이가 끝나면 승패를 보고 나서 2m 놀이로 들어간다.
7. 볼 색상을 다르게 하면 승패를 계산하기 쉽다.
8. 3m까지 하면 결산을 봐도 된다.
9. 일반 고무공이나 콩 주머니로 해도 된다.
10. 콩 주머니는 바구니가 없더라도 사각형을 그리고 하면 된다.
11. 탱탱볼이나 일반 공일 때는 공이 첫 번 찍은 점을 잘 보면 된다.
12. 그러나 간간이 시비가 걸리니 바구니를 쓰는 것이 합당하다.

[놀이 342] **그림자 인형 놀이**

○ 놀이 방법

1. 검은 켄트지, 가위, 나무젓가락, 테이프를 준비한다.
2. 동화를 하나 들려주고 동화 속의 동물을 켄트지에 그린다.
3. 잘 오려서 뒷면에 나무젓가락을 테이프로 붙이면 된다.
4. 만든 동물을 보고 동화 중에 한 줄을 연극을 해보도록 하는 것도 좋다.

5. 시간이 오래 걸려서 다 발표를 못 하는데 거기까지 하면 된다.
6. 다음 시간에 이어서 하려면 집에 가져간 것을 가져와야 하니 힘들다.

[놀이 343] 색종이 왕관

○ 놀이 방법

1. 연필, 색종이, 가위, 풀, 도형 삼각자를 준비한다.
2. 색종이를 반으로 잘라서 길게 풀로 이어 머리띠를 만든다.
3. 다양한 모양이 있는 도형 삼각자를 색종이에 대고 오린다.
4. 도형 오린 것을 길게 이어놓은 색종이 머리띠에 풀로 붙인다.
5. 머리둘레에 알맞게 색종이 머리띠를 조절한다.
6. 머리에 써보면 모두 왕이 된 듯하다.
7. 시간이 남으면 왕의 소감 발표도 첨가해도 된다.

[놀이 344] 색종이 목걸이

○ 놀이 방법

1. 연필, 색종이, 가위, 풀, 도형 삼각자를 준비한다.
2. 색종이를 사 등분 하고 동그랗게 오므려서 사 등분한 색종이 하나를 넣어 놓고 풀칠을 한 다음 다시 넣어 놓은 색종이에 또 하나를 넣어 놓고 풀칠을 한다. 고리에 고리를 넣는 것이다.
3. 4명씩 일렬종대로 서서 완성한 목걸이로 놀이를 시작한다.
4. 머리에서 머리로 뒤까지 보내고 뒤에서 다시 앞으로 온다.
5. 손을 사용하면 안 되고 머리에서 머리로만 전달한다.
6. 발로만 전달하는 놀이도 이어서 한다.
7. 접착제를 사용하면 기차를 만들어 기차놀이도 해도 된다.
8. 기차놀이를 할 때는 만든 것을 바닥에 놓은 다음 다 들어가서 집는다.
9. 놀다가 끊어지기도 하지만 예쁘고 색달라서 아이들이 좋아한다.

10. 고리 놀이도 색종이 목걸이 놀이와 같이 머리에서 머리로 해도 좋다.

[놀이 345] 색종이 꽃

○ 놀이 방법

1. 색종이, 가위, 풀, 켄트지를 준비한다.
2. 색종이로 여러 문양을 미리 만든다.
3. 구상하는 이야기를 생각한 다음 작업을 한다.
4. 켄트지에 색색으로 예쁜 꽃과 꽃잎, 나비 등 여러 모양을 가위로 오리거나 찢어서 모자이크 장식을 한다.
5. 한 사람씩 미리 구상했던 작품설명회를 한다.
6. 아름다운 이야기들이 줄줄이 나온다.

[놀이 346] 두꺼비 놀이

○ 놀이 방법

1. 촉촉한 모래 속에 한 손을 넣고 그 위에 모래를 덮는다.
2. 두껍아, 두껍아 헌 집 줄게 새집 다오.
3. 두껍아, 두껍아 물 길어오너라. 너희 집 지어 줄게.

4. 두껍아, 두껍아 너희 집에 불났다.
5. 솔이랑 가지고 쫄래, 쫄래? 오너라.
6. 한여름 바닷가에서 하는 놀이로 정서발달에 좋은 놀이이다.
7. 마른 모래보다 촉촉한 모래가 집이 더 잘 지어진다.
8. 그러나 너무 바다 가까이 가면 파도를 맞아서 물을 뒤집어쓴다.
9. 두꺼비 집은 후딱 만드는 게 아니고 천천히 잘 다져야 지어진다.

[놀이 347] 대나무 판 놀이

○ 놀이 방법

1. 40cm 대나무 판, 탱탱볼, 바구니를 준비한다.
2. 대나무를 하나씩 갖고 한 팀당 탱탱볼 10개씩 준비한다.
3. 두 팀 모두 종렬로 서서 대나무 판에 탱탱볼을 왔다 갔다 굴린다.
4. 다음 놀이로는 8m에 바구니를 놓고 이어서 공을 모두 넣으면 된다.
5. 내 판에 공이 지나가면 판을 들고 내 팀의 젤 뒤에 서서 줄을 잇는다.
6. 연속으로 종점까지 판 위에서 공을 이동해야 한다.
7. 중간에 떨어지면 처음으로 다시 와서 해야 한다.
8. 승패는 바구니의 탱탱볼 수로 가름한다.

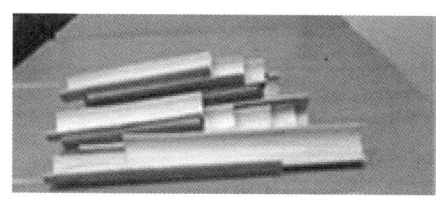 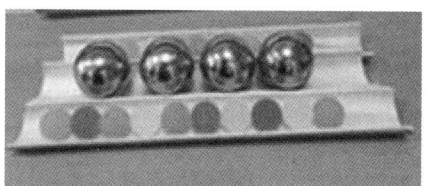

[놀이 348] 물고기 잡기

○ 놀이 방법

1. 색종이, 실, 자석, 클립, 나무막대를 준비한다.
2. 막대에 실을 달고 살 끝에 자석을 단다.

3. 색종이에 물고기를 여러 가지로 그리고 가위로 오린다.
4. 색종이 고기에 클립을 붙여 모두 모아 합동으로 5m 선상에 펼쳐놓는다.
5. 가위 바위 보로 순서를 정해서 차례대로 낚시한다.
6. 자석 막대를 들고 색종이 물고기에 대면 물고기가 붙는다.
7 색종이 물고기에 붙인 클립과 자석의 합성이다.
8. 고기를 잡아 올리는 아이들의 표정은 정말 희희낙락이다.

[놀이 349] 아카시아 놀이

○ 놀이 방법

1. 아카시아 잎을 당일 채취해서 수업한다.
2. 곤란하면 미리 채취해서 냉장고에 보관했다가 사용한다.
3. 잘 씻어서 물기를 뺀 다음 신문지에 싸서 넣어 놓으면 된다.
4. 둥글게 모두 모여 앉아서 아카시아 잎은 가운데 놓고 공동 사용한다.
5. 두 사람씩 짝이 되어 아카시아 잎의 줄기를 하나씩 들고 놀이를 한다.
6. 가위 바위 보를 해서 이기면 아카시아 잎 하나를 따낸다.
7. 계속 가위 바위 보를 하고 먼저 다 따내면 이긴다.
8. 많이 준비해서 여러 번 하도록 한다.
9. 아카시아꽃은 먹기도 한다. 맛은 없는데 무척 향기롭다.

[놀이 350] **열 발 뛰기**

○ 놀이 방법

1. 출발선을 표시하고 술래를 정한다.
2. 대원들은 한 발 뛰어나간 다음 표시하고 뒤돌아선다.
3. 술래는 출발선에서 대원을 치고 술래 손에 닿으면 술래가 된다.
4. 나간 발수로 들어와야 하고 만약 못 들어오면 술래가 된다.
5. 다음은 두 발 뛰고 술래는 한 발 뛰고 손으로 사람을 친다.
6. 술래는 대원들보다 항상 한 발 적게 뛰어 친다.
7. 창의가 도출되는 놀이로 재미가 솔솔 나는 놀이가 된다.
8. 열 발까지 가서 술래가 바뀌게 되어도 그 이후는 열 발부터 한다.
9. 술래의 주문으로 들어오는 변형 놀이 방법도 있다.
10. 사진은 변형 놀이로 '호랑이처럼 들어 오세요.'란 주문이다.

[놀이 351] **무궁화 꽃놀이**

○ 놀이 방법

1. 술래는 뒤돌아서서 "무궁화꽃이 피었습니다" 열 글자를 외친다.
2. 빨리 외치고 고개를 돌려 움직이는 사람이 있나 본다.

3. 술래가 외치는 동안 빨리 한 발 또는 두 발 간다.
4. 술래가 뒤돌아보았을 때 움직인 사람은 술래에게 잡힌다.
5. 잡히면 술래와 손을 잡고 선다.
6. 다음에 잡힌 사람은 앞사람을 잡고 선다.
7. 술래 앞까지 가서 술래 손을 잡은 손을 쳐서 끊는다.
8. 이때 잡혔던 사람들은 출발지점으로 빨리 도망간다.
9. 술래가 쫓아가서 치는 사람이 술래가 된다.
10. 출발선 안으로 다 들어가고 아무도 치지 못하면 술래를 또 해야 한다.

[놀이 352] 그물 술래잡기

○ 놀이 방법

1. 모두 손잡고 그물 모양으로 논다고 해서 그물 술래잡기이다.
2. 가위 바위 보로 술래를 정한다.
3. 술래는 팀원을 잡으러 다니고 잡힌 팀원은 함께 술래가 된다.
4. 잡는 대로 모두 술래가 되고 손잡고 함께 잡으러 다닌다.
5. 가운데 손잡은 사람은 잡을 수 없다.
6. 잡는 술래는 양쪽 가장자리의 술래만 손이 비니 잡을 수 있다.
7. 한 사람도 빠짐없이 다 잡을 때까지 쫓아다니며 잡는다.

8. 다 잡으면 다시 술래를 정해서 한다.
9. 술래에게 잡혀도 포로가 아니고 처음부터 끝까지 같이 뛰어논다.
10. 재미와 운동량이 아주 많은 놀이이다.

[놀이 353] 꼬리 달기

○ 놀이 방법

1. 모두 혼자인 상태에서 아무에게나 가위 바위 보를 한다.
2. 가위 바위 보를 해서 진 사람은 이긴 사람 뒤에 꼬리가 된다.
3. 두 사람이 같이 다니고 만나는 팀과 다시 가위 바위 보를 한다.
4. 지면 둘 다 이긴 팀의 뒤에 붙어 꼬리가 된다.
5. 이기면 반대로 꼬리를 얻게 된다.
6. 계속 만나는 팀과 가위 바위 보로 진 팀은 이긴 팀에 붙는다.
7. 더 이상 팀이 없을 때까지 한다.
8. 한 팀만 남게 되면 뒤의 사람과 문을 만들어 동대문 놀이한다.
9. 연동 놀이로 동대문 놀이 후 발치기, 손 치기 놀이로 이어간다.
10. 두 팀이 남았을 때 연동 놀이로 여우야, 여우야 놀이를 하면 된다.
11. 놀이는 연속으로 이어지는 것이 좋다.
12. 수업 전에 놀이의 이어짐을 미리 계획하고 수업하는 것이 바람직하다.
13. 도구 사용이 있을 때도 그러하다.
14. 연동 놀이로 이어가면 도구를 적게 가져가도 수업을 많이 할 수 있다.

[놀이 354] 발치기, 손치기

○ 놀이 방법

1. 둥그렇게 서서 노는 단체 행동 유희이다.
2. 다 같이 큰소리로 노래하며 몸놀림을 한다.
3. 가사 대로 몸놀림을 하면 된다.

4. 손을 치는 가사에는 손을 치고 발을 치는 가사에는 발을 치면 된다.
5. 손치기, 손치기 손으로 친다고 손치기. (서로 손을 친다)
6. 발치기, 발치기 발로 친다고 발치기. (서로 발을 친다)
7. 함박, 쫍박 시집가 종갈 애기 나도 가. (팔짱 끼고 돈다)
8. 어린것이 어찌 가 옹굴 동굴 잘도 가. (팔짱을 끼고 돈다)
9. 두 번째 소절도 같은 형식으로 한다.
10. 손치기, 손치기, 손으로 친다고 손치기. (서로 손을 친다)
11. 발치기, 발치기, 발로 친다고 발치기. (서로 발을 친다)
12. 남산에 북산에 백 여시 소금 장시 연 애비. (팔짱 끼고 돈다)
13. 연 애비 공알 똑 따먹고 연 애비 한태로 장개 가. (팔짱을 끼고 돈다)
14. 손치기, 손치기 손으로 친다고 손치기. (서로 손을 친다)
15. 발치기, 발치가 발로 친다고 발치기. (서로 발을 친다)

[놀이 355] 앉은뱅이놀이

○ 놀이 방법

1. 전래놀이에는 단체로 모두 참여하고 모두 함께 하는 놀이가 많다.
2. 전부 운동량이 아주 많은 놀이고 그저 뛰어노는 놀이다.
3. 앉은뱅이놀이도 술래는 잡으러 다니고 술래를 피해 달아나는 놀이다.
4. 가위 바위 보로 술래를 정한다.
5. 지는 사람이 술래가 되는데 가끔은 이긴 사람을 술래로 하기도 한다.
6. 술래가 정해지면 술래는 열까지 세고 아이들을 잡으러 다닌다.
7. 5까지 세면 너무 짧아서 10까지 세는 것이 알맞다.
8. 술래가 10까지 셀 동안 술래에게서 멀리 떨어진다.
9. 가위 바위 보하느라고 술래와 붙어 있었으니 빨리 움직여야 한다.
10. 놀이반경을 정해놓고 해야 한다.
11. 너무 멀리 달아나면 놀이가 진행이 안 된다.
12. 술래는 잡으려고 전력을 다해 뛰어다닌다.

13. 술래가 치려고 할 때 "앉은뱅이"하고 앉으면 술래가 칠 수 없다.

14. 술래가 가면 일어나서 다니고 술래에게 잡히면 술래가 된다.

15. 5초 이상 앉아있으면 술래가 되니 빨리빨리 일어나야 한다.

[놀이 356] 여우놀이

○ 놀이 방법

1. 출발선과 끝점을 표시하고 노래를 부르며 여우에게 다가간다.
2. 한 고개 넘어서 아이고 다리야,
3. 두 고개 넘어서 아이고 허리야,
4. 세 고개 넘어서 아이고 어깨야,
5. 여우야, 여우야 뭐 하니? 잠잔다. 잠꾸러기.
6. 여우야, 여우야 뭐하니? 세수한다. 멋쟁이,
7. 여우야, 여우야 뭐하니? 밥 먹는다, 무슨 반찬,
8. 개구리 반찬! 죽었니? 살았니?
9. 살았다고 하면 출발선으로 뛰어가고, 출발선까지 오기 전에 여우가 치면 그 사람이 여우가 된다.
10. 죽었다고 하면 멈춰 있어야 하며, 움직이면 여우가 된다.
11. 이 놀이는 모두 일자로 서서 여우에게 다가간다.
12. 여우가 한 사람도 못 치면 술래는 다시 여우를 한다.

[놀이 357] 손 안 대고 모자 쓰기

○ 놀이 방법

1. 두 팀으로 나누어서 경기한다.
2. 5m 선상에 모자를 바닥에 뒤집어 놓는다.
3. 시작에 두 팀 동시에 출발한다.
4. 5m 거리에 빨리 뛰어가 손을 안 대고 모자를 쓰고 오면 된다.
5. 돌아와서 터치하고 다음 사람의 머리에 모자를 뒤집어서 얹어준다.
6. 모자가 안 떨어지게 살살 걸어서 5m 거리에 다시 놓아야 한다.
7. 릴레이로 다음 사람이 나가서 손 안 대고 쓰고 오고 연속으로 한다.
8. 즉 한번은 쓰고 오고 다음 사람은 가져다 놓는 놀이이다.
9. 인원수대로 먼저 다 끝낸 팀이 이긴다.
10. 가져다 놓는 놀이와 병행을 하면 모자는 두 개만 있어도 놀이가 된다.
11. 모자를 많이 준비해서 수북이 놓고 계속 쓰고 오는 놀이만 해도 된다.

[놀이 358] 수건돌리기

○ 놀이 방법

1. 둥그렇게 앉아서 손뼉을 치고 노래를 부르며 한다.
2. 술래가 수건을 가지고 돌다가 한 사람 뒤에 놓는다.
3. 내 뒤에 있을까? 무척 궁금하지만 돌아다 볼 수는 없다.
4. 뒤에 있으면 얼른 집어 달린다.
5. 모르고 있다가 술래가 치면 벌칙을 받고 술래를 한다.

6. 뒤를 보고 싶은 것을 참는 규칙과 인내심을 기르는 놀이이다.
7. 수건돌리기 놀이는 신기하게도 나라마다 다 한다.
8. 캄보디아의 레악 껀싸잉, 에티오피아의 마라메도 수건돌리기 놀이이다.

[놀이 359] 배턴 이어달리기

◯ **놀이 방법**

1. 두 팀으로 나누어서 각 팀 배턴을 하나씩 갖고 놀이한다.
2. 뛰는 선수가 오기 전에 다음 사람은 준비하고 출빌선에 대기한다.
3. 뛰는 선수가 배턴을 넘겨주면 배턴을 꼭 쥐고 달린다.
4. 배턴을 떨어트리고 사람만 들어오면 무효이다.
5. 배턴을 넘겨주어야 다음 사람이 출발할 수 있다.
6. 순서대로 이어달리기를 먼저 다 하면 이긴다.
7. 지금도 여전히 많이 하는 놀이가 배턴 이어달리기이다.
8. 100m, 200m, 그저 아이들은 달리고 또 달린다.
9. 변형으로 일직선으로 선을 긋고 열 명이 한 선에서 해도 된다.
10. 30 m 선상에 표시하고 배턴으로 점을 찍고 돌아오면 된다.
11. 뒤에 각 다섯 명씩 릴레이 주자를 두어서 배턴을 이어서 달린다.
12. 열 팀 배턴 이어달리기다.
13. 응원도 열기 있고 뛰는 주자도 열기 있는 놀이이다.
14. 놀이 전에 각 팀 응원 부장을 뽑고 하면 더 신난다.

[놀이 360] 신형 땅따먹기

◯ **놀이 방법**

1. 단체인원 중에서 두 사람씩 조를 짜서 놀이한다.
2. 두 사람씩 정해지면 가위 바위 보로 (O, X)를 정한다.
3. 두 사람당 A4용지를 한 장씩 갖는다.
4. A4용지에 가로 10줄 세로 5줄을 그린다.

5. 작은 칸을 만들었으면 가위 바위 보로 시작한다.
6. 가위 바위 보에서 정한 본인 표시 (O, X)를 칸에 표시하면 된다.
7. 내가 이기면 내 표시 상대가 이기면 상대표시(O, X)를 한다.
8. A4용지에 가득 표시 (O, X)를 하면 수를 세어서 가름한다.
9. 유아부터 실버까지 다 적용되니 같은 식으로 놀이하면 된다.

[놀이 361] 달팽이 놀이

○ 놀이 방법

1. 전체 인원을 두 팀으로 나눈다.
2. 칸을 넓게 큰 달팽이를 그린다.
3. 안에 터를 넓게 두어야 대원이 다 들어갈 수 있다.
4. 중간에서 서로 상호 팀이 만나게 되면 인사를 하고 겨루기를 한다.
5. 안과 바깥의 진지에서 선생님의 신호에 동시에 출발한다.
6. 다음의 나갈 사람도 같이 준비를 하고 나갈 순서대로 대기한다.
7. 두 팀원이 만나면 가위 바위 보를 한다.
8. 이기면 계속 달리고, 지면 진 팀에서 새 팀원이 달려 나온다.
9. 상대 진에 먼저 발을 들여놓으면 이기고 진지를 바꾸어 다시 한다.

[놀이 362] 달팽이 변형 놀이

○ 놀이 방법

1. 납작한 돌을 준비하고 개인전으로 한다.
2. 달팽이를 촘촘히 그리고 40cm 정도로 칸을 모두 메긴다.
3. 돌을 들고 깨금발로 달팽이를 돈다.
4. 금을 밟지 않고 밖으로 나오면 뒤로 돌을 던진다.
5. 던진 돌이 칸에 들어가면 내 땅이 된다.
6. 칸에 들어가더라도 내 표시만 하고 상대편으로 차례를 넘긴다.
7. 내 칸은 쉬고 상대의 칸은 뛰어넘는다.
8. 규칙을 정 할 때 두 발을 모으고 뛰어넘기로 하면 훨씬 쉽다.
9. 상대가 칸을 연달아 많이 차지했을 때 넘지 못하면 진 것으로 본다.
10. 여기에도 규칙을 정할 수 있는데 비행기를 적용하기로 하면 된다.
11. 비행기란 두 명이 팔 겨드랑이를 받혀서 들어서 넘기는 것을 말한다.
12. 비행기를 타고 가고 올 때도 비행기를 타고 넘어온다.
13. 그렇게 하면 모두 살아서 끝을 낼 수 있고 내 칸의 수로 승패를 겨룬다.

[놀이 363] 동대문 놀이

○ 놀이 방법

1. 단체놀이이며 두 명의 문을 뽑는다.
2. 손을 높이 올려 문을 만들면 모두 허리를 잡고 통과한다.
3. 다 같이 노래를 부르며 헤야 더 재미있다.
5. 노래가 끝날 때 통과하는 사람은 잡아서 문을 만들게 한다.
6. 문을 잡았던 사람은 대원이 되어 동대문을 빠져나간다.
7. 문을 만들고, 문을 빠져나가는 놀이의 연속이다.
8. 노래는 간단하다.
9. 동 동 동대문을 열어라,

10. 남남 남대문을 열어라.
11. 열두 시가 되면 문을 닫는다.
12. 놀이가 끝날 때까지 계속 세 소절만 연속으로 부른다.
13. 연동 놀이로 무엇을 할 것인지 생각하고 놀이에 들어가야 한다.

[놀이 364] 너구리와 닭

○ 놀이 방법

1. 전체 인원이 모두 함께 하는 놀이이다.
2. 인원이 너무 많을 때는 30명을 한 조로 정한다.
3. 조별로 가위 바위 보로 너구리와 닭을 뽑는다.
4. 모두 손을 잡고 둥그렇게 울타리 모양으로 선다.
5. 닭을 원안에 두고 너구리는 밖에 위치한다.
6. 너구리는 닭을 잡으려고 울타리 안으로 들어오려 한다.
7. 울타리를 친 대원들이 너구리를 막고 너구리가 뚫고 들어오면 닭을 밖으로 내보낸다.

8. 닭은 도망했다가 너구리가 나오면 다시 들어간다.
9. 놀이는 같고 이름이 다른 놀이가 몇 개 있다.
10. 이름만 달라도 다른 이름으로 놀이도 새롭게 느껴진다.
11. 미국 놀이 고양이와 쥐 놀이가 이 놀이와 같다고 볼 수 있다.

[놀이 365] 유아 공기놀이

○ 놀이 방법

1. 유아 공기놀이에서는 선생님이 함께한다.
2. 2명씩 한 조가 되어서 놀이를 한다.
3. 각자 본인 공깃돌은 5개씩 갖는다.
4. 직접 돌을 올리고 받기는 안 되니 쉬운 방법으로 한다.
5. 처음 하나를 올리는 흉내만 내고 한 알씩 집어온다.
6. 두 번째는 역시 돌을 올리는 흉내만 내고 두 알씩 집어온다.
7. 세 번째는 세 개와 두 개 네 번째는 네 개와 한 개를 집어온다.
8. 다른 말로는 거짓말 공기라고도 한다.
9. 마지막은 두 손으로 다섯 개를 공중에 올려서 손등에 받으면 된다.
10. 손 등에 올려진 돌이 독이 나는 숫자이다.
11. 어리니 꺾어 받기는 안 해도 된다.
12. 유아들은 공깃돌을 만지고 노는 것으로도 충분히 놀이가 된다.

13. 연동 놀이로는 돌을 가지고 그림을 그릴 수 있다.
14. 책상에 해도 되지만 켄트지에 하는 것이 그림을 그리는 맛이 난다.
15. 또 연동 놀이 좋은 것은 가위 바위 보 공기놀이를 하면 된다.

[놀이 366] 그림자놀이

○ 놀이 방법

1. 아무것도 없어도 몇 시간 동안 놀이를 할 수 있다.
2. 온 가족이 다 영상을 보는 것처럼 하얀 문창호지의 영상을 본다.
3. 옛날, 옛날 호롱불 빛에 손으로 동물 모양을 만들던 그림자놀이다.
4. 주먹을 쥐고 엄지와 검지를 오므리면 등의 위치에 따라 문양이 비친다.
5. 벽에 나오게도 수 있고 문에 나오게도 할 수 있다.
6. 두 손을 서로 붙이고 손가락을 움직이면 강아지, 고양이가 나타난다.
7. 말도 호랑이도 원하는 것이 다 만들어진다.
8. 하얀 문창호지에 나타나는 그림자는 영화처럼 문밖에서도 본다.
9. 특히 선명해서 좋다.
10. 부모님이 아이들을 위해서 저녁마다 즐겁게 손으로 하던 놀이이다.
11. 이 놀이도 사라져가는 한 편의 추억의 전래놀이가 되고 있다.

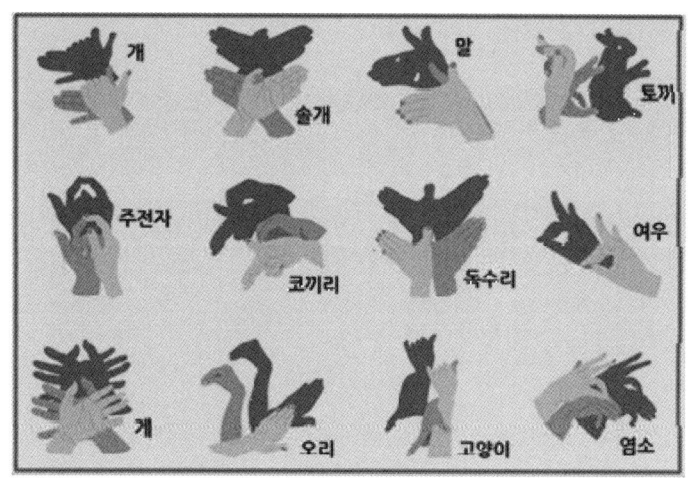

[놀이 367] 낱말 전달하기

○ 놀이 방법

1. 요즘도 많이 하는 놀이이다.
2. 생각하는 놀이에 속하며 지혜로운 아이 만들기 놀이에 분류된다.
3. 조를 짤 때 인원이 많으면 10명이 한 조로 한다.
4. 예를 들어 40명이면 10명씩 4줄이 되는 것이다.
5. 종렬로 앉으면 선생님이 단어를 맨 뒤 사람에게만 보여준다.
6. 4팀 같은 것으로 한다.
7. 맨 뒷사람이 선생님께 받은 단어를 생각하고 앞사람의 등을 친다.
8. 앞사람이 돌아볼 때 행동으로 단어를 전달한다.
9. 말을 해서는 안 된다.
10. 전달받은 앞사람은 그것을 잘 생각하고 다시 자기 앞사람 등을 친다.
11. 앞사람이 돌아보면 똑같이 행동으로 단어를 전달하는 것이다.
12. 계속 앞사람 등을 치고 돌아보면 전달받은 내용을 동작으로 전달한다.
13. 연달아 앞으로, 앞으로 전달되고 제일 앞 사람이 내용을 발표한다.
14. 여러 팀이 한 소재로 할 때 앞사람은 종이에 적어서 발표한다.
15. 가장 빨리 정확하게 전달된 팀이 이긴다.

[놀이 368] 끝말잇기 놀이

○ 놀이 방법

1. 단체놀이로 둥그렇게 앉아서 시작한다.
2. 첫 번 사람이 아무 단어나 낸다.
3. 오른쪽으로 돌아가며 자기 순번에 말을 하면 된다.
4. "지구" 했다면 다음 사람은 "구" 자로 시작하는 말을 한다.
5. "구슬" 이런 식으로 하면 된다.
6. 바로 대지 못하거나 시간을 너무 지체하면 벌칙을 받고 다시 이어간다.
7. 틀린 사람부터 단어를 내고 시작이 된다.
8. 가끔 뒷말의 단어가 정말 없는 것도 있기도 하다.
9. 어려운 단어가 끝에 가도록 연구도 해볼 만하다.
10. 머리가 좋아지는 놀이며 순발력을 키워주는 놀이다.

[놀이 369] 그네

○ 놀이 방법

1. 진솔한 전래놀이에 속한다.
2. 옛날 옛적 놀이, 춘 향이와 이 도령이 생각나는 놀이이다.
3. 튼튼한 나무에 옆으로 뻗은 굵은 가지에 줄을 맨다.
4. 줄은 튼튼한 밧줄 정도여야 한다.
5. 두 줄을 내려도 하나로 이어져 있어야 한다.
6. 앉을 수도 있고 설 수도 있게 앉은 판을 제일 아래에 단다.
7. 앉은 판은 가로 30cm 세로 15cm 정도로 새끼줄로 엮어서 사용한다.
8. 나무판자를 써도 좋다.
9. 혼자도 타고 둘도 탄다.
10. 둘이 마주 보고 서서 타기도 한다.
11. 처음 올라탔을 때 뒤에서 밀어주면 더 빨리 멀리 나간다.

12. 요즘은 공원에 여러 명이 앉는 의자식 그네가 많이 있다.

[놀이 37] 얼음 땡

○ 놀이 방법

1. 실내도 해도 되나 넓은 실외에서 하는 것이 좋다.
2. 단체 놀이로 마음대로 뛰어놀 수 있는 놀이이다.
3. 가위 바위 보로 술래를 한 명 정한다.
4. 술래와 대원들은 마주 서서 시작한다.
5. 술래가 정해지고 준비되면 선생님이 시작을 알리는 신호를 한다.
6. 시작 소리가 나면 술래는 "무궁화 꽃"을 말하고 다른 사람을 치러 다닌다.
7. 술래가 무궁화 꽃을 외칠 때 대원들은 빨리 술래에게서 멀어져야 한다.
8. 술래가 치려고 하면 '얼음'하고 멈추면 술래가 칠 수 없다.
9. 얼음을 외친 사람은 스스로는 다시 움직이지 못한다.
10. 다른 사람이 와서 "땡"하고 쳐주어야 움직일 수 있다.
11. "얼음" 하기 전에 술래가 치거나 "얼음"하고 움직이면 술래 된다.
12. 너무 넓으면 진행이 어렵고 행동반경을 정해놓고 해야 한다.
13. 계속 뛰는 놀이이니 선생님은 세심한 관찰과 주의를 기울여야 한다.

[놀이 371] 물어오기

○ 놀이 방법

1. 실내에서나 야외에서나 다 어울리는 놀이이다.
2. 어른들 야유회에서도 가끔 보이기도 한다.
3. 전체 인원에서 반으로 두 팀을 가른다.
4. 4m 거리에 책상을 두 개 놓는다.
5. 두 개의 탁자 위에 사탕을 올려놓는다.
6. 두 팀으로 나누고 팀 안에서 두 명씩 짝을 한다.
7. 사탕을 두 개씩 입으로 물고 오는 놀이다.
8. 예전에는 사탕에 밀가루를 묻혀서 웃긴 모습을 보여주기도 했다.
9. 요즘은 위생 문제에 특별히 신경을 쓰니 밀가루는 쓰지 않는 것이 좋다.
10. 탁자, 사탕 등 준비가 다 되면 선생님이 신호한다.
11. 신호에 내 팀 두 명씩 손잡고 출발하고 과자를 물고 온다.
12. 손을 사용하면 안 되고 입으로 탁자의 과자를 물어야 한다.
13. 두 개를 물고 오는데 흘리면 바닥에 떨어진 것은 손으로 집어온다.

[놀이 372] 쌀보리

○ 놀이 방법

1. 재미있는 행동 유희이다.
2. 두 명씩 짝을 이루어 놀이한다.
3. 감자에(주먹을 쥔다) 싹이 나서(양쪽 검지를 세운다) 잎이 나서(손을 편다) 묵(주먹) 찌(가위) 빠(보자기)에서 가위 바위 보를 한다.
4. 가위 바위 보에서 지면 술래가 된다.
5. 술래는 두 손을 모아 야구 글러브처럼 만든다.
6. 이긴 사람은 술래의 손안에 주먹을 넣으며 '쌀' '보리'를 외친다. 술래는 '쌀'의 경우 손을 잡고 '보리'의 경우 손을 안 잡아야 한다.

7. 쌀에서 들어온 손을 술래가 잡으면 한판 진 것이고 다시 한다.
8. 쌀에서 잡을 것인지 보리에서 잡을 것인지는 서로 의논해서 정한다.
9. 여러 명이 모여 있을 때 약간 무료하면 어른들도 이 놀이를 하면 좋다.
10. 신혼부부들이 여행 중에 잘하는 놀이 중의 하나이기도 하다.

[놀이 373] 빨리 말하기

○ 놀이 방법

1. 옛날부터 전해 내려오는 오래된 문구이다.
2. 들의 콩깍지 깐 콩깍지인가 안 깐 콩깍지인가? 깐 콩깍지 속에 안 깐 콩깍지가 깐 콩깍지보다 더 많다.
3. 간장 공장 공장장은 강 공장장 된장 공장 공장장은 공 공장장이다.
4. 중앙청 창살은 쌍 창살이고 시청 창살은 외 창살이다.
5. 다른 낱말도 많이 수집해서 하면 도움이 많이 된다.
6. 틀리지 않고 또박또박 말하는 연습은 성장해서 여러 가지로 유익하다.
7. 언어 발달 놀이에 속하며 지혜로운 아이 만들기에 분류된다.

[놀이 374] 깊은 산속 옹달샘

○ 놀이 방법

1. 노래로 놀이도 된다.
2. 노래 속의 단어를 바꾸어서 아주 빠르게 한다.
3. 옹달샘 노래에 두 글자를 사랑으로 바꾸어서 해본다.
4. 깊은 사랑 옹 사랑 누가 사랑 먹 사랑
5. 맑고 사랑 옹 사랑 누가 사랑 먹 사랑
6. 새 사랑 토사랑 눈비 사랑 일사랑
7. 세수 사랑 왔 사랑 물만 사랑 갔 사랑
8. 옆으로 돌아가며 한 소절씩 틀리지 않게 한다.

9. 계속 돌아가면 인원에 따라 다른 소절로 매번 하게 된다.
10. 헷갈리지 않으려면 정신을 바짝 차려야 될 것이다.
11. 놀이 중에 집중력을 높여 주는 놀이로 분류된다.

[놀이 375] 꼬리 따기

○ 놀이 방법

1. 모든 인원이 한마당으로 함께하는 대형놀이이다.
2. 많은 인원도 되고 똑같은 수로 두 팀으로 나눈다.
3. 두 팀 각각 선두에 설 대장을 정한다.
4. 선두는 활달하고 순발력이 있으며 결정을 빨리하는 성격이 좋다.
5. 팀원들은 대장 뒤에 허리를 잡고 차례차례 모두 길게 늘어선다.
6. 여기서 대장이 꼭 알아둘 것이 있다.

7. 대장이 옆으로 한발을 틀면 꼬리의 길이에 따라 다르지만 열 발이다.
8. 꼬리의 반경을 생각하고 대장은 움직여야 한다.
9. 이기는 팁 하나!
10. 상대의 대장이 오른쪽으로 많이 틀었다면 꼬리는 왼쪽에 있게 된다.
11. 미처 돌지 못했으니 당연하다.

12. 그때 상대 선두는 꼬리 생각을 말고 더 세게 왼쪽으로 튼다.
13. 내 꼬리가 잡히기 전에 상대의 꼬리를 먼저 잡을 수 있게 된다.
14. 이렇게 양 팀 대장이 상대 팀의 꼬리를 잡는 놀이다.
15. 과격한 놀이이니 조심해서 하고 길게 하지 말고 짧은 시간에 해야 한다.

[놀이 376] 남생아, 놀아라

○ 놀이 방법

1. 강강술래 속에 한 장면이다.
2. 보통 때 놀이로 간단하면서도 재미있다.
3. 한 학기 수업에서 수업 때마다 매번 하는 거로 계획을 세워도 좋다.
4. 수업 초에 강강술래 수업을 먼저 하면 더 어울린다.
5. 마당놀이에 속하므로 모두 한 팀으로 놀이한다.
6. 노래를 잘하는 사람을 한사람이나 두 사람 뽑는다.
7. 선창해야 하기 때문이다.
8. 선창을 먼저 하면 대원들은 다 같이 합창을 하며 논다.
9. 선창자가 "남생아, 놀아라." 하고 선창을 한다.
10. 모두 "촐래촐래가 잘 논다" 하며 크게 받아서 합창한다.
11. 선창자가 다시 "안경 쓴 사람 놀아라."를 선창한다.
12. 그러면 대원 중 안경 쓴 사람들은 모두 원안으로 들어간다.
13. 원안에서 남생이처럼 "촐래 잘 논다."로 노랫말을 받으며 논다.
14. 촐래촐래 노는 것이다.
15. 두 번 놀고 들어가면 선창하는 사람이 다시 놀 사람을 부른다.
16. "빨간 티셔츠 놀아라." 하며 선창을 다시 한다.
17. 빨간 티셔츠를 입은 사람들은 모두 원안으로 들어가 촐래 촐래 논다.
18. 계속 선창자가 선창하는 대로 촐래 촐래로 받으며 놀면 된다.

[놀이 377] 방아깨비 놀이

○ 놀이 방법

1. 여름이면 밭이나 들판에 방아깨비라는 곤충이 있다.
2. 메뚜기처럼 생겼고 메뚜기보다 세 배 정도 크고 뒷다리가 많이 발달하고 튼튼해서 뒷다리 두 개를 쥐면 쿵덕쿵덕 방아를 찧는다.
3. 방아야, 방아야 쿵덕쿵덕 찧어라. 아침먹이 찧어라. 노래하며 논다.
4. 요즘도 보이기는 하는데 농약을 워낙 많이 치니 귀하다.

[놀이 378] 풀 낚시

○ 놀이 방법

1. 바닷가에 놀면 좋은 놀이이다.
2. 모래에서 하는 놀이인데 학교 모래더미에서도 놀 수 있다.
3. 두 명씩 하면 좋은데 여러 명이면 4명이 한 조로 편성한다.
4. 같은 편끼리 동그랗게 모여 앉아 놀이를 시작한다.
5. 풀이나 나무뿌리를 동그랗게 메어 고리를 만든다.
6. 모래밭에 잘 묻고 표시가 안 나게 모래를 편편하게 덮는다.
7. 가위 바위 보로 첫 번 먼저 할 사람을 정하고 돌아가며 한다.
8. 손가락을 고리처럼 해서 한 번에 낚시하듯 쏙 건져낸다.
9. 두 번 세 번 하면 반칙으로 벌점을 받는다.

10. 모래를 파헤치며 찾아도 안 된다.
11. 한번을 놀고 난 후에는 모래를 잘 다듬어야 한다.
12. 다시 표시 안 나게 묻고 계속 놀이한다.

[놀이 379] 자연 놀이

○ 놀이 방법

1. 숲 놀이에 해당한다.
2. 아름다운 심성 만들기 놀이이다.
3. 들이나 산은 좋은 놀이터가 된다.
4. 놀이하기 좋은 자료도 그득하다.
5. 솔방울에 도토리 껍질로 입을 하고 눈을 붙이면 물고기가 된다.
6. 새끼 다람쥐, 곰 등의 형태를 연출할 수도 있다.

[놀이 380] 컵 쌓기

○ 놀이 방법

1. 종이컵, 노랑 고무줄, 털실을 준비한다.
2. 노랑 고무줄에 털실을 70cm 길이로 4가닥 묶는다.
3. 4m 거리에 탁자를 놓는다.
4. 만든 도구로 종이컵을 운반한다.
5. 둘이 털실을 두 손으로 잡고 벌려서 종이컵을 끼워 나른다.
6. 셋이나 넷 이해도 되고 종이컵은 3층으로 쌓는다.

[놀이 381] 망우리 놀이

○ 놀이 방법

1. 옛날 어른들은 아이들을 놀게 여러 가지를 만들어 주셨다.
2. 빈 깡통에 빽빽이 못으로 쳐서 구멍을 내고 철사로 줄을 맨다.
3. 소나무 관솔을 깡통에 넣고 불을 붙여 돌린다.
4. 구력에 의해서 광 솔 불이 밖으로 떨어지지 않는다.
5. 겨울에 추수 끝난 빈 논에서 밤에 아이들이 놀던 놀이다.
6. 빙빙 돌리면 꼭 달덩이 같다. 정월 대보름 놀이라고도 한다.
7. 수업으로 할 수 있는 쉬운 방법을 아래에 소개한다.

[놀이 382] 망우리 현대놀이

○ 놀이 방법

1. 종이컵, 실, 야광 볼을 준비한다.
2. 종이컵 윗부분 양쪽으로 구멍을 내고 실을 맨다.
3. 컵 안에 야광 볼을 넣고 팔을 뻗어 실을 돌리면 된다.
4. 옛날 놀이처럼 흡사한 망우리 놀이가 된다.
5. 만들기 쉬워서 아이들이 잘 따라 한다.
6. 구력에 의해서 야광 볼이 밖으로 나가지 않는다.
7. 야광 볼은 밤에 불빛을 받으면 광채가 난다.
8. 야광 볼 대신 솔방울이나 공깃돌, 사탕 등등을 넣고 돌려도 된다.
9. 망우리 수업을 먼저 하고 연동으로 죽방울 놀이를 하면 된다.
10. 컵이나 실, 솔방울 등을 그대로 사용하면 된다.
11. 나무젓가락만 더 있으면 다른 한 가지 수업을 할 수 있게 된다.
12. 이렇듯 연동으로 할 수업을 생각하는 것이 참으로 중요하다.

[놀이 383] 깡통 뒤집기

○ 놀이 방법

1. 빠른 손놀림을 활성화하는 놀이이다.
2. 빈 캔을 사용할 때 날카로운 부분이 있는가? 잘 살펴보고 써야 한다.

3. 두 팀으로 나누고 놀이를 시작한다.
4. 캔에 밑면과 따개가 있는 부분을 구분해서 두 팀이 하면 된다.
5. 가위 바위 보로 먼저 따개가 있는 쪽 없는 쪽을 고른다.
6. 준비가 다 되면 선생님이 신호한다.
7. 시작 신호가 나면 뒤집기를 시작한다.
8. 방금 상대가 뒤집은 것을 다시 뒤집어도 된다.
9. 중지 소리에 모두 손을 머리 위로한다.
10. 더 많이 뒤집은 팀이 이긴다.

[놀이 384] 달력 놀이

○ 놀이 방법

1. 옛날 어머니들이 자식들의 수 셈 놀이로 쓰이던 전래놀이이다.
2. 다 지나간 달력을 준비하고 엽전 하나 있으면 준비는 끝이다.
3. 팀을 나누어서 두 팀으로 하고 단체게임으로 하면 좋다.
4. 달력을 3m 선상에 놓고 두 팀으로 경기한다.
5. 차례대로 동전을 던져서 달력의 나오는 숫자를 합산한다.
6. 합이 많이 나온 팀이 이긴다.
7. 합만 하는 게 아니고 빼기도 할 수 있다.
8. 가령 3이 나오면 더 하는 게 아니고 빼기로 한다.

9. 3, 13, 23은 숫자만큼 빼기를 한다.
10. 아주 옛날에는 형제들이 보통 6명에서 많으면 10명도 되었다.
11. 한 형제끼리도 놀이 인원이 형성되어서 집안에서 놀이가 되었다.

[놀이 385] 탱탱볼 부채

○ 놀이 방법

1. 탱탱볼과 손잡이 부채를 준비한다.
2. 5m 선상에 반환 봉을 두 개 놓는다.
3. 두 팀으로 나누어서 릴레이로 경기한다.
4. 출발 신호에 양 팀 동시에 출발한다.
5. 탱탱볼을 부채로 치면서 반환 봉을 돌아온다.
6. 터치로 내 팀이 이어서 나간다.
7. 여름에 하면 더 좋고 먼저 다 돌아온 팀이 이긴다.
8. 탱탱볼 외에 탁구공, 풍선 등으로도 놀이 할 수 있다.

[놀이 386] 어미와 새끼

○ 놀이 방법

1. 전체 인원에서 두 팀으로 나눈다.
2. 양 팀의 어미를 정하고 출발선을 긋는다.
3. 양 팀의 어미가 가위 바위 보를 해서 새끼를 내보내는 경기이다.
4. 가위 바위 보에 의해서 주먹은 3발 바위는 2발, 보는 1발을 나간다.
5. 6m 거리에 반환 봉을 두고 새끼들이 돌아온다.
6. 내 새끼들이 먼저 다 돌아오면 이긴다.
7. 한 번에 그치는 것이 아니고 여러 번 놀이한다.
8. 두 번째 가위바위보는 발로해서 새끼를 내보낸다.
9. 세 번째 가위 바위 보는 입으로 해서 새끼를 내보낸다.
10. 3판 2승제로 마무리하면 좋다.

[놀이 387] 공굴리기

○ 놀이 방법

1. 긴 책상을 준비하고 공은 많이 준비한다.
2. 두 팀으로 나누고 책상 아래에 바구니를 놓는다.
3. 순서대로 번갈아 가며 공을 굴린다.
4. 공이 책상을 굴러서 바구니에 들어가야 점수가 있다.
5. 정신을 집중하고 손 감각을 맞추어야 성공한다.
6. 바구니의 공 숫자로 승패를 가른다.

[놀이 388] 비행기 접기

○ 놀이 방법

1. A4용지로 가오리 비행기를 크게 접어 날려보자.

2. 재활 용지 A4용지를 가로로 크게 반 접는다.
3. 펼쳐서 윗부분을 삼각으로 마주 접고 뒤로 접어 넘긴다.
4. 다시 삼각으로 마주 접고 뾰족한 끝을 안으로 접고, 전체는 뒤쪽으로 반을 접는다.
5. 뾰족한 면만큼 양쪽으로 아래로 내리면 날개가 된다.
6. 날개를 위쪽으로 내려 접은 넓이만큼 위로 올리면 멋진 비행기 탄생이다. 운동장에서 날려보면 굉장히 멀리 날아간다.

[놀이 389] **실뜨기**

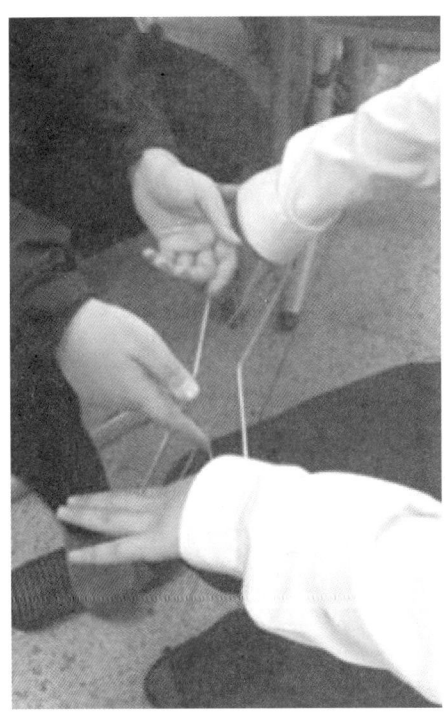

○ **놀이 방법**

1. 인지도가 높아서 실뜨기 줄을 손목에 감고 다니는 아이들도 많다.

2. 양손에 각각 실을 한번 감은 후 당긴다.
3. 중지를 사용해서 손바닥 실을 양손 각각 걸어온다.
4. 상대가 할 수 있게 기본 틀이 된다.
5. 엄지와 검지를 사용해서 실을 잡고 위로 오려 뺀다.
6. 다른 모양이 되면 다시 엄지와 검지를 사용해서 밖으로 당긴다.
7. 실은 풀리지 않고 계속 둘이서 연속으로 하도록 모양이 된다.
8. 실뜨기로 고양이 수염도 되고 왕관도 되고 모기도 되고 혼자도 여러 모양을 만들며 놀 수 있다. 신기한 모양이 많이 연출된다.
9. 둘이서 하는 여러 가지 모양 만들기는 수없이 많이 있다.
10. 손목에 묶고 다니면 항상 심심하지 않게 지낼 수 있다.

[놀이 390] 쌩쌩이

○ 놀이 방법

1. 아주 오래된 옛날 놀이로 큰 단추, 실, 가위를 준비한다.
2. 실을 엇갈리게 큰 단추 구멍에 넣고 매듭을 짓는다.
3. 단추를 가운데 놓고 실을 계속 돌린 다음 양쪽으로 실을 놓으며 잡아당기면 단추가 쌩쌩 소리를 내며 돌아간다.
4. 이때 당기고, 놓고를 반복하면 계속 단추가 돌아간다.
5. 당길 때 실이 약해 끊어지는 일도 있으니 가끔 실을 새 실로 갈아준다.
6. 혼자서 하는 놀이로 심심하지 않게 시간을 보낼 수 있는 장점이 있다.

[놀이 391] 운동회 전래놀이

○ 개요

지금은 운동회를 하지 않는 학교도 많은 듯하다. 옛날 운동회는 그야말로 동네 잔치, 집안 잔치다. 가을 만곡이 풍부할 때의 운동회는 먹을거리가 풍부해서 점심 시간이 기다려진다.

○ 놀이 종류

1. 둘이서 발 묶고 반환점 돌아오기. 계주 이어달리기.
2. 밀가루 속 사탕 입으로 찾기.
3. 점심시간 바가지 터트리기 등은 빠지지 않는 단골 메뉴였다.
4. 이런 놀이를 연구하고 업그레이드하면 더 좋은 놀이가 된다.
5. 전래놀이라고 해서 옛날 놀이를 그대로만 쓰고 있으면 안 된다.
6. 연구하고 창의하고 발전시켜야 계속 이어지고 도태되지 않는다.
7. 예전에 누군가가 연구한 것을 지금 전래놀이로 우리가 쓰고 있다.
8. 마찬가지로 우리가 연구한 것은 훗날 전래놀이로 이어질 것이다.
9. 놀이 선생님들은 놀이를 연구하고 발전시킬 의무도 있다고 본다.

[놀이 392] **바가지 터트리기**

○ 개요

예전 초등학교 운동회에 보면 꼭 청팀 백팀 나누어서 운동회를 했다. 큰 바가지가 터지면 긴 원단에 "점심시간" 나오고 모두 환호하며 즐거워했다.

○ 놀이 방법

1. 청팀, 백팀으로 나누어서 하긴 하지만 모두 같이 한다.
2. 장대에 큰 바가지를 달고 안에 점심시간을 적힌 천을 넣는다.
3. 주로 1학년, 청팀과 백팀이 콩 주머니를 바가지를 향해 던진다.
4. 바가지가 어느 순간 탁하고 터지면 그야말로 운동회의 최고의 절정이다. 모두 준비해온 음식을 삼삼오오 모여있아 즐긴다.
5. 정겨운 것들이 속속 사라져가는 추억의 풍경 속에 묻히고 있다.
6. 이 놀이를 업그레이드해서 더 신나는 놀이로 발전시켜도 좋겠다.

[놀이 393] 밀가루 놀이

◯ 개요

밀가루를 한가득 얼굴에 묻힌 어린이는 앙증맞고 웃긴다. 모두 들 웃으며 즐기는 과자 물어오기는 1학년들의 단골 순서이다.

◯ 놀이 방법

1. 3m 거리에 책상을 놓고 밀가루를 뿌려 놓는다.
2. 밀가루 속에 사탕도 숨겨 놓고. 두 팀으로 놀이한다.
3. 신호에 달려가 입으로 밀가루 속의 사탕을 물고 오면 된다.
4. 손을 사용하면 안 되고 입으로 사탕을 찾아서 물고 와야 한다.
5. 밀가루는 너무 많이 뿌리지 말고 사탕이 보여도 괜찮다.
6. 많이 뿌려서 눈에 들어가면 한참을 울어야 하니 경기가 힘들어진다.
7. 하는 아이도 보는 어른도 즐거운 놀이이다.

[놀이 394] 8자 놀이

◯ 놀이 방법

1. 안경 놀이와 비슷하나 판이 다르다.
2. 8자로 판을 그리고 8자의 안은 공격 팀, 외곽은 수비 팀 자리이다.
3. 수비 팀은 공격 팀을 8자에서 밖으로 끌어내야 한다.
4. 공격 팀도 수비 팀을 당겨서 8자 금을 밟게 하면 아웃시킬 수 있다.
5. 끌려 나오면 더 활동을 못 하고 다 끌어내면 교체한다.
6. 인원에 따라 8자의 크기를 조절해서 그린다.
7. 안경 놀이판을 그대로 사용해도 된다.
8. 운동량이 많은 놀이로 당기거나 끌 때 옷이 늘어질 수 있다.
9. 체육복 착용을 권장한다.

[놀이 395] 신문지 놀이 5가지

○ 개요

다양한 종류로 이어지는 창의적 놀이이며 수준 있는 놀이다. 한 번으로 그치지 말고 여러 번 하는 것도 괜찮고 나누어서 조금씩 해도 재미있고 신비로운 놀이가 태어난다.

○ 놀이 방법

1. 신문지를 반쪽에만 얼굴이 보일 만큼 구멍을 낸다.
2. "까꿍 놀이"를 할 수 있다. 얼굴을 가렸다가 뚫은 구멍으로 얼굴을 보이며 "까꿍" 한다.
3. 까꿍 놀이가 끝나면 그 신문을 길게 길이로 찢는다.
4. 여러 줄을 만들어 놓고 뛰어넘으며 바닥 고무줄놀이를 한다.
5. 고무줄 놀이하던 신문지를 양쪽에 대공을 세우고 약간 높게 신문지 줄을 매고 기어서 통과하기 놀이를 한다.
6. 다 통과한 다음, 가위 바위 보로 잠자는 공주를 뽑는다.
7. 공주는 잠을 자고 대원들은 놀던 신문지를 잘게 찢어 모래 신문지 이불을 만들어 덮어준다.
8. 공주를 깨우고 신문지를 주먹만 하게 뭉친다.
9. 휴지통을 놓고 신문지 공 투호 넣기 놀이하고 끝낸다.
10. 놀이가 끝나면 투호 놀이 덕분에 바닥도 깨끗하게 청소까지 된다.
11. 어느 팀이 이겼는지 승패를 정해주고 마치면 된다.

[놀이 396] 패션쇼

○ 개요

대원 중에 한사람이 모델이 되어서 신문으로 치마나 가운도 만들고 모자도 만들어서 발표회를 하는 놀이이다.

○ 놀이 방법

1. 재활용 신문지를 이용한다.
2. 각 팀에 한 사람씩 정해서 모자, 드레스, 장식을 부착한다.
3. 신문지로 꾸미기를 다 하고 꾸민 것에 대해 발표를 한다.
4. 합심으로 의논하고 함께 꾸미는 과정에서 친구 애가 싹튼다.
5. 전래놀이에는 신문 놀이가 많다.
6. 재활용 신문지를 잘 모아두면 유용하게 수업에 임할 수 있다.

[놀이 397] 1단계 이랑 타기

○ 놀이 방법

1. 두 편으로 나누고 이랑을 하나만 만든다.
2. 이랑 넓이는 70cm 정도로 하고 공격과 수비를 정한다.
3. 수비가 이랑 안으로 들어가고 공격이 통과한다.
4. 이랑을 길게 그리고 전체 인원이 한꺼번에 한다.

5. 한 명이라도 넘어갔다 오면 전원이 살아난다.

6. 수비 이랑과 공격이랑은 잘 계산해서 그려야 한다.

7. 좁아도 놀이가 되지 않고 넓어도 놀이가 진행이 어렵다.

[놀이 398] 체력단련 줄 놀이 13가지

○ 놀이 방법

1. 두 발을 모둠하고 두 번 굴러 줄을 한번 넘기며 뛴다.

2. 한 발씩 교차하며 줄을 한번 넘겨 뛴다.

3. 양발을 하나씩 교차하며 줄을 한번 넘겨 뛴다.

4. 한발을 들고 깨금발로 줄을 한번 넘겨 뛴다.

5. 한발을 들고 깨금발로 줄을 두 번 넘겨 한 번에 뛴다.

6. 두 발을 모으고 줄을 두 번 돌려 한 번에 뛴다.

7. 십자로 발을 움직이며 뛴다.

8. 가위 바위 보로 말하면서 둘이 내기하며 뛴다.

9. 친구 한 명이 들어와 둘이 뛴다.

10. 줄을 뒤로 돌리며 앞을 보고 뒤로 뛴다.

11. 줄을 뒤로 돌리며 앞을 보고 줄을 두 번 돌려 뛴다.

12. 모둠발을 하고 한 번에 줄을 여러 번 돌려 뛴다.

13. 한사람이 줄 두 개로 뛴다.

[놀이 399] 나무젓가락 투호

○ 개요

투호 놀이가 양반 놀이에 속해서인지 통과 살이 조금 값이 나간다. 그러나 수업에 꼭 비싼 투호 용품을 살 필요는 없다. 간단한 도구로 놀이를 할 수 있다.

○ 놀이 방법

1. 나무젓가락을 사용해서 투호를 하는 방법이다.
2. 젓가락을 쪼갤 때 가른 부분이 날카로우니 잘 다듬어야 한다.
3. 식용 색소로 나무젓가락에 물을 색색으로 들이면 화려하다.
4. 나무젓가락 한쪽 끝에 아이클레이로 탱탱볼을 만들어 꽂기도 한다.
5. 놀이로 들어가 보자. 개별놀이와 단체놀이를 구분해서 두 가지로 한다.
6. 개별놀이에서는 옆에서 던지는 것을 보고 바로 들어간 수를 센다.
7. 팀원들 모두 넣은 다음 누가 많이 넣었는지 가늠하고 등수를 낸다.
8. 단체 놀이는 투호 통을 하나씩 따로 사용한다.
9. 손에 20개씩 쥐고 한 사람씩 돌아가며 20개 다 쓸 때까지 넣는다.
10. 다 한 다음 통에 있는 젓가락을 세어보고 많은 쪽이 이긴 것이다.

[놀이 400] 초등 비석놀이

O 개요

내 팀이 하지 않을 때는 의자에 앉도록 선생님은 아이들을 잘 돌보아야 하는 놀이에 속한다. 비석이 작기는 하지만 놀이는 항상 안전을 기해야 함이다.

O 놀이 방법

1. 두 팀이 8m 정도로 마주 서고 10가지의 놀이로 한다.
2. 발등 치기, 발목 치기, 무릎치기, 가랑이 치기, 배치기.
3. 가슴 치기, 신문팔이 치기, 훈장 치기, 목에 끼우고 치기.
4. 떡장수 치기.
5. 머리에 이고 가는 떡 장수까지 하고 승패를 가린다.
6. 승패는 매번 쓰러트린 비석 수를 세어서 10번을 낸다.
7. 떡장수 놀이 후에 합산해서 어느 팀이 이겼는지 발표를 한다.
8. 비석을 색칠로 꾸미는 수업부터 해도 된다.
9. 자기만의 예쁜 비석을 만들어서 놀면 더 의미가 있다.
10. 놀이 후에 본인 것은 가져간다.

[놀이 401] 손에 손 잡고

○ 개요
협동심, 친밀감이 높아지는 놀이로 모두가 함께하는 전래놀이다.

○ 놀이 방법
1. 단체 놀이게임이고 6m 선상에 반환 봉을 하나 놓는다.
2. 첫 번은 한 명이 반환 봉을 돌아온다.
3. 두 번째는 친구 한 명을 데리고 둘이 돌아온다.
4. 계속 친구를 한 번에 한 명씩 데리고 반환 봉을 돌아온다.
5. 널찍한 강당이나 운동장에 손에 손 잡고 봉을 돌아온다.
6. 장소에 따라 함께 도는 인원을 조정한다.
7. 넓으면 많은 인원이 함께 봉을 돌아오는 놀이도 좋다.
8. 모두 한 팀으로 하면 아주 멋진 풍경이 그려진다.
9. 봉을 두 개 놓고 두 팀으로 나누어서 해도 된다.
10. 두 팀으로 할 때는 경주를 해서 승패를 낸다.

[놀이 402] 유아 공놀이

○ 놀이 방법
1. 공놀이는 법칙 규칙 없이 자유로 하는 것이 좋다.
2. 경기나 승패 없이 공만 주면 종일이라도 아이들은 잘 논다.
3. 작은 고무공을 한 사람당 한 개씩 배분한다.
4. 마음대로 치도록 둔다.
5. 놀이를 단체로 시켜 보자.
6. 두 줄로 마주 서고 공은 두 사람당 한 개로 한다.
7. 던져 주고, 받고, 오는 공을 다시 던져 주는 놀이를 한다.
8. 공을 주워오는 것도 모두 유아의 몫으로 남겨 주어야 한다.

9. 매번 선생님이 주워주는 것은 바람직하지 않다.
10. 유아들도 몇 번 해보면 알아서 척척 한다.

[놀이 403] **어느 손가락**

○ 개요

처음 어린이 수업을 하면 우선 선생님을 경계한다. 첫 손 유희를 부드럽고 쉬운 놀이로 얼굴을 익히는 것이 좋다. 놀이 시작 전에 하는 놀이로 친밀감이 좋아지고 서먹한 분위기가 사라진다.

○ 놀이 방법

1. 둘이 짝이 되어 '세세세 아침 바람 찬바람에~~'노래를 한다.
2. 구리 구리에서 가위바위보! 이기면 뒷목을 손가락으로 콕 누른다.
3. 맞추면 누른 사람이 벌칙 못 맞추면 상대가 벌칙이다.

[놀이 404] 예술딱지 3단계 놀이

○ 놀이 방법

1. 우유팩으로 양면 딱지나 외면 딱지를 접는 수업부터 한다.
2. 1단계는 딱지를 머리에 얹고 동요를 단체로 부른다.
3. 딱지가 머리에서 떨어지면 그 자리에 앉는다.
4. 2단계는 딱지를 머리에 얹고 양팔을 벌리고 한 발로 선다.
5. 선생님이 그만할 때까지 서 있어야 한다.
6. 딱지가 떨어지거나 서기를 버티지 못하면 그 자리에 앉는다.
7. 3단계는 팔을 벌리고 앞으로 다섯 발자국 갔다가 온다.
8. 딱지가 떨어지지 않게 살살 걸어야 한다.
9. 자기 자리로 오고 머리에 딱지가 있으면 완승이다.
10. 연동 수업으로 양궁 판에 딱지 던져 넣기를 하고 마치면 된다.

[놀이 405] 뱀 알 낳기

○ 놀이 방법

1. 구불구불하게 곡선을 겹으로 짧게 그리고 10칸을 친다.
2. 두 팀으로 나누어 뱀 도면 양쪽에 진지를 친다.
3. 짧게 그려야 끝까지 가지 쉽다.

4. 선후를 정하고 깨금발로 병뚜껑을 차며 간다.
5. 발이 내려오거나 병뚜껑이 금에서 이탈하면 안 된다.
6. 다 통과하면 병뚜껑을 뒤로 돌려 던져서 뱀 선 안에 던진다.
7. 뱀 안에 들어가면 뱀 알을 획득하는데 한 개에 30점이다.
8. 종료 시에 뱀 알 점수로 승패를 가른다.

[놀이 406] **주사위 대항전**

○ 놀이 방법

1. 인원이 많아서 놀이가 힘들 때 이 놀이를 하면 좋다.
2. 두 팀으로 나누고 왕 주사위 2개를 준비한다.
3. 큰 강당에 두 팀으로 마주 앉고 중앙을 놀이터로 사용한다.

4. 두 팀에서 앞사람부터 두 사람씩 나와서 주사위를 던진다.

5. 점수판을 놓고 던질 때마다 점수를 합산한다.

6. 인원이 많으니 응원점수도 가산하면 놀이판이 아주 흥겹다.

[놀이 407] 단팥빵 놀이

○ 개요

옛날 옛적에는 S 사의 빵이 주로 히트를 했었다. 그래서인지 단팥빵 놀이도 아이들 간에 심심치 않게 유행했는데 어느 틈엔가 사라져간 놀이이기도 하다.

○ 놀이 방법

1. 단 팥빵처럼 원을 그린다.
2. 원 통로는 공격팀 진지이고 원안과 외각은 수비진이다.
3. 원의 넓이는 나이에 따라 크기를 조절해서 그린다.
4. 원안의 공격팀을 끌어내거나 선을 밟으면 아웃이다.
5. 수비도 공격팀이 끌어서 선을 밟으면 아웃이다.
6. 공격팀이 모두 죽으면 교체해서 한다.
7. 원을 너무 넓게 그리면 수비가 안 되고 좁게 하면 공격이 힘들다.

[놀이 408] 전래 아동 골프

○ 놀이 방법

1. 작은 돼지 저금통 두 개와 고추장 주걱을 준비한다.
2. 솔방울을 사용해도 된다.
3. 아동의 키에 따라서 고추장 주걱의 크기를 선정한다.

4. 시중에서 살 수 있고 큰 것과 작은 것 두 가지이다.
5. 아동용으로는 작은 것이 키에 맞다.
6. 작은 돼지 저금통은 색이 서로 다른 그것으로 한다.
7. 2m부터 3m, 4m, 5m를 테이프로 점수 표시를 한다.
8. 순서대로 주걱으로 멀리 가게 치면 된다.
9. 돼지저금통 외에 솔방울사용도 되고 콩 주머니 사용도 된다.
10. 단체전 후 개인전도 한다.

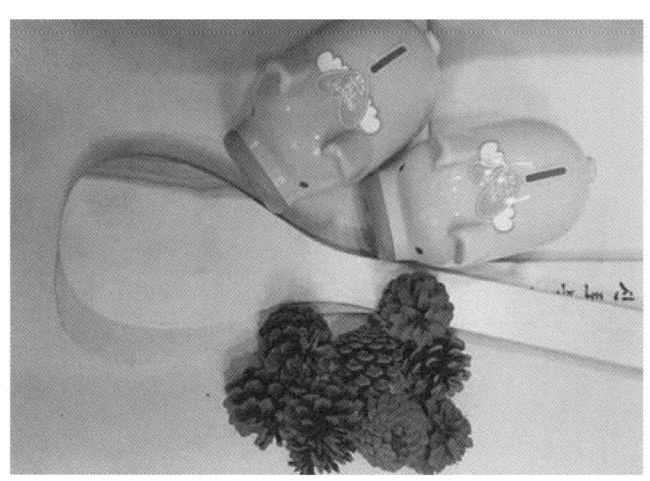

[놀이 409] 빨대 호드기

○ 놀이 방법

1. 지름 1cm 정도 되는 과일 빨대를 8cm 길이로 자른다.
2. 지름 5mm짜리 커피 빨대도 되지만 과일 빨대가 더 낫다.
3. 8cm 길이의 과일 빨대의 한쪽을 잘근잘근 씹어준다.
4. 얇아지면 불면 되는데 끝을 물고 부는 것과 깊숙이 입에 넣고 부는 것이 소리의 높낮이가 다르다.

[놀이 41이] 동서남북

○ 놀이 방법

1. 옛날 놀이에 벌칙이 상수고 놀이가 하수인 것이 많다.
2. 동서남북 접기는 먼저 색종이를 사선으로 반을 접는다.
3. 펴서 다른 쪽도 반을 접에 선을 만든다.
4. 펴서 사각 모서리를 중앙으로 다 접는다. (방석 접기)
5. 뒤로 뒤집어서 다시 방석 접기를 한다.
6. 납작한 상태로 8개의 작은 삼각형이 생기면 벌칙을 적는다.
7. 완성! 뒷면에 사각 방이 나타나 손가락을 넣을 수 있다.
8. 양쪽 엄지와 검지를 넣고 '동서남북, 동서남북' 한다.
9. 두 번, 세 번 할 때마다 벌칙이 달라진다.
10. 나오는 대로 심부름시키는 벌칙을 준다.

[놀이 411] 동화와 아이클레이

○ 놀이 방법

1. 주로 유아 수업에 도용하면 좋다.
2. 아이클레이는 아이들이 참 좋아하는 만들기 도구이다.
3. 아이클레이와 켄트지를 적당히 배분한다.
4. 옆에 동화책을 놓아두면 말 안 해도 동화책 속에서 만들 거리를 찾는다.
5. 아이들이 하는 대로 두면 된다.
6. 책을 읽기도 하고 벌써 만들기도 한다.
7. 아이들은 만들면서도 아까 읽었던 것을 두런두런 이야기한다.
8. 어느 수업 때의 일이다.
9. 모두 만들고 있는데 한 아동이 가만히 있는 것이다.
10. 만들어 보자하고 말했더니다 만들었다고 한다.
11. 보니 네모나게 뭉쳐놓고 있었다.
12. 무엇인가 물었더니 핸드폰이라고 한다.
13. 뚝딱 3분도 안 돼서 완성된 것이다.
14. 동화와 아이클레이는 짝이 잘 맞는 좋은 놀이재료이다.

[놀이 412] 시장 놀이

○ 개요

시장 놀이는 중요한 놀이이며 학습이다. 어릴 때부터 반드시 경제관념을 심어 주어야 한다고 생각한다. 일례로 설날 받은 세뱃돈은 아주 어릴 때부터 즉 한 살 때부터 아이의 자산이다. 잘 모아두었다가 조금 자란 유아시기부터 아이가 관리하도록 권장한다. 물론 아이를 데리고 함께 은행을 가서 저축을 아이 이름으로 하면 저축의 관심을 가지게 된다. 아이들의 경제교육은 권장할 만하다.

○ 만들기
1. 색연필, 색종이, 켄트지, 가위를 준비한다.
2. 시장에서 파는 여러 가지 물건을 그려서 오린다.
3. 돈은 풍족하게 많이 만든다.
4. 물건의 가격표도 만든다.

○ 놀이 방법
1. 만든 돈은 잘 배분하고 놀이를 시작한다.
2. 역할 분담을 한다.
3. 마트 주인, 옷가게, 신발가게 등등.
3. 얼마를 내면 얼마를 거슬러 받는지 계산한다.
4. 얼마를 쓰고 얼마가 남았는지 계산한다.
5. 꼭 필요한 것만 사기, 돈 아껴 쓰기 등 학습한다.

[놀이 413] 모래 놀이

○ 개요

여름이면 해수욕장은 아이들 세상이다. 바닷가의 모래는 창의력을 불러주는 천혜의 장난감이다. 두꺼비 집도 짓고 모래찜질도 하고 물이 찰랑이는 곳에는 낙서 하고 나면 파도가 알아서 싹 지워주고 쓰고 또 쓰고 아이들은 신난다.

❍ 놀이 방법

1. 두껍아, 두껍아 헌 집 줄게 새집 다오.
2. 조금 크면 그런 것은 이제 안 한다.
3. 물이 쓸어가지 않을 만한 곳을 골라 건축을 한다.
4. 빌딩을 세우고 어린이 놀이터도 만들고 다리도 놓는다.
5. 거기에 자기처럼 모래로 노는 아이들도 있다.
6. 조금 더 깊숙이 들어가면 정원도 있고 연못도 있다.
7. 참으로 아이들에게 좋은, 생각하는 창의 교육 현장이다.

[놀이 414] 고리 던지기

❍ 개요

오래된 놀이로 아직도 아이들이 많이 하는 놀이이다. 플라스틱 제품이 많이 나오고 준비가 쉬워졌지만 조금만 수고하면 예스러운 고리 던지기를 할 수 있다.

❍ 놀이 방법

1. 들판에 칡넝쿨이 많은데 조금 걷어오면 많은 고리를 만든다.
2. 채취한 칡넝쿨을 그늘에 약간 말리고 잎을 제거한다.
3. 지름 15cm 정도로 동그랗게 말고 빵 끈으로 마무리한다.
4. 굵은 나뭇가지로 거는 대를 만든다.
5. 두 팀으로 나누어 걸리면 내에 설기 시합한다. (1번 놀이)
6. 발만 사용해서 발로 걸어 끝까지 보내기 시합한다. (2번 놀이)
7. 머리에서 머리로 끝까지 보내기 시합한다. (3번 놀이)
8. 머리에 이고 반환 봉 돌아오기로 한다. (4번 놀이)
9. 연동으로 위의 네 가지 놀이를 차례대로 하면 더 좋다.
10. 사진은 발로만 걸어서 고리 이동하기이다.

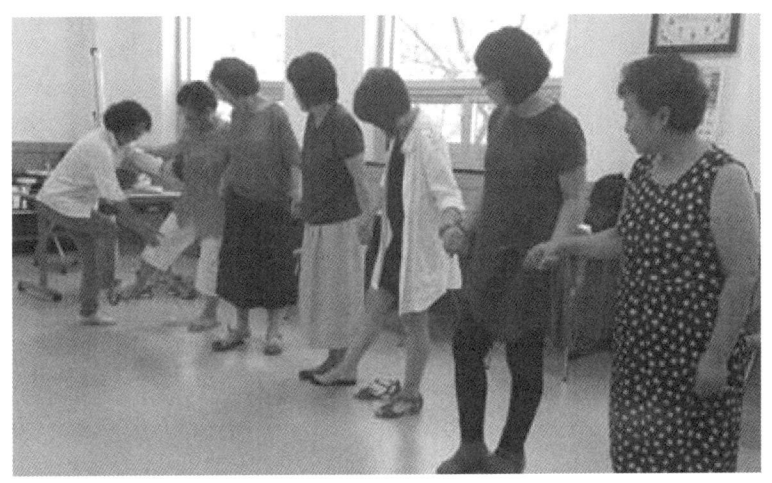

[놀이 415] 공용 낚시

O 개요

아이들이 좋아하는 놀이 중에 당겨 올리는 놀이는 항상 순위 속에 있다. 집에 가져오면 팽개치고 가지고 놀지도 않는 인형 뽑기 놀이도 아이들이 그저 통이 보이면 하려고 야단을 맞으면서도 부모님을 조른다.

O 놀이 방법

1. 막대, 자석, 클립, 공용그림을 준비한다.
2. 여러 종류의 공룡을 작게 인쇄하고 클립을 끼운다.
3. 막대에 자석을 달고 두 팀으로 나누어 공용낚시해오기로 한다.
4. 공용을 낚시한 것에 대단히 신기해하며 좋아한다.
5. 공룡은 작게 인쇄하는 것이 좋다.

[놀이 416] 깨금발 놀이

O 개요

고단수의 놀이이며 지구력과 끈기를 돋우는 기량을 높여 주는 놀이에 속한다.

반드시 규율을 엄수해야 하는 놀이이다.

○ 놀이 방법

1. 지름 3m의 원을 그리고 두 명씩 겨룬다.
2. 깨금발로 하며 다리를 잡지 않고 외발로 선다.
3. 팔은 뒤로 잡고 손사용 금지이다.
4. 배, 어깨, 등 몸 사용은 된다.
4. 상대가 넘어지거나 상대의 발이 땅에 닿으면 이긴다.
5. 정해진 원안에서 해야 하며 선을 밟으면 아웃이다.

[놀이 417] 반달제기 놀이

○ 개요

달팽이 놀이처럼 하면 되는데 제기를 잘 차야 이길 수 있다. 지면 반드시 반원의 안쪽에 앉아야 팀원이 수월하게 지나갈 수 있다.

○ 놀이 방법

1. 큰 반원을 그리고 양쪽에 주둔하고 양 팀 동시에 출발한다.
2. 만나면 제기를 차는데 많이 차면 계속 나간다.
3. 진 사람은 그 자리 반원 안쪽에 앉는다.
4. 보고 있다가 내 팀이 지면 얼른 새로운 팀원이 나온다.
5. 상대 팀과 만나면 제기를 차고 같은 방법으로 한다.
6. 지면 그 자리에 앉으니 나올 팀원이 없어 바로 승부 난다.
7. 연속으로 놀이하고 5판 3승제로 한다.

[놀이 418] 구슬 놀이

○ 놀이 방법

1. 구슬을 중앙 가운데 놓고 둥그렇게 앉아서 공동사용한다.
2. 두 명씩 짝이 되어서 한다.
3. 가위 바위 보를 하고 이기면 구슬을 2개 가져온다.
4. 가운데 모아둔 구슬이 없어질 때까지 한다.
5. 가운데 구슬이 없으면 이번에는 가져다 놓는 놀이가 된다.
6. 가위 바위 보는 입으로 하고 진 사람이 2개를 가져다 놓는다.
7. 그러면 중앙에 다시 수북하게 구슬이 쌓이게 된다.
8. 처음과 같이 가져오는 놀이는 가위 바위 보를 손으로 하면 된다.
9. 실내에서의 구슬치기는 사방으로 튀어 나가니 이 방법이 좋다.
10. 오색영롱한 구슬 놀이는 아이들이 선호하는 놀이다.
11. 유아수업과 실버 수업의 구슬 놀이로 알맞다.

[놀이 419] 물총 놀이

○ 놀이 방법

1. 여름에 해수욕장 놀이로 좋다.
2. 학교 수업으로는 갈아입을 여벌 옷 준비 공지를 전날 한다.
3. 작은 플라스틱 물병 뚜껑에 구멍을 내고 물을 담아 쏜다.

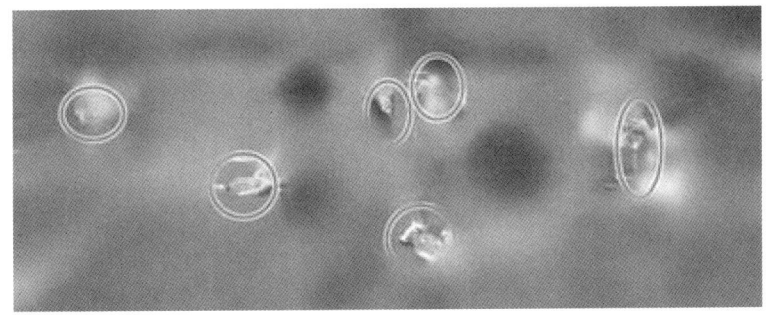

4. 쏘고, 피해 다니고, 세상 즐거움이 그 속에 다 녹아있다.
5. 세상에서 제일 즐거운 아이 찾기라면 여기가 1등이다.
6. 배짱이 세어지는 놀이에 속하며 단합 놀이다.
7. 빈 물병만으로도 전래놀이는 최고의 재미를 아이들에게 선사한다.
8. 만들기도 간단해서 여름 수업으로 추천한다.
9. 수업해보면 아이들의 웃음이 얼마나 큰 청량감이 있는지 보인다.

[놀이 420] 대나무 총알 놀이

○ 놀이 방법

1. 옛날 아이들의 제일 신나는 놀이도구다.
2. 지름 4cm 정도 되는 대나무를 두 마디를 사용한다.
3. 마디 막힌 곳을 뚫고 속에 파이프처럼 들어갈 나무를 준비한다.
4. 파이프 대공은 소나무나 참나무도 사용할 수 있다.
5. 파이프 나무는 빡빡해야 압축되어 압력이 세고 잘 나간다.
6. 총알로는 찰흙을 구슬처럼 만들거나 도토리, 돌멩이 등을 쓴다.
7. 파이프 나무를 당겨서 총알을 넣고 밀면 멀리까지 날아간다.
8. 대나무 물총 놀이가 좀 더 쉽고 아이들 놀기에 좋다.

[놀이 421] 대나무 물총 놀이

○ 놀이 방법

1. 대나무는 한 마디를 사용한다.
2. 마디에 작은 구멍을 내어놓고 피스톤을 만든다.
3. 피스톤은 파이프처럼 대나무 안에 들어갈 크기로 한다.
4. 소나무 혹은 참나무를 둥글게 깎아서 사용하면 된다.
5. 피스톤용 나무의 끝부분에 헝겊을 메어서 공기의 샘을 막는다.
6. 구멍을 낸 대나무에 넣어보고 빡빡한가 보아야 한다.

7. 다 되었으면 대나무에 물을 채우고 헝겊 피스톤 물총을 쏜다.
8. 아주 멀리까지 잘 나가고 인기 최고인 장난감이 탄생한다.
9. 요즘 새롭게 옛날 놀이 물품을 파는 곳도 많아졌다.

[놀이 422] 이야기보따리

○ 놀이 방법
1. 놀이 한 팀 인원은 4명으로 하고 20장씩 배분한다.
2. 켄트지를 가로 8cm 세로 6cm 정도로 잘라서 낱말을 적는다.
3. 다 적은 낱말 종이를 중앙에 퍼트려 놓고 4명이 5장씩 집는다.
4. 가져온 종이의 낱말로 이야기보따리를 만든다.
5. 예를 들어서 사과, 산, 냇물, 돌, 강아지를 골랐다면?
6. 강아지와 함께 냇물에 돌을 주워 산에 갔는데 사과나무에 빨간 사과가 주렁주렁 달려서 너무 먹고 싶었다. 등으로 예시를 준다.
7. 나이에 따라 낱말 개수를 조정한다.
8. 좋은 심성과 구술력, 상상력을 키워주는 놀이에 속한다.

[놀이 423] 등 감추기

○ 개요
예전에 많이 하던 놀이인데 요즘은 거의 사라져 가는 놀이이다. 시작부터 끝날 때까지 뛰어야 하는 운동량이 아주 많은 놀이이다.

○ 놀이 방법
1. 넓은 운동장이 놀이하기에 좋다.
2. 술래를 정하고 놀이가 시작되면 술래를 피해 달아난다.
3. 술래가 다가와 치려고 하면 얼른 벽이나 나무에 등을 대고 선다.
4. 술래가 가면 돌아다니고 등만 감추면 치지 못한다.

5. 등을 댄 곳에 몇 초를 등을 대고 있어도 되는지를 미리 정한다.
6. 그렇게 하지 않으면 계속 등을 붙이고 있으니 놀이가 안 된다.
7. 5초 정도가 적당하다고 보겠다.
8. 벽에 등을 대고 있다가 도망가는 친구를 위해 얼른 등을 대주기도 한다.
9. 전래놀이의 숨어 있는 학습효과가 나타난다고 볼 수 있다.
10. 그러나 둘 다 5초 전에 전력으로 등을 댈 곳을 향해 달려야 한다.

[놀이 424] 포수 (역할극)

○ 개요

포수놀이와 용왕 놀이는 호박 따기 놀이, 소금과 키 놀이와 같이 만담형식으로 하는 놀이이다. 일정한 규칙은 없고 그때, 그때 구수하게 만담을 지어서 지방 특색에 맞는 역할극을 하면 된다. 기상천외한 좋은 만담이 연출되기도 한다.

○ 놀이 방법

1. 쪽지에 산속의 여러 동물과 포수 그리고 왕을 적는다.
2. 쪽지를 훌 뿌리고 모두 한 장씩 집는다.
3. 쪽지에 쓰인 대로 역할극을 한다.
4. 왕 쪽지를 집은 사람은 큰소리로 "포수 어디 있느냐?"
5. 포수 쪽지를 집은 사람은 달려 나간다.

6. 호랑이를 잡아 오너라! 하면 포수는 짐작이 가는 사람을 데려온다.
7. 호랑이가 맞으면 상을 받고 틀리면 벌칙을 받는 게임이다.
8. 한판이 끝나면 쪽지를 걷어서 다시 뿌리고 새로 한다.
9. 종이에 여러 동물과 왕 표시를 하고 노는 연극 같은 놀이이다.

[놀이 425] 용왕 (역할극)

○ 개요
옛이야기 동화책 속의 유명한 토끼와 거북이 이야기로 전래놀이 역할극이 아주 좋은 소재의 놀이가 된다.

○ 놀이 방법
1. 한 팀을 6명으로 짜고 거북이와 토끼 등을 적어서 섞어 놓는다.
2. 둥그렇게 앉아서 가운데에 적은 종이를 뿌린다.
3. 모두 한 장씩 종이를 집는다.
4. 용왕, 거북이, 토끼, 문어, 가자미, 오징어 중 하나이다.
5. 종이 중에 용왕을 집어 든 사람은 대장이 되어 크게 외친다.
6. 거북아! 거북이는 어디에 있느냐?
7. 거북이가 적힌 종이를 집은 사람이 용왕 앞으로 나간다.
8. 거북이 대령입니다.
9. 거북아! 내가 아프니 토끼를 잡아 오너라 하고 말한다.

10. 거북이를 집은 사람은 토끼인 듯 한 사람을 데리고 용왕 앞으로 간다.
11. 벌칙은 토끼가 맞으면 토끼가 받고 틀리면 거북이가 받는다.
12. 벌칙 후에 종이를 다시 섞어서 놀이를 계속한다.

[놀이 426] 동무, 동무 어깨동무(행동 유희)

○ 개요

보리를 많이 심던 옛날 보리는 늦가을에 파종하는데 겨울을 지내며 흙이 얼어서 보리밭이 솟게 된다. 봄이 오고 따뜻해지면 보리의 뿌리가 마르지 않게 하려면 보리밭의 솟은 흙을 밟아 다져주어야 한다. 보리 이랑이 길고 넓어서 아이들이 본을 따고 손을 횡렬로 잡고 보리밭을 밟는 흉내를 내며 이 놀이를 하게 되었다.

○ 놀이 방법

1. 한 줄로 서서 손을 잡고 노래하며 하는 놀이이다.
2. 동무, 동무, 어깨동무 (어깨동무하고 앞으로 나아간다)
3. 어디든지 같이 가고 (어깨동무하고 앞으로 나아간다)
4. 동무, 동무, 어깨동무 (앉는다) 언제든지 같이 놀고(일어난다)
5. 동무, 동무, 어깨동무 (어깨동무하고 앞으로 나아간다)
6. 해고 달도 따라오고 (어깨동무하고 앞으로 나아간다)
7. 동무, 동무, 어깨동무(앉는다) 너도나도 따라 놀고 (일어난다)
8. 공동체향상과 배려심, 협동심을 길러주는 놀이다.

[놀이 427] 전래 기차놀이

○ 개요

사라지는 옛날 놀이재료가 많은 데 새끼 줄사용 놀이도 참으로 오래전에 사라져간 놀이다. 로버트 장난감이나 블록 같은 아이

들이 혼자도 얼마든지 심심하지 않게 놀 수 있는 장난감이 많아지며 점차로 함께 모여 놀기보다는 혼자 놀게 된 때문이기도 하다.

○ 옛날 놀이 방법

1. 새끼줄을 아주 길게 꼬아서 원으로 묶는다.
2. 양손으로 새끼줄을 잡고 큰 원을 그리며 도는 놀이이다.
3. 간이역을 표시해 놓고 갈 때 내려 주고 올 때 태우고 온다.
4. 요즘의 방식으로는 줄넘기 줄 긴 것이나 고무줄을 이용해서 놀 수 있다.
5. 노래도 하면서 한다.
6. 장난감 기차가 칙칙 떠나간다.
7. 과자와 사탕을 싣고서 엄마 방에 있는 우리 아가한테 갖다 준다.
8. 혼자서는 안 되지만 꼭 여러 명이 해야 하는 건 아니다.

[놀이 428] 엽전 놀이

○ 개요

지금은 사라진 놀이이고 조선 시대 통용되던 엽전 놀이이다. 상평통보가 쓰지 않게 되니 집안 여기저기 굴러다니던 것을 아이들이 놀이했다.

○ 놀이 방법

1. 마당에서 놀던 놀이이다.

2. 3m 거리에 작은 홈을 판다.
3. 홈에 들어갔거나 홈에 가까운 사람부터 차례를 모두 한 번에 정한다.
4. 정한 순서대로 엽전을 던진다.
5. 파 놓은 홈에 넣으면 모든 엽전을 다 딴다.
6. 여러 명이 들어가면 들어간 사람끼리 다시 겨룬다.
7. 아무도 안 들어가면 원 주위의 제일 가까운 사람이 모두 딴다.
8. 선으로 그어놓고 할 때도 이와 같은 방법으로 한다.
9. 모두 던진 다음 선에서 제일 가까운 사람이 모두 딴다.
10. 엽전이 없을 때는 병뚜껑을 납작하게 만들어서 놀이했다.
11. 수업으로는 철물점 와셔를 이용해서 옛 놀이를 재현해 볼 수 있다.
12. 전래놀이에서 와셔는 여러 놀이에 자주 사용된다.
13. 넉넉히 준비해 두면 좋다.

[놀이 429] 소라 사방치기

○ 놀이 방법

1. 소라처럼 혹은 달팽이처럼 구불구불하게 그린다.
2. 달팽이처럼 그린 것에 가로로 선을 그어 칸을 만든다.
3. 중간에 여러 쉼터를 만든다.
4. 깨금발로 나가야 하니 쉬었다 가는 것이 좋다.

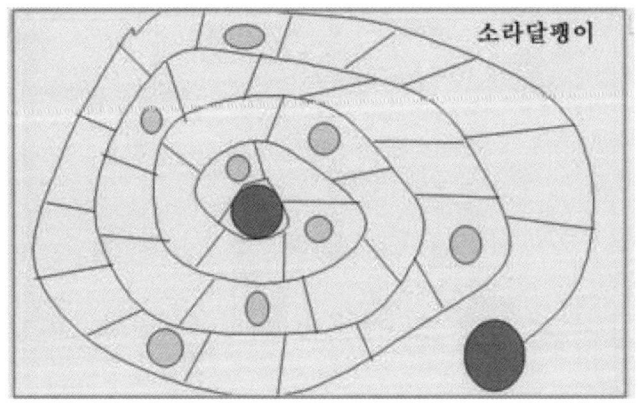

5. 칸을 차고 나갈 만한 작은 돌을 하나씩 준비한다.
6. 개인별로 해도 되고 두 팀으로 나누어서 해도 된다.
7. 두 팀일 경우에는 가위 바위 보로 선후를 정한다.
8. 선이 되면 먼저 돌을 처음 칸에 놓고 차면서 달팽이 칸을 나간다.
9. 금에 걸리거나 선 밖으로 돌이 이탈하면 차례가 상대편으로 넘어간다.
10. 다음번의 내 팀이 나갈 때는 내 팀이 틀린 곳에서부터 시작한다.
11. 금에 걸리지 않고 끝까지 다 가면 10독이 난 것으로 한다.
12. 발은 금을 밟아도 되지만 돌이 금에 걸리면 아웃이다.
13. 쉼터에서는 두 발을 놓을 수 있다.

[놀이 43] 옛날 아이들 사물놀이

○ 개요

사물놀이는 장구와 북, 그리고 꽹과리와 징을 가지고 함께 노는 것을 말한다. 징은 바람을 상징하고 꽹과리는 천둥을 상징하고 장구는 비를 상징하고 북은 구름을 상징한다고 한다. 우리 민족은 어느 때나 사물놀이와 친근하다. 모내기할 때도, 추수할 때도, 또는 섣달 각 집을 다니며 지신 밟아주는 행사도 사물놀이로 한다. 처음 탄생은 농민들의 풍물놀이에서지만 풍물놀이와 사물놀이는 엄연히 다르다. 사물놀이는 대한민국에만 있는 세계적으로 유명한 놀이이다. 아이들이 자주 봐오던 놀이인지라 자연스럽게 따라 하는 계기가 되었다.

○ 놀이 방법

1. 굴러다니는 깡통이 꽹과리고 바가지는 북이다.
2. 냄비 뚜껑 두 개를 마주치면 영락없는 징이다.
3. 나뭇가지를 잘라서 헝겊을 길게 메고 돌리면 상모돌리기이다.
4. 어른들이 시끄럽다고 아무리 말려도 그저 아이들은 신나게 논다.
5. 엄마가 밥한다고 바가지, 냄비뚜껑을 찾으러 와야 끝이 난다.
6. 이렇게 온 집안의 물건으로 사물놀이를 해도 비슷하게 놀이가 된다.
7. 바가지가 깨지기도 해서 엄청나게 야단을 맞기도 한다.
8. 수업으로는 대충 선생님이 준비해 간다.
9. 즉흥연주로 교실에 있는 여러 물건으로 재현해 볼 수 있다.
10. 있는 물건으로 하는 것이 더 좋은 방법이기도 하다.
11. 선생님이 어떤 것을 준비해 간다면 꼭 그 걸로만 놀아야 하는지 안다.
12. 전래놀이란 늘 주위의 물건으로 놀 수 있음을 상기시켜주면 좋다.

[놀이 431] 길쌈놀이 (행동 놀이)

○ 개요

원래 길쌈이란 용어는 추석 무렵의 아녀자들이 길쌈을 하며 담소와 가무를 즐기는 것을 이른다. 농심 줄 놀이, 단심 줄 놀이라고도 이르는데 단 심줄 놀이는 북한의 민속놀이이다. 이 놀이는 여러 색의 줄로 땋고 풀고 하며 모두가 하나가 되는 단합의 의미를 보여준다. 아이들 행사 놀이로 축제 때 하면 아주 즐겁고 멋스럽다. 색색의 원단과 큰 봉을 준비하고 인원은 줄에 따라 다른데 16명이 적정이다. 두 사람이 가운데 봉을 삽아수고 16명이 한 가닥씩 줄을 잡고 한다. 8명이 할 때 한사람이 두 줄을 잡으면 된다.

○ 놀이 방법

1. 색색의 줄은 빨강, 노랑, 연두, 남색, 흰색, 등으로 한다.
2. 6줄, 8줄 10줄로 짝수로 한다.

3. 줄을 잡고 줄을 잡은 사람의 번호를 준다.
4. 처음 시작은 홀수는 오른쪽, 짝수는 왼쪽으로 돈다.
5. 홀수는 줄을 아래로 짝수는 오는 사람 머리 위로 줄을 넘기며 이동한다.
6. 다음 이동은 반대로 홀수는 위로 짝수는 아래로 줄을 넘기며 이동한다.
7. 같은 방법으로 한번은 줄을 위로 넘기고 한번은 줄을 아래로 넘긴다.
8. 잡은 봉의 반 정도 꼬아졌으면 반대로 푸는 이동을 한다.
9. 풀 때는 반대로 이동을 하면 된다.
10. 음악과 춤사위가 같이 어우러지며 흥겹게 한다.
11. 음악에 따라 전체 인원의 팔 움직임과 잘 움직임이 같아야 한다.
12. 음악의 박자를 잘 듣고 박자에 맞추면 된다.
13. 처음의 홀수와 짝수의 움직임을 헷갈리지 않게 잘 기억한다.

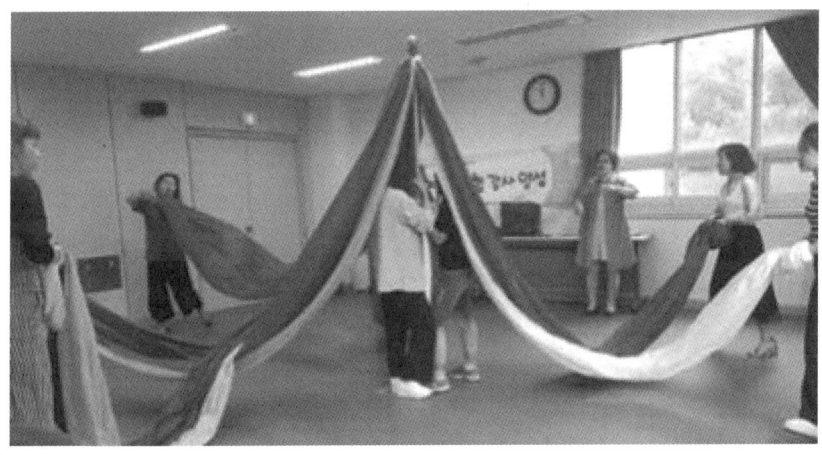

[놀이 432] 춤 대장 (수업 마무리 행동 놀이)

○ 개요

가사와 행동이 다 유머러스한 행동 놀이로 늘 해도 좋다. 수업 마무리 행동 유희로 정해놓고 하면 더 좋다. 자아~ 춤 대장! 하면 아이들은 수업이 끝남을 미리 알고 둥그렇게 두 줄로 마주 선다. 노래해도 좋고 앰프 사용도 좋다.

○ 놀이 방법

1. 둥글게 원으로 서서 노랫말대로 노래하면서 행동한다.
2. 추워라, 추워라. 춥 대장 (앞으로 두발 가며 춥 대장에서 박수 한번)
3. 더워라, 더워라. 덥 대장 (뒤로 두발 오며 덥 대장에서 박수 한번)
4. 내려라, 내려라. 눈 대장 (앞으로 두발 가며 눈 대장에서 박수 한번)
5. 불어라, 불어라 바람 대장 (뒤로 두발 오며 바람 대장에서 박수 한번)
6. 앗, 추워라. 춥 대장 (손뼉치고 왼손은 위로 오른손은 아래로 향한다)
7. 춥지 않아 부 첨지 (반대로 오른손은 위로 왼손은 아래로 한다)
8. 이빨이 딱딱 떨린다. (이빨을 부딪치며 허리를 흔든다)
9. 다리가 덜덜 떨린다. (개다리 춤을 춘다)
10. 얼굴이 덜덜 떨린다. (볼에 양손을 대고 개다리 춤을 춘다)
11. 내 코가 쭈르륵 나온다. (양손을 코에 대고 코가 흐르는 시늉을 한다)
12. 개다리 춤은 연속으로 한다.

[놀이 433] 지글보글 (손 유희)

○ 놀이 방법

1. 지글지글(손을 아래로 두 번 쥔다) 짝짝(박수 두 번)
2. 보글보글(손을 위로 두 번 쥔다) 짝짝. (박수 두 번)
3. 지글(손을 아래로 한 번 쥔다) 짝(박수 한 번)
4. 보글(손을 위쪽으로 한 번 쥔다) 짝(박수 한 번)
5. 지글(손을 아래로 한 번 쥔다) 보글(손을 위로 한 번 쥔다)
6. 짝짝(박수 두 번)
7. 비슷한 손 유희 여러 개를 연달아하는 것이 효과적이다.
8. 어린아이들의 짝짜꿍을 가지고 같은 연출을 할 수 있다.
9. 이것은 손뼉을 치는 것으로 한다.
10. 놀이 435번에 자세히 기록되어있다.
11. 운동신경발달에 좋은 놀이다.

[놀이 434] 전기놀이 (행동 유희)

○ 놀이 방법

1. 둥글게 서고 손을 살짝 쥐면 전기가 오는 것을 뜻한다.
2. 전달되면 실지로 전기가 오는 듯 온몸을 전율한다.
3. 받으면 옆으로 전달한다.
4. 오른쪽, 왼쪽 어느 쪽이든 다 전달해도 된다.
5. 전달이 오면 오는 즉시 온몸을 전율한다.
6. 사방에서 전달이 오게 되니 모두가 전율하는 상황이 된다.
7. 한바탕 굉장한 전율의 놀이마당이 연출된다.
8. 처음에는 어색해서 약간씩 전율하는데 한참 하다 보면 몰입하게 된다.
9. 웃기고 재미있는 표정과 행동들이 많이 나온다.
10. 쑥스러움이 없는 마음도 열리고 놀이를 부드럽게 하는 장점이 있다.
11. 중간마다 정지시키고 다시 시작한다.
12. 몸 풀기, 마음 풀기 놀이로 수업 전 도입 놀이로 쓰면 좋다.

[놀이 435] 짝짜꿍 (손 유희)

○ 놀이 방법

1. 쥠쥠 (손을 아래로 두 번 쥔다) 짝짝(박수 두 번)
2. 곤지곤지(오른손 검지로 왼 손바닥을 두 번 콕콕 누른다)
3. 짝짝(박수 두 번) 잼(손을 아래로 한 번 쥔다) 짝(박수 한 번)
4. 잼(손을 아래로 한 번 쥔다) 짝(박수 한 번)
5. 곤지(오른손 검지로 왼 손바닥을 한 번 콕 누른다)
6. 짝(박수 한 번). 잼(손을 아래로 한 번 쥔다)
7. 곤지(오른손 검지로 왼 손바닥을 한 번 콕 누른다)
8. 짝짝(박수 두 번)
9. 연습이 되면 아주 빠르게 동작을 하면 재미를 더한다.
10. 두뇌발달에 좋은 놀이에 속한다.

[놀이 436] **달팽이(손 유희)**

○ 놀이 방법

1. 가위 바위 보! 두 번 (가위 바위 보를 낸다)
2. 무얼 만들까? 두 번 (이마 짚고 오른쪽 왼쪽 고개도 흔든다)
3. 오른손 주먹 왼손 가위 (오른손 주먹 위에 왼손 가위를 논다)
4. 달팽이 아저씨 두 번 (가위 만든 손을 꼼지락거린다)
5. 나비는 '보'로 탱크는 주먹을 이용해서 한다.

6. 여러 가지 동물이나 식물을 만들 수 있으니 창작해서 다양하게 한다.

7. 좋은 심성을 가꾸는 놀이에 속한다.

[놀이 437] 퐁당퐁당 (손 유희)

○ 놀이 방법

1. 퐁당퐁당 돌을 던지자. 무릎 2번 (치고), 박수 2번 (치고),

2. 누나 몰래 돌을 던지자. 망치 치기 2번 (치고),

3. 냇물아 퍼져라. (손바닥 어슷하게, 사선으로 2번)

4. 멀리멀리 퍼져라. (손바닥 어슷하게, 사선으로 2번)

5. 건너편에 앉아서, (손바닥 어슷하게, 사선으로 1번)(박수 3번)

6. 나물을 씻는, (올챙이 2번 S라인으로).

7. 우리 누나 손등을, (가슴에 두 손을 댄 후 손등을 친다.)

8. 간 지려 주어라. (올챙이 2번 S라인으로)

9. 수업 때마다 하면 좋은 손 유희이다.

[놀이 438] 도깨비(손 유희)

○ 놀이 방법

1. 도깨비 잡으러 산으로 갈까요. (두 손 산 표시)
2. 도깨비 잡았는데 어떻게 할까요. (한 손 이마에 고민 표시)
3. 비빌까 밟을까 헤딩을 할까요. (발을 밟고 비빈 다음 헤딩)
4. 랄랄랄랄 랄랄랄라 (빠르게 팔을 저으며 걷는다)
5. 가위 바위 보!
6. 색종이로 도깨비 두 개를 만들어 손가락에 끼우고 하면 더 좋다.
7. 색종이가 없으면 맨 손으로 해도 된다.
8. 적은 인원도 어색하지 않고 아주 많은 인원도 놀이가 된다.
9. 교실, 운동장, 야유회, 어디든 다 어울리는 놀이다.

[놀이 439] 여우 뽕망치 (손 유희)

○ 가사

1. 한 고개 넘어갔다 아이고 다리야
2. 두 고개 넘어갔다 아이고 다리야
3. 여우야, 여우야 뭐하니 ? 잠잔다, 잠꾸러기
4. 여우야, 여우야 뭐하니 ? 세수한다, 멋쟁이
5. 여우야, 여우야 뭐하니 ? 밥 먹는다, 무슨 반찬?
6. 개구리 반찬! 죽었니? 살았니?

○ 놀이 방법

1. 둘씩 책상에 마주 앉아서 봉을 하나씩 들고 한다.
2. 한 고개 넘어갔다 아이고 다리야 는 서로 봉을 마주친다.
3. 두 고개 넘어갔다 아이고 다리야 는 상대방의 어깨를 친다.
4. 한 소절씩 봉을 마주치고 어깨치고 이어서 한다.
5. 마지막에 죽었니?, 살았니?, 에서 죽었다?, 는 움직이면 안 된다.
6. 살았다? 에서는 상대방의 어깨를 친다.

7. 말을 하고 받는 순서를 정해서 돌아가며 하면 된다.
8. 뿅망치는 가능하면 한사람이 두 개씩 가지고 하면 더 좋다.
9. 순발력과 지혜를 감지하는, 머리가 좋아지는 놀이로 분류된다.
10. 유아 놀이나 실버 놀이에 여우야 놀이를 앉아서도 할 수 있다.

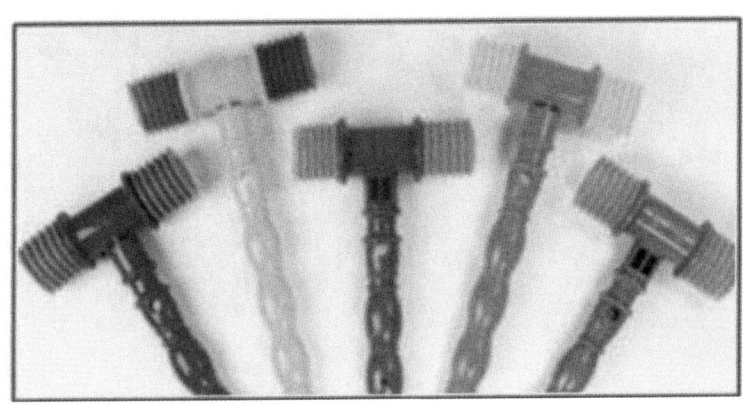

[놀이 440] 코코코 놀이

○ 개요

친화력을 높이는 놀이로 단시간에 친해질 수 있다. 놀이하는 내내 웃으며 상대를 봐야만 놀이가 되니 금방 친해지는 것은 아주 당연하다.

○ 놀이 방법

1. 선생님이 코코코 하는 대로 처음엔 코코코를 따라 한다.
2. 선생님이 코코코를 외치다가 귀를 가리키며 입 한다.
3. 선생님을 따라서 귀를 가리키면 안 되고 입을 가리켜야 한다.
4. 눈을 가리키며 귀하기도 하고 코를 가리키며 귀, 하기도 한다.
5. 본인은 따라 하지 말고 입, 코, 귀를 소리대로 맞게 해야 한다.
6. 순발력을 높이고 머리가 좋아지는 놀이로 분류된다.
7. 유아부터 실버까지 모두 적용이 좋은 놀이이다.

[놀이 441] 실꾸리 놀이 (손 유희)

○ 개요

예전 우리의 어른들이 머리가 좋아지는 놀이로 쥠쥠, 곤지곤지, 구리구리 등등을 아이들이 어릴 때 꼭 했는데 그중 구리 구리로 이 손 유희가 만들어졌다. 노랫말은 아주 간단하고 노랫말대로 손 유희를 이어가면 된다.

○ 놀이 방법

1. 명주 꾸리 감아라. (양손을 앞에서, 안에서 밖으로 돌리면서 감아준다)
2. 실꾸리 감아라. (양손을 밖에서 안으로 돌리면서 감아준다)
3. 점점 빨리 여러 번 반복한다.
4. 명주 꾸리 풀어라. (양손을 밖에서 안으로 돌리면서 풀어준다)
5. 실꾸리 풀어라. (반대로 양손을 안에서 밖으로 돌리면서 풀어준다)
6. 점점 빨리 여러 번 반복한다.
7. 빨리하게 되면 많이 틀리는데 벌칙을 해가며 하면 아주 재미있다.
8. 벌칙을 하면서 놀이 진행이 이루어지면 큰 주제 놀이로 변신한다.
9. 놀이 보다 벌칙이 더 재미있다.
10. 소 근육 발달 놀이 지도이다.
11. 창은 전체 함께 부르면서 놀이한다.
12. 놀이 후에 연동 놀이로 쌀보리 놀이가 어울리고 좋다.

[놀이 442] 피자 콜라 (손 유희)

○ 놀이 방법

1. 두 사람씩 마주 보고 앉아서 가위 바위 보로 쌀과 보리를 정한다.
2. 진 사람은 손을 벌리고 이긴 사람은 손안에 주먹을 넣는다.
3. 쌀에서 잡을지, 보리에서 잡을지를 정한 다음 놀이를 한다.
4. 쌀, 쌀. 보리, 보리! 보리, 보리. 쌀 쌀!

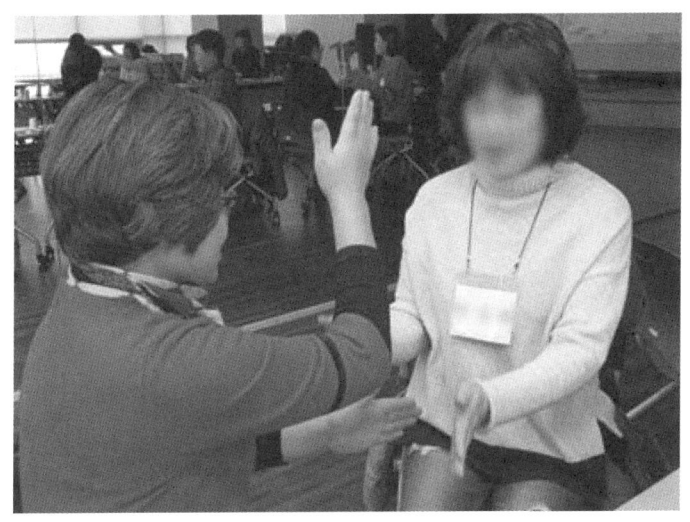

5. 시대에 맞게 바꾸어서,

6. 피자, 피자, 피자, 피자, 콜라!

7. 콜라, 콜라, 콜라, 콜라, 피자! 로 해도 된다.

8. 벌칙은 미리 정해놓고 한다.

9. 손 때리기, 피하기, 뒷목 찌른 손가락 맞추기 등등.

[놀이 443] 문지기 (활동 놀이)

○ 놀이 방법

1. 두 사람이 손을 잡고 터널을 만들면 모든 대원이 통과한다.

2. 노래는 모두 같이 한다.

3. 문지기, 문지기 문 열어라. 열쇠 없어 못 열겠네.

4. 문지기, 문지기 문 열어라. 열쇠 없어 못 열겠네. (두 번)

5. 문지기, 문지기 문 열어라. (덜커덩컹 열렸다)

6. 마지막에 덜커덩컹 열렸다 에서 통과하는 사람은 잡는다.

7. 잡힌 사람은 새로 문지기를 한다.

8. 한 사람씩 통과하면서 잡기도 하고 모두 문이 되기도 한다.

9. 연동 놀이로 계속 이어지는 색다른 놀이를 연출할 수 있다.
10. 문지기 놀이도 동대문 놀이처럼 연동 놀이는 꼬리잡기 놀이가 좋다.

[놀이 444] 심부름 놀이 (행동 유희)

○ 개요

이 놀이를 보면 예전의 아이들은 참으로 현명하다. 놀이 중에 공이라든가 줄이라든가 필요한 것이 있으면 가져올 사람을 정하는 놀이이다. 쉽고 간편하고 합당한 방법이다.

○ 놀이 방법

1. 놀이 전이나 놀이 중간에 심부름꾼을 뽑는 놀이이다.
2. 주장! 을 먼저 외치면 주장이다.
3. 주장 소리가 나면 모두 모인다.
4. 두 손을 내밀고 둥그렇게 모여서고 주장이 가운데 선다.
5. 주장은 모두 내밀고 있는 두 손을 짚으며 센다.
6. 누구부터 돌아가며 짚는가는 주장 맘대로 이다.
7. 주장은 모두 내밀고 있는 손을 짚으며 센다.
8. 일뚜기, 이뚜기, 삼뚜기, 사뚜기, 오뚜기.
9. 육뚜기, 칠뚜기, 팔뚜기, 구더기!

10. 구더기에 손이 간 사람이 심부름해야 한다.

11. 안 한다거나, 투정을 부리지 않는다.

12. 누가 걸리든, 규칙이니 아무 말 없이 심부름을 한다.

[놀이 445] 작고 작은 밭 (손 유희)

○ 개요

유아 수업에서 수업 시작 때 하면 좋은 손 유희이다. 다 함께 노래도 큰 소리로 부르며 손 유희를 한다. 매번 수업 때마다 해도 되는 손 유희이다.

○ 놀이 방법

1. 작고 작은 밭을 갈고 갈아서 (손으로 작은 네모를 그린다)

2. 작고 작은 씨앗을 뿌렸습니다. (두 손으로 작은 씨앗 표시)

3. 작고 작은 씨앗이 자라나 (두 손을 펴서 위로 벌린다)

4. 작고 작은 열매가 달렸습니다. (열매가 달린 표시)

5. 크고 큰 밭을 갈고 갈아서 (두 손으로 큰 네모를 그린다)

6. 크고 큰 씨앗을 뿌렸습니다. (두 손으로 큰 표시를 한다)

7. 크고 큰 씨앗이 자라나 (두 손을 펴서 위로 벌린다)

8. 크고 큰 열매가 달렸습니다. (큰 열매가 달린 표현을 한다)

9. 모두 함께 노래도 큰 소리로 부르면서 한다.

[놀이 446] 꿩꿩 장 서방 (행동 유희)

○ 개요

사전에 준비운동을 충분히 하고 시작해야 한다. 잘 안되고 힘들지만, 연습을 많이 하면 재미도 있고 잘 할 수 있다. 손, 팔, 어깨 순으로 점차 올리면서 마주 잡고 둘이 같이 돌아야 하는 고난도 행동 유희이며 친화력이 높은 놀이에 속한다.

○ 놀이 방법

1. 큰 원으로 모두 둘러앉거나 선다.
2. 두 사람이 가운데 들어가서 손을 잡고 놀이를 펼친다.
3. 모두 같이 큰소리로 꿩꿩 장 서방 창을 불러준다.
4. 꿩꿩 장 서방, (두 번), 어디에서 사나, 숲속에서 살지
5. 꿩꿩 장 서방, (두 번), 무얼 먹고 사나, 콩 까먹고 살지!
6. 꿩꿩 장 서방, (두 번), 누구하고 사나, 새끼하고 살지
7. 두 사람씩 짝이 되고 1번은 손을 잡고 흔들다가 "숲속에서 살지"에서 손을 머리 위로 높이고 둘이 한 바퀴 돈다.
8. 2번은 팔을 잡고 흔들다가 "콩 까먹고 살지!"에서 팔을 머리 위로 높이고 둘이 한 바퀴 돈다.
9. 3번은 어깨를 잡고 흔들다가 "새끼하고 살지"에서 어깨를 잡고 둘이 한 바

퀴 돈다.
10. 두 사람씩 짝이 되어 연속으로 가운데 들어가서 한다.
11. 몸이 유연하지 않은 사람은 억지로 하지 말고 창만 불러도 된다.

[놀이 447] 방아야, 방아야 (손 유희)

○ 개요

놀이에서 손 유희는 윤활유 같은 역할을 한다. 서먹한 분위기도 금방 화기애애하게 만드는 비법도 손 유희의 장점이다. 논두렁 밭두렁에 많이 있는 방아깨비라는 곤충은 물지도 않고 독도 없어서 잡아서 아이들이 많이 가지고 놀았는데 방아깨비의 뛰는 모습으로 손 유희를 만들어 놀면 아주 재미있다.

○ 놀이 방법

1. 방아야, 방아야, 쿵덕쿵덕 찧어라. (주먹을 아래위로 친다)
2. 아침먹이 찧어라. 점심 먹이 찧어라. (주먹을 아래위로 친다)
3. 저녁먹이 찧어라. (주먹을 아래위로 치다가 가위 바위 보!)
4. 모기야, 모기야 친구 볼에 앉았다. (이긴 사람이 모기이다.)

<신사임당 그림 중에서 가지와 방아깨비>

5. 진사람 볼에 검지를 양쪽에 댄다.
6. 모기야, 모기야 콕콕 찔러라 (진사람 볼을 콕콕 찌른다)
7. 모기야, 모기야 친구 귀에 앉았다. (진사람 귀를 잡는다)
8. 모기야, 모기야 잡아당겨라. (진사람 귀를 잡아당긴다)

[놀이 448] 호박 따기 (손 유희)

○ 개요

옛 놀이가 만담형식의 놀이가 많다. 나그네가 호박을 하나 달라고 하는 만담을 만들어서 하면 된다. 예로 "호박 하나 주시오" 하면 "아직 싹도 안 났어요."로 받으며 만담이 시작된다. "소금과 키" 놀이도 만담형식의 놀이이다. 소금과 키 놀이는 오줌을 싸고 이웃에 소금을 얻으러 가는 이야기를 만담으로 만들어서 하면 된다. "얼마나 쌌느냐? 조금 쌌어요." 등등 여러 만담이 도출될 수 있다. 수업으로는 소금 대신 사탕으로 아이들을 주면 좋다. 만담이 어색하면 손 유희로 하면 된다.

○ 손 유희 (손 유희를 자유로 만들어서 하면 된다.)

1. 호박 따러 왔다 (아직 싹도 안 났네)
2. 호박 따러 왔다 (아직 꽃도 안 폈네)

3. 호박 따러 왔다 (주먹만큼 컸네)

4. 호박 따러 왔다 (내일이면 익겠네)

5. 호박 따러 왔다 (따가시오)

6. 따가시오! 에선 두 손을 활짝 벌린다.

7. 가사 내용으로 색다른 손 유희를 만들어도 좋다.

8. 네팔의 전래놀이 중에 마가 놀이가 이와 거의 같다.

9. 딸을 시집보내기 애석해하는 엄마 마음을 놀이로 표현한 것이다.

[놀이 449] 라인댄스

○ 개요

음악과 춤과 놀이가 다 들어있는 것이 전래놀이이다. 말하자면 종합예술이 전래놀이이다. 한 학기 수업을 계획할 때 제일 간단한 기본 스텝만으로 움직이는 라인댄스 하나를 수업에 반영하면 좋다.

○ 놀이 방법

1. 음악은 앰프를 사용한다.

2. 오른쪽 두 발(손뼉 치기), 왼쪽 두 발(손뼉 치기) (2회)

3. 앞으로 두 발(손뼉 치기), 뒤로 두 발 (손뼉 치기) (2회)

4. 오른쪽으로 비비기, 한발 뒤로 들기 (손뼉 치기), (1회)

5. 왼쪽으로 비비기, 한발 뒤로 들기(손뼉 치기), (1회)

6. 음악이 끝날 때까지 이 동작을 반복한다.

7. 간단하지만 음악과 함께 하면 아주 좋은 댄스가 된다.

8. 벌칙으로 한사람이 댄스를 하게 되면 단체로 모두 하기도 한다.

[놀이 450] 송편 만들기 놀이

○ 놀이 방법

1. 추석 전후의 세시풍속 수업으로 합당하다.
2. 켄트지와 아이클레이를 준비하고 알맞게 배분한다.
3. 송편 모양과 만두 모양도 만들고 켄트지에 잘 전시한다.
4. 기관에서 허락한다면 쌀가루로 진짜 송편을 만드는 수업도 좋다.
5. 만드는 과정과 찌는 과정도 수업이 되고 먹는 즐거움도 크다.
6. 식용 색소를 사용하면 더 아름다운 송편이 완성된다.
7. 수업 중에 불판을 항시 염두에 두어야 한다.
8. 송편보다 아이들을 더 잘 보아야 하기 때문이다.
9. 송편 수업은 양을 많이 하지 말고 조금만 하는 것이 좋다.

[놀이 451] 태극기 팔랑개비

○ 개요

강사들이 놀이 수업을 할 때는 유아는 유아에 맞게 초등은 초등에 맞게 실버는 실버에 맞게 제안 활동 표를 짜고 수업에 임해야 한다. 유아, 초등놀이는 강사도 3세~10세로 돌아가서 한마음으로 놀이에 임해야 비로소 좋은 강사이다. 어려운 놀이는 오히려 놀이 진행도 안 되고 아이들에게는 놀이로서 득이 되지 못한다. 이 놀이는 저학년 놀이로 수업하면 좋다.

○ 놀이 방법

1. 수수깡, 핀, 색종이, 매직을 준비한다.
2. 단면 색종이로 무색 쪽을 겉으로 오게 사선으로 자른다.
3. 사선을 자를 때 가운데 부분은 핀을 고정해야 하니 여유를 둔다.
4. 사선으로 자른 색종이 중앙을 핀으로 수수깡에 고정한다.
5. 너무 꼭 맞게 고정하지 말고 헐렁하게 고정해야 한다.
6. 입으로 바람을 불어줘도 잘 돌아가면 성공이다.
7. 태극기 팔랑개비를 흔들며 애국가를 합창해본다.
8. 넓은 운동장에서 전체 아동이 다 한 줄 횡렬로 서서 달린다.
9. 단체놀이로 신나는 아이들 세상이다.

[놀이 452] 문어 만들기

○ 만드는 방법

1. 고무장갑 2개, 어묵꼬치 젓가락으로 문어를 만들 수 있다.
2. 고무줄. 인형 눈, 접착제, 스티로폼 볼, 단추를 더 준비한다.
3. 머리는 장갑의 손목 부분을 손가락을 남기고 잘라서 스티로폼 공에 꼬치 젓가락을 꽂아서 아래위를 둥글게 고무줄로 묶는다.
4. 장갑 손가락 8개를 꼬치 젓가락 주변에 접착제로 붙인다.
5. 입은 장갑의 엄지 끝에 접착제를 바르고 안으로 살짝 밀면 된다.
6. 글루건으로 얼굴에 붙이고 목 부분 꼬치 부분을 장식한다.
7. 눈과 8개의 문어발에 단추를 글루건으로 붙이면 완성이다.
8. 다만 글루건에 아이들이 다치지 않도록 세심한 주의가 필요하다.

[놀이 453] 솔방울 꽃바구니 만들기

○ 만드는 방법

1. 켄트지, 색색의 아이클레이, 큰 솔방울을 준비한다.

2. 켄트지로 바구니 접기를 먼저 한다.
3. 아이클레이를 색색으로 완두콩만 하게 동글동글 뭉친다.
4. 솔방울 끝마다 아이클레이 뭉친 것을 달아 솔방울 꽃을 만든다.
5. 켄트지 바구니에 솔방울 꽃을 담으면 탐스러운 꽃바구니가 된다.
6. 바구니를 색종이로 접어도 된다.
7. 켄트지 바구니는 여러 개의 솔방울 꽃을 담는다.
8. 한 시간 수업으로 알맞으며 사진도 예뻐서 놀이 보고서 작성도 좋다.
9. 이 놀이는 '[놀이 192] 가을 트리' 놀이와 같게 하면 된다.
10. 가을 트리는 하나만 만들고 꽃바구니는 여러 개를 만들어야 한다.

[놀이 454] 병뚜껑 팽이

○ 개요

전래놀이에서 팽이는 언제부터 있었는지 정확한 유래는 전해지지 않지만, 놀이의 역사는 아주 깊다. 그러니만큼 지금까지 내려오면서 많은 변천사를 간직하고 있다. 단단한 박달나무 팽이가 제일이고 대추나무로 보통은 만든다. 종류도 수없이 많아서 팽이 놀이로 들어가면 한도 끝도 없이 줄줄 나온다. 나무 팽이, 쇠 팽이, 종이 팽이, 도토리 팽이, 등등 그 많은 팽이 중에서 팽이채도 필요 없고 손가락으로 돌리는 색다른 병뚜껑 팽이를 알아보도록 하자.

○ 놀이 방법

1. 준비물로 병뚜껑, 요지, 송곳, 접착제를 준비한다.
2. 병뚜껑에 송곳으로 작은 구멍을 낸다.
3. 구멍을 낼 때는 너무 크게 하지 말고 요지 크기에 맞게 내야 한다.
4. 구멍에 요지를 끼우면 팽이 만들기 끝이다.

5. 요지는 길이를 조금 자르고 쓴다.

6. 요지길 이가 길면 중심이 안 맞아 잘 돌지 못한다.

7. 병뚜껑에 요지를 끼울 때 접착제를 살짝 묻혀서 끼운다.

8. 다 굳은 후 요지를 잡고 돌리면 신기하게 잘 돈다.

9. 예전 접착제가 없을 때는 밥풀을 손으로 으깨 사용하기도 했다.

10. 지금도 밥풀을 사용해도 되는데 만들고 하루를 굳히면 더 좋다.

11. 다음 날이면 더 딱딱하게 잘 굳기 때문이다.

[놀이 455] 손톱물들이기

○ 개요

옛날에는 형제지간에 친함이 지금보다 더 진한 듯하다. 언니가 동생을 위해 손톱에 봉숭아꽃 찧은 것을 소복이 올려놓고 세게 매면 손 아플까 헐렁하게 매면 풀어질까 염려하며 정성스레 묶어주던 것은 우리의 옛 소중한 문화이다.

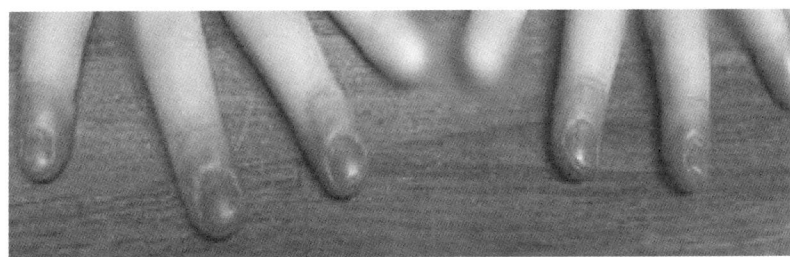

○ 물들이는 방법

1. 마당 뜰에 봉숭아꽃을 따서 백반과 소금을 넣고 잘 찧는다.
2. 동생은 다 찧을 때까지 꼼짝도 안 하고 지켜보고 있다.
3. 다 찧으면 언니는 동생 손톱에 소복이 얹어놓는다.
4. 혹시 풀어질까 칭칭 잘 동여매 주고 자기 손톱에도 한다.
5. 열 손가락을 다 묶고 좋아하는 동생을 보는 것도 언니의 행복이다.
6. 꽃만 하는 게 아니라 잎도 같이 넣어야 물이 진하게 든다.
7. 자는 동안에 풀어져서 이불을 버리는 예도 종종 있기도 하다.
8. 다음날 빨갛게 손톱에 물이 드는데 겨울까지 간다.
9. 겨울이면 손톱의 붉은 색깔이 초승달처럼 남아있게 되는데 참 예쁘다.
10. 형제간에 부녀간에 참 아름다운 정을 심어준다.

[놀이 456] 축제 때 좋은 놀이 (고싸움)

○ 개요

세시풍속의 하나로 전라남도 칠석마을에서 시작된 놀이이다. 정월 초열흘에 어린이들부터 고싸움을 걸면 청년들이 합세하고 이어서 어른들의 대형 고싸움놀이가 이월 초까지 이어진다. 놀이는 상 칠석마을과 하 칠석마을의 동부 서부로 편성하여 이루어진다. 2월이 되어도 승패가 나지 않을 때는 만든 고의 줄을 풀어 상 칠석마을 하 칠석마을 줄다리기로 승패를 낸다. 농악대, 깃발부대, 횃불잡이 등이 동원되는 초대형 민속놀이이다. 여성을 상징하는 팀이 이기면 풍년이 든다는 속설도 전해진다.

○ 상세 해설과 놀이 방법

1. 민속놀이로 고싸움놀이의 고는 맞붙어 싸움을 뜻한다.
2. 중요 무형문화재 33호로 지정되어있다.
3. 문화재 정식 명칭은 광주 칠석 고싸움놀이로 명명되어있다.
4. 고라는 것은 여자들의 옷고름 형식의 둥근 고리를 뜻하기도 한다.

5. 두 편으로 나누어서 겨루는 놀이이다.
6. 두 팀 다 대장을 뽑고 대장은 줄패장이라 칭한다.
7. 줄패장은 고의 제일 위에 선다.
8 놀이의 모든 것은 줄패장의 지휘에 따른다.
9. 각 편당 200명 이상이 출전한다.
10. 고의 총길이는 짧게 해서 대원이 신속하게 움직이게 한다.

11. 고를 눌러 먼저 상대편의 고를 땅에 닿게 하면 이긴다.
12. 현대놀이로의 중학교 수업 반영은 고 만들기를 간략히 해서 한다.
13. 최대한 맥을 살린 구성 편집으로의 시도를 권장한다.
14. 큰 기념행사나 축제 때 시도해 볼 만한 좋은 세속놀이이다.

[놀이 457] 뜯어내기 놀이

○ 놀이 방법

1. 체중과 키를 감안해서 평등하게 두 팀으로 나눈다.
2. 가위 바위 보로 공격과 수비를 정한다.
3. 이긴 팀이 공격, 진 팀은 수비해야 한다.
4. 진 편 대장은 손을 뒤로해서 벽이나 기둥을 잡고 앞을 보고 선다.
5. 먼저 한 사람이 대장과 마주 서서 대장의 허리를 잡고 구부린다.
6. 그 뒤로 대원들은 모두 한 줄로 허리를 잡고 길게 늘어선다.
7. 허리를 있는 힘을 다해 단단히 잡아야 한다.
8. 공격팀은 일렬로 늘어선 수비대원을 후미부터 한 사람씩 뜯어낸다.
9. 중간을 뜯어내면 반칙으로 공격과 수비를 교체한다.
10. 즉 한 줄로 힘을 모아야 하며 양옆에서 뜯어내면 안 된다.

11. 힘을 합하기 위해 길게 늘어서서 앞사람이 뜯어낸다.
12. 앞사람에게 힘을 실어주면 쉽게 뜯어낼 수가 있다.
13. 거의 잘 뜯어져서 공격과 수비의 교체가 빠르다.
14. 다 뜯어내면 공격과 수비를 교체해서 다시 교대로 놀이한다.
15. 거의 사라진 놀이인데 좋은 놀이이니 자주 해보기를 권장한다.
16. 공동체향상, 협력과 배려심이 향상되는 전래놀이이다.

[놀이 458] 밀어내기 놀이

○ 놀이 방법

1. 단체 게임으로 전체 인원 모두 한 번에 참석한다.
2. 경기를 위해서 반드시 두 편으로 나누어야 한다.
3. 두 팀은 6m 거리를 두고 마주 보고 횡렬로 선다.
4. 팀끼리는 공기도 통하지 못할 정도로 힘주어서 팔짱을 꽉 낀다.
5. 팔짱 틈새로 바람도 통과 못 할 정도로 세게 껴야 한다.
6. 팔과 발의 사용은 금지이다.
7. 몸으로만 밀어내기를 해야 한다.
8. 시작 신호가 떨어지면 두 팀이 팔짱을 낀 채 계속 마주 걸어온다.
9. 두 팀이 당연히 어느 지점에서건 만나게 되고 부딪치게 된다.
10. 이때 어깨와 배로 상대편을 밀어내기로 한다.
11. 상대 진지까지 도로 밀어내면 이긴다.
12. 조인 팔이 풀어지면 틈새로 상대편이 들어와 지게 된다.
13. 한 사람이라도 팔이 풀어지면 무너지게 된다.

[놀이 459] 가마 모자 뺏기

○ 놀이 방법

1. 두 팀으로 나누고 10m 거리에 마주 보고 선다.

2. 3명을 한 조로 하고 두 명이 가마를 만들고 한 명을 태운다.
3. 가마 위에 탄 사람은 양 팀이 색이 다른 모자를 쓴다.
4. 시작 소리에 한 명을 가마 위에 태우고 달려가 상대편 모자를 뺏는다.
5. 가마 위에서 모자도 잘 뺏어야 하지만 가마꾼도 운전을 잘해야 한다.
6. 가마꾼은 정세를 잘 살피고 가마를 운전해야 한다.
7. 상대가 내 팀의 모자에 손이 닿으려고 하면 빠르게 가마를 빼야 한다.
8. 가마 위의 사람과 가마꾼이 일체가 되어야 이길 승산이 크다.
9. 놀이 중에 가마 위의 기수가 가마에서 떨어지면 탈락이다.
10 모자를 뺏기면 당연히 탈락이니 원 밖으로 나간다.
11. 시간이 너무 많이 지체되면 선생님은 신호를 보내 중지시킨다.
12. 뺏어온 모자 수로 승부를 가리면 된다.
13. 끝으로 편 없이 모두 한마당놀이로 모자 뺏기 놀이대회를 연다.
14. 3인 1조로 하고 모자를 제일 많이 뺏은 팀은 시상하고 마친다.
15. 주동이 되어서 몇 번 상대의 모자를 뺏어보면 대담해지기도 한다.
16. 활동적이고 과격하며 배짱이 세어지는 놀이에 속한다.

[놀이 460] 깡통 달고 달리기

○ 놀이 방법

1. 두 팀으로 나누어서 팀 경주를 해야 더 재미있다.
2. 6m 선상에 반환 봉을 두 개 놓는다.
3. 빈 깡통에 끈을 길게 달고 한쪽 끝을 허리에 묶는다.
4. 가위 바위 보 없이 두 팀 같이 출발한다.
5. 한 팀에 두 명씩 출전한다.
6. 선생님의 출발 신호에 두 팀 동시에 네 명이 출발한다.
7. 반환 봉을 돌아오면 터치로 새로운 팀원이 나간다.
8. 땅에 끌려 요란하고 무척 시끄러운데도 아이들은 이 소리를 좋아한다.
9. 네 명이 뛰니 시끄러운 소리가 가히 장관이다.

10. 놀이해보면 의외로 재미있고 아이들도 신나한다.
11. 깡통에 묶은 끈이 잘 풀어지기도 하니 단단히 묶어야 한다.
12. 옛날 어른들께서 시끄럽다고 늘 야단맞던 놀이이다.
13. 수업해보니 정말 시끄럽기가 비할 데가 없었다.
14. 놀이 내내 눈은 반짝, 반짝 빛나고 입꼬리는 귀에 걸려있다.
15. 시키지 않아도 응원 열기가 창공을 찌르는 놀이이다.

[놀이 461] 놋다리밟기

○ 개요

안동의 민속놀이로 무형문화재이다. 고려 공민 왕이 공주를 데리고 안동지방에 파천하였을 때 소야천을 건너게 되었는데 아녀자들이 허리를 굽혀 소야 천에 다리를 만들고 공주를 건너게 했다는 유례가 있다. 음력 정월 대보름 밤에 이루어지며 남자들은 출입은 물론이고 근처에도 오지 못하는 게 규율이었다. 여자들의 행동이나 외출에 제약이 많던 시절에 여자들만의 놀이가 만들어진 것은 가히 획기적인 일이라 아니할 수 없다.

○ 놀이 방법

1. 앞사람의 허리를 잡고 머리를 옆으로 숙여 등을 구부리고 한 줄로 선다.
2. 공주를 뽑아 양쪽에서 부축하고 구부린 등을 공주가 밟고 지나간다.
3. 공주는 좋은 가문의 7~8세의 여아로 뽑았다.
4. 공주가 등을 지나가면 다시 맨 앞으로 뛰어가 엎드려 줄을 이었다.
5. 선창과 후 창으로 창도 함께 했다.
6. 창 선곡은 구성진 민요조로 편성이 되었다.
7. 창은 아무나 노래를 잘한다고 할 수 있는 게 아니다.

8. 복수만이 창을 하는 자리에 설 수 있다.

9. 복수란 첫째 남편이 살아있어야 한다.

10. 둘째 손자, 외손자가 있어야 복수라 칭한다.

11. 다 갖추었어도 자식 중의 한 명이라도 먼저 보낸 사람은 제외되었다.

12. 모두 갖춘 후덕한 서너 명의 복수가 창을 맡는다.

13. 놀이 모양은 현재 강강술래 놀이에서 기와 밟기가 이와 같다.

[놀이 462] 봉 장애물 달리기

○ 놀이 방법

1. 두 팀으로 나누고 가위 바위 보로 선후를 정한다.

2. 6m~10m 거리에 반환 봉을 두 개 놓는다.

2. 반환 봉 사이사이에 각 20개의 빈 깡통 장애물을 나누어 놓는다.

3. 출발 신호에 두 팀이 같이 출발한다.

4. 봉을 다리 사이에 끼고 토끼뜀으로 한다.

5. 10개의 장애물을 지그재그로 돌아온다.

6. 장애물을 건드리지 말고 통과해야 한다.

7. 장애물을 넘어트리면 감점이 있다.
8. 먼저 다 돌아온 팀이 이긴다.
9. 승부 계산은 5판 3승제가 좋다.

[놀이 463] 통나무 운반 놀이

○ 놀이 방법

1. 원래 이 놀이는 축제 때 하면 아주 멋지고 좋은 놀이가 된다.
2. 전에는 통나무로만 했다.
3. 무거우니 힘자랑도 되었고 꽤 볼거리가 있었다.
4. 전래 놀이시간에 수업으로 해볼 수 있다.
5. 통나무는 수업 도구로 마땅치 않으니 가벼운 것으로 대체가 된다.
6. 문구점의 스티로폼 말대가 그중 비슷하고 놀이하기에 안전하다.
7. 3명~5명이 한 조로 하고 10m 거리에 반환 봉을 놓는다.
8. 장소가 좁을 때는 3명이 한 조로 하고 6m 거리에 반환 봉을 놓는다.
9. 유아 수업에서는 2명이 한 조로 편성한다.
10. 원칙은 오른쪽 어깨 한번 왼쪽 어깨 한번 교대로 옮기며 한다.
11. 하나둘! 하나둘! 박자를 맞추어야 잘 돌아올 수 있다.
12. 팀원이 끝까지 반환 봉을 먼저 다 돌아오면 이긴다.
13. 뛰지 말고 걸어서 하도록 한다.
14. 반환 봉을 돌 때 선두는 후미가 도는 것을 봐가며 천천히 움직인다.
15. 정석대로 번갈아 어깨를 옮기는 것은 조금 난이도가 높다.
16. 옮기지 말고 오른쪽으로만 매고 가도 된다.
17. 세 명 이상은 반환점 돌기가 어려울 수도 있다.
18. 한 조를 세 명 이하로 해서 안전하게 하는 것이 좋다.
19. 성취감, 공동체형성, 등 여러모로 장점이 많은 놀이이다.
20. 중학교 수업에서는 호응도가 무척 좋았다.

[놀이 464] 풍선 벌칙 놀이

○ 놀이 방법

1. 놀이도 즐겁고 벌칙은 더 즐거운 것이 풍선 벌칙 놀이이다.
2. 팀을 나누고 팀 안에서 둘씩 짝을 이룬다.
3. 미리 불어서 묶은 풍선은 6m 거리의 탁자위의 상자에 담아 놓는다.
4. 선생님의 출발 신호에 둘씩 한 조가 되어 출발한다.
5. 두 팀이니 네 명이 출발하게 된다.
6. 풍선을 둘이 마주 서서 배에 놓고 밀어서 터지면 손잡고 돌아온다.
7. 돌아온 내 팀에게 터치를 받아서 두 명씩 연달아 나간다.
8. 뻥뻥 풍선이 터지면 모두 하나같이 신나한다.
9. 빵빵하게 불어야 잘 터트릴 수 있다.
10. 잘 불지 못하거나 묶지 못하면 선생님이 도와주며 진행한다.
11. 유아나 유치원 놀이에서는 나가서 풍선을 가져오는 것으로 한다.
12. 두 명씩 손잡고 달려나가 풍선을 가져오는 것도 좋은 놀이 구성이다.

[놀이 465] 만나는 인사

○ 놀이 방법

1. 퐁당, 퐁당, 퐁당, 퐁당, 윙크하다가.
2. 퐁당, 퐁당, 퐁당, 퐁당, 박수를 쳐요.
3. 퐁당, 퐁당, 퐁당, 퐁당, 사랑하다가.
4. 퐁당, 퐁당, 퐁당, 퐁당, 인사를 해요.
5. 놀이 시작할 때 인사 놀이이다.
6. 노랫말처럼 윙크하고, 박수치고, 안아주고, 인사한다.
7. 부드러운 분위기를 만드는 놀이이다.
8. 모두 만면에 웃음이 돌며 어색함이 순식간에 사라진다.
9. 만나는 인사는 짧게 하는 것이 좋다.

10. 오늘은 어떤 재미있는 것을 할까? 기대가 많기 때문이다.

11. 궁금증을 해결해 주기 위해 멋진 첫 수업을 빨리 시작한다.

12. 센스! 이것이 곧 훌륭한 선생님, 제1단계 완성이다.

[놀이 466] 헤어지는 인사

○ 놀이 방법

1. 가자, 가자 감나무. (모두 손을 잡고 앞으로 걷는다)

2. 오자, 오자 옻나무. (모두 손을 잡고 뒤로 걷는다)

3. 바람 솔솔 솔 나무. (모두 손을 잡고 오른쪽으로 걷는다)

4. 방귀 뽕뽕 뽕나무. (모두 손을 잡고 왼쪽으로 걷는다)

5. 처음부터 노래와 율동을 함께 한다.

6. 짧으니 여러 번 해도 재미있다.

7. 마지막에 (안녕, 안녕~~)

8. 아이들은 좋아서 한도 끝도 없이 하니 선생님이 안녕을 선창해 준다,

9. 헤어질 때, 둥글게 서서 하는 멋지고 즐거운 인사 나누기이다.

10. 놀이 수업 후에 멋진 헤어지는 인사이다.

11. 몇 번 이렇게 하면 아이들은 끝날 때 자동으로 둥그렇게 손잡고 선다.

12. 귀여운 아이들과 선생님이 함께 손잡고 한마음이 되는 좋은 놀이다.

[놀이 467] 마무리 놀이

○ 놀이 방법

1. 놀이를 다 하고 풍선으로 마무리를 하면 화려하다.

2. 준비한 풍선을 불어서 묶지 말고 들고 모여 선다.

3. 선생님의 하나, 둘, 셋의 셋에 일제히 풍선을 놓는다.

4. 풍선은 바람이 빠지면서 로켓처럼 사방으로 날아간다.

5. 다른 방법으로는 풍선을 묶어서 치기하면 멋지다.

6. 너무 재미있어서 갈 생각들을 안 한다.
7. 아이들은 더 놀자고 부모님을 조른다.
8. 할 수 없이 선생님이 강당 문 닫아야 합니다.~~해야 끝이 난다.
9. 손에, 손에 풍선을 휘날리며 가는 모습은 참으로 정겹다.
10. 행사 때나 축제 때 어울리는 마무리 놀이이다.
11. 가족 놀이 때 마무리로 하면 더 성공적이다.

[놀이 468] 종료 게임

○ 놀이 방법

1. 수업을 마치고 아이들을 보낼 때 한다.
2. 아이들이 좋아하는 과자나 사탕을 준비한다.
3. 수업을 마친 아이들은 문을 향해 한 줄로 선다.
4. 가위 바위 보로 선생님을 이겨야 나갈 수 있다.
5. 선생님도 아이들과 가위 바위 보! 할 준비를 한다.
6. 문을 향해 한 줄로 선 아이들과 선생님이 가위 바위 보를 한다.
7. 이기면 과자 먹으며 집으로 가고, 지면, 맨 뒤쪽에 다시 줄을 선다.
8. 여러 번지고, 뒤로 많이 가면?
9. "선생님은 주먹 낼 거야" 알려주면서 해도 재미있다.

10. 아이는 보를 내고 드디어 문을 나간다. 참으로 귀엽다.
11. 아이들은 과자도 좋고 선생님을 이기는 것도 신난다.
12. 가위 바위 보에 저서 뒤로 여러 번 가도 그저 싱글벙글 이다.